基于自组织知识的经济增长逻辑

张尚毅 著

科学出版社

北京

内 容 简 介

本书系作者长期研究的心得与成果，其中的部分内容在国内公开学术刊物上发表，获得好评。本书立足于从知识角度来解释经济增长问题。经济制度体现为自组织知识均值的映射，自组织知识的增长直接关系到经济制度的演进。由于自组织知识是一个矢量，因而自组织知识不仅可以取正值也可以取负值。当负的自组织知识相对较大时就会使经济制度出现退化效应，进而使经济增长出现负的增长，使经济进入衰退状况。对于任意一个经济体来说，快速增长期都是比较短暂的。因此，应该通过自组织知识的增长，推进经济制度的演进，才可能在经济体中不断引入先进技术，实现经济较快增长。

本书适合经济学理论工作者学习参考，也适合社会大众经济理财学习参考。

图书在版编目（CIP）数据

基于自组织知识的经济增长逻辑 / 张尚毅著.—北京：科学出版社，2017.6

ISBN 978-7-03-052559-8

Ⅰ. ①基… Ⅱ. ①张… Ⅲ. ①经济增长-自组织理论-研究 Ⅳ. ①F061.2

中国版本图书馆 CIP 数据核字（2017）第 081714 号

责任编辑：马 跃 / 责任校对：张小霞
责任印制：吴兆东 / 封面设计：无极书装

科学出版社出版
北京东黄城根北街 16 号
邮政编码：100717
http://www.sciencep.com

北京虎彩文化传播有限公司印刷
科学出版社发行 各地新华书店经销

*

2017 年 6 月第 一 版 开本：787×1092 1/16
2018 年 5 月第二次印刷 印张：16 1/4
字数：315 000

定价：160.00 元

（如有印装质量问题，我社负责调换）

作 者 简 介

张尚毅，1966 年 2 月 25 日生于江西临川，重庆师范大学经济学教授，博士研究生，重庆市第四届十大杰出青年。

序

知识是人类在实践中认识客观世界（包括人类自身）的最重要成果，它包括事实、信息的描述和在教育或实践中获得的技能。它可以是关于理论的，也可以是关于实践的。随着社会的发展，我们日益认识到，人类知识结构和总体水平与社会经济的发展密切相关。从人类社会经济各阶段发展与生产要素的关系看，农业经济时代的主要生产要素是劳动力；工业经济时代的主要生产要素则是能源；而在知识经济时代，知识则取代劳动力与能源成为最重要的生产要素。在知识经济时代，经济增长更多的是依赖于知识和信息的生产、传播与使用，并且以智力资源为首要依托，以高技术产业为最重要的产业支柱，由此而形成可持续发展的经济模式。按照经济合作与发展组织的说法，知识经济就是以现代科学技术为核心的，建立在知识与信息的生产、存储、使用和消费之上的经济。由于知识中有一部分是一种被确认的信念，通过知识持有者和接收者的信念模式与约束来创造、组织和传递，在传递知识的同时也传递着一套文化信息系统。因此，从内涵上看，它具有更广泛、更深刻、更丰富的特性。

经济发展是当今世界各国或地区的普遍追求，但从世界范围的宏观经济角度来看，并不是所有的国家或地区都能实现现代意义上的经济增长，有些国家或地区会出现经济发展中的衰退及危机情形。这里就需要思考一个十分严肃的问题，即经济的非线性发展中，为什么会出现经济的反复、衰退及经济危机。而当我们从微观经济的角度看，会发现在一个经济体（如公司）或者一个具体家庭的经济活动及收益中，也会出现这种与人们美好愿望相背离的、事与愿违的情形。为什么会出现这种情形，它发生的机制是什么？除了目前经济学者所探讨的一系列原因外，如果我们考虑到社会主体，即人的因素，也就是人类社会的经济活动都是一种以人为主体的活动，任何社会的经济增长都是在人的作用下的经济增长，那么我们就应当承认，不论是经济的增长、发展，还是经济的衰退或崩溃，都应该与该国家或地区，甚至一个微观经济体内人的知识水平、观念、行为有关。

实际情况正是如此。从世界范围内经济增长的事实看，人力资本日益起着重要的作用，其经济价值也正在大幅度提高并将继续提升。正是这种人力资本的价值，给予了世界经济增长一个无限期待的前景。而从经济增长的角度看，知识总体水平更高的国家或地区，相应的经济增长、发展的速度也更快一些，该国家或地区富裕的概率要更大一些。而且，人均知识水平更高的国家或地区，经济增长相对也要更顺畅一些，这很容易从当前世界经济发展不平衡的例子中得到证明。所以，如果我们从知识结构及知识总体发展水平的角度出发来考察一个国家或地区的发展时,或许会发现，知识结构及总体发展水平与经济增长及社会发展密切相关。而这个问题，也正是该书所要探讨的基本问题，即如果经济增长只与投资和劳动相关，那么随着人口数量的增长，经济发展无法满足人口增长的需求，这点也是马尔萨斯再三强调的。同样，随着社会的不断进步，资本的力量不断强大，资金是会不断加速度积累的，应该也对经济增长起着指数作用。如果考虑到技术的作用，那么随着时间的推移与新技术的不断出现，人类所掌握的科学技术也在快速发展，创新动力在不断强化。因此，我们在分析经济增长的相关因素时，技术、资金、劳动等各种要素都在达到远高于过去时代的水平时，为何不少国家或地区的经济增长仍然处于一个不均衡并不断反复的情形？所以，当我们在技术、资金、劳动等各种要素之外寻找经济增长的要素时，我们会发现，人们在知识结构及总体水平上的作用是非常重要的，特别是知识所具有的不断递增的边际收益，以及隐形知识对于一个以知识为主要资产的企业的关键性作用。

张尚毅教授《基于自组织知识的经济增长逻辑》一书，正是对自组织知识与经济增长的逻辑关系进行梳理、探讨、研究的一部力作。该书探讨了关于经济增长中的制度性轨迹、理性的自组织知识基础、经济理论中理性的有限性、理性的内生认知边界、自组织知识界定的稳定性及其基础性作用、知识分布下的制度优化概率、人均知识分布下的制度本质等一系列重要问题。该书运用古典与当代经济学理论，通过对西方与中国经济增长轨迹的回顾，提出了若干值得我们思考的问题。例如，关于经济增长的重要因素问题。经济增长既是各国各地区普遍追求的目标，也是经济学界着力解决的问题。不论是早期的托马斯·孟、威廉·配第，还是现代的凯恩斯、卢卡斯、罗默等，在其经济理论中都聚焦于经济增长。而且各个理论学派在分析经济增长以及提出经济增长理论时，越来越多地把各类相关要素纳入增长分析，着力阐明纳入经济增长分析的各要素的内在关系，从而指明在发展以及现实经济活动中起重要作用的各因素的作用及其存在的原因。在此基础上，经济学在演进过程中根据各个不同时期经济增长的要求，所提出的各不相同的经济政策，也确实不断提高了人们把握经济增长的能力，不断提高了经济制度体现的确定性。作为经济活动的主体，人在经济活动中起着主导作用，特别是教育使人的经济价值得到不断提高，而不断提高的人力资本本身又为经济增长增加了要素来源的问题，目前还缺乏较为深入的研究。在作者看来，目前存在的一个十分重要的问题就是如何严肃对待经济增长与人的知识的关系问题。而作者通过分析人类历史时期经济发展的各阶段状况后认为，不论哪种产业所引导的经济增长，都根源于对该产业的知识的积累以及与该产业相关的人的自组织结构，由此才产生经济增长。人的知识的进展，才是经济增长的重要因素。在人类的知识结构中，尤其是关于自组织的知识演进，在实现对人群的有秩序的运用后，也才可能出现制度下的经济增长。作者进一步提出，经济发展应当是人类知识普遍发展的结果，人类关于自然和自身的知识逐步深化的过程，也就是经济发展随之加快的过程。我们通过对经济学理论发展的剖析，可以知道如果没有米勒等对贸易理论的深化，就没有全球一体的发展；如果没有凯恩斯的相关经济理论的发展，就很难有对经济发展的宏观调控；如果没有新制度经济理论，就没有对经济发展制度环境的认识；等等。它使经济增长理论不仅解析了资本、劳动、技术等各要素对经济的贡献，而且也论证了各生产要素保持稳定态的可能性，以及经济增长的路径选择。这一见解无疑是正确的。事实上，经济增长乃至人类社会的发展，从根本上来说是人类关于自然的知识以及自身的知识深化认知的结果，由此才产生了包括精神文明、物质文明在内的人类文明。

正是对于当前若干重要而现实的经济问题的思考与探讨，使该书具有较强的理论性与现实价值。可贵的是，作者所具有的经济学、社会学、历史学、政治学等知识，使该书在论述观点时能够运用多学科知识，且其论证具有一定说服力。同时，该书在文献阐释、观点论证方面颇有自己的特点，其逻辑明晰，论证严谨，辩说得当，学术创见亦见于其观点论证中。正是这一特征，读者通过阅读张尚毅教授《基于自组织知识的经济增长逻辑》一书，可以更好地领略自组织知识与经济增长内在的逻辑联系，了解自组织知识对当前经济增长的重要作用。这对深化我们对现今经济发展的认识，正确把握经济增长各要素的内在关系，都是十分有益的。

李禹阶

2016 年 12 月撰于重庆师范大学

目　　录

第一章
绪　论

第一节　自组织知识问题的提出

经济发展是当今世界各国和地区的普遍追求，但是从世界范围来看，并不是所有的国家和地区都能实现现代意义上的经济增长，有些出现过严重的经济衰退甚至于经济崩溃。显然，几乎所有人都不愿意看到经济衰退这个结果，但是，为什么在人们不愿意的情况下，却出现了事与愿违的情形？如果考虑到所有的经济增长都是在人的作用下的经济增长，那么，这种经济衰退或者经济崩溃当然是那个国家或地区的人们自己所造成的。这种情况的发生，事实上可以从不少国家或地区中找到明显的例证，也可以从一些家庭中找到明显的例证，因为当把家庭看做一个经济体时，也会出现相类似的特征。总之，这是在现实的世界中时常发生的事情，也是人们不期望但实际上却总是在有意或无意间发生的事情。对此，我们当然应该问一下，这究竟是为什么。

当我们认识到一些发达国家已经成为一个发展的榜样耸立于世人面前，而几乎所有的人都有着依赖经济增长从而改善自己生活状况的想法时，就不能不惊讶于为什么不能按部就班地学习发达国家或地区的经验，从而推进自己所在的国家或地区的经济增长，以改善国民的福利状况。在世界范围内从非洲到南美洲至今还有不少人处于饥饿状态，根据联合国开发计划署 2014 年发布的题为《促进人类持续进步：降低脆弱性，增强抗逆力》的人类发展报告，按多维贫困指数来衡量，在 91 个发展中国家仍有近 15

亿人生活在贫困中。报告还显示，全球有将近80%的人口缺乏全面的社会保障，8.42亿人口正遭受长期饥饿，超过15亿员工为非正规就业或非固定就业，这究竟又是为什么？是一些国家或地区的当权者不想让他们那个国家或地区经济增长？还是不想改善人民的福利条件，让人民过上富裕的生活？两者都不是。因为让别人过上富裕的生活对自己并没有什么害处，自己所管理的国家或地区经济快速增长，并不会影响到自己的生活与生存状态，甚至于还会为自己统治的强化增加力量。那么，为什么在以往的历史上不是这样做的，又为什么在当今还有不少的国家和地区仍然不是这样做的，到底是什么阻碍了一个国家和地区推进经济增长，是什么妨碍人们去谋求富裕的生活？

事实上，从国家到地区再到家庭都有一个十分明显的现象，那就是在剔除资源禀赋等特别的原因外，知识总体水平越高的国家、地区和家庭，相应的其富裕程度较高的概率要大一些。而且，人均知识水平越高的国家或地区，经济增长相对也要顺畅一些。这方面的例子很容易从发达国家或地区得到例证，至于从家庭的角度来看是否也是如此？这里可以以中国一个十分普通的家庭情况作些解释。设想存在这样一个家庭，夫妻两人张远卿和王淑清都是大学毕业，张远卿在机关工作，王淑清在一所中学任教，他们每天的生活都按照正常上班的时间来进行,每年除了基本生活开支外，当然还有一些较大规模的支出。对于这样较大规模的支出，张远卿和王淑清一般都会在茶余饭后商量。如果要买一辆汽车，王淑清会提出现在家里的存款有多少，大概可以买一辆什么价位的汽车，因为王淑清管理着家里的钱。张远卿可能会认为，买汽车主要用于家庭平时应酬所需，包括周末及节假日一家人出游的需要。我们可以想象，经过多次这样的商量后，这对夫妻最终会决定在一个周末去汽车市场看看。当然，在这个过程中对于买什么样的车型、车子的颜色等可能会发生一些争执，但是，最终会回到相互妥协的路子上来。然后，这家人会高兴地买下他们人生第一辆汽车。事实上，在日常的生活中，他们也是这样做的。对于要购买的东西，大体上都商量着办，这样的情况在受到较好教育的家庭中，可以说比较普遍。还有一种情况，就是我们在一些乡村所看到的那样，夫妻俩都来自比较传统的家庭，都按照传统的模式生活着，他们往往也以家庭为中心，遇事也大多进行商量。那么，为什么他们会这样商量着处理家庭事务呢？

另外一个例子，可以作为反证。李进生与张远卿为同班同学，可惜的是他初中毕业后就没有再上学，若干年以后他娶了何丽娟为妻。现在李进生是一家企业的产业工人，何丽娟在一家公司从事推销业务，家里的收入由何丽娟管着。但是，如同张远卿的家庭一样，每个月李进生要一笔钱用于朋友之间的交往，这天何丽娟从小姐妹手上看到一枚戒指很漂亮，因而也想买一枚，但又担心李进生不同意，于是她便悄悄地为自己买了一枚。李进生知道后十分生气，于是这个家庭开始了口角，有时甚至发生了肢体冲突，这又是为什么？从上面的情况来看，我们可以看到受过较好教育的家庭相对来说暴力冲突较少，而受教育程度相对较低的家庭，家庭暴力冲突要多一些，这是为什么？如果，我们把一个家庭看做一个行为规则（这个规则可视为维系家庭运行的制度）下的经济体，而且，可以认为暴力冲突是相对较为低级的经济制度模式，因为家庭暴力冲突往往是一个家庭解体的重要原因。从经济角度来看。这也很容易造成这个家庭经济崩溃。而协商机制则可以看做相对优化的经济制度模式，协商不仅使一个家庭的经济得以延续甚至于还在不断发展。正如我们所知道的中国的古语，“家和万事兴”“和气生财”，这种情况在现实生活中也可以较为普遍地看到。那么，这又是为什么？为什么受到较好教育的家庭暴力冲突相对较少，进行着协商的经济活动，这个家庭的经济制度模式相对较优，而且经济状况相对较好？事实上，将家庭放大到国家、地区层面也可以发现类似之处。人类社会每一次大的暴力冲突带来的后果都十分严重，往往以经济衰退甚至崩溃结束。以中国东汉末年为例，经过八十多年的暴力冲突，虽然最后出现了晋朝统一的局面，但是经济状况已经非常困难。期间，人口数量也由高峰期，如汉桓帝永寿三年（公元 157 年）的 5 648 万多人[①]，减少到三国时人口低谷期的 767 万人[②]，不到东汉桓帝永寿三年全国人口的七分之一。当然，这种人口的大规模减少绝不可能是大面积地外逃，很大一部分是暴力冲突导致经济衰退而死亡。对此，在中国二十四史中有大量的记载。这肯定不是统治者所希望出现的局面，也不是一般民众所希望出现的状况，但是，这种现象在各国各地区的历史上却反复出现，这又是为什么？

如果从知识结构这点出发，来考察一个家庭乃至一个国家或地区，或许可以找到与上述例证中相类似的结果。我们会发现一个比较有趣的事情，就是从知识结构上来看，宏观和微观的经济活动原因是一致的，因为一个家庭的知识结构所导致的家庭经济增长问题，也就是一个国家或地区的经济增长问题。后文我们还将论证出，从微观经济活动来说所达到均衡态，也就是对于一个宏观经济活动来说的制度结构稳定化，体现为经济制度下的均衡态。这样或许就可以为解决宏微经济学的基础共性问题找到一个方法，使两者共同归结在知识这个基础上。我们知道，从现有的主流经济学派来看，家庭层面这样微观的行为并不能与宏观层面的经济现象相吻合。例如，节俭的习惯对一个家庭来说肯定是一件好事，但是当所有家庭都比较节俭时对整个经济来说就是莫大的坏事，至少就凯恩斯的理论来说是这样的。凯恩斯认为："个人一己之交易量，在市场上甚为渺小，故可以忽视需求之双面性而无碍，但如果在讨论总需求时，亦如此忽略，实为大谬。社会全体行为之经济理论，与个人一己行为之经济理论，其重大区别就在这里：在后者，我们可以假定当个人改变其一己之需求时，其所得并受不到影响。"[③]显然，个人的状况与宏观的经济现象是有所区别的，而这也就是微观的经济理论与宏观的经济理论难于衔接起来的原因之一。凯恩斯理论正是宏观经济理论的先河之一，虽然遭受到像布坎南这样的经济学家

① 《晋书·地理志》。

② 杜佑《通典·食货·历代盛衰户口》。

③ 凯恩斯 J M. 就业、利息和货币通论. 徐毓枬译. 北京：商务印书馆，1981.

的批判，认为凯恩斯理论使人们抛弃了节俭的习惯，在为世人奢侈享乐找到了借口的同时，也使经济增长出现了明显的非均衡态。例如，在凯恩斯理论运用于经济增长以来，相当一部分国家或地区的经济进入了持续的通胀且出现了货币、财政不断扩张的状况，最终经济出现了滞胀现象。对此，有不少的经济学者做了专门的批判，如米尔顿·弗里德曼就认为，“消费者根据长期的预期收入来指导自己的消费支出”[①]。而不是宏观经济理论中所说的通过实施积极的财政政策与货币政策推进经济增长，因为，经济增长最终受制于消费需求。为此，弗里德曼提出中央银行应该按相对固定的增长率提供货币供给，以保持正常的经济增长率。哈耶克在与凯恩斯进行论争的过程中，也明确提出了相类似的观点。但是不管怎样，迄今为止，宏观与微观经济理论不能很好地相衔接，这仍是现代经济理论所面临的明显困境。

我们都知道传统的中国人比较节俭，但节俭的习惯并没影响到中国经济的增长。从中国长远的历史进程来看，经济状况在相当长一个时期内是比较领先的。相关文献研究表明，中国在经济社会鼎盛时期，其经济总量曾达到世界经济总量的 60%。即使在鸦片战争爆发前夕，中国的 GDP 总量也占据了世界经济总量的 40%左右，这是一个非常大的数量。而经过百余年衰落后正在复兴之路上的中国，2013 年经济总量占全球的比例虽然已经上升至 12.3%[②]，但离 40%相距很远。而作为世界唯一的超级大国美国也未能达到中国在鼎盛时期的经济权重，如 2013 年美国的经济总量占全球的比例也仅为 22.5%[③]，即使把世界经济总量最大的两个国家美国和中国的经济总量进行加总，这两个国家占世界的份额合计也只有 34.8%，还没有到以往中国鼎盛时期经济总量占世界的权重。当然，在看到这点的同时，还要明白历史上中国的人均知识存量是相对较大的，在相当长的时期，中国的人均知识存量远远超过世界上大多数国家或地区。在隋唐以来的科举制

① 普雷斯曼 S. 思想者的足迹. 陈海燕，李倩，陈亮译. 南京：江苏人民出版社，2001.

② 根据经济合作与发展组织首席经济学家安古斯麦迪森测算。

③ 根据国际货币基金组织统计。

度下，相当长时期中国人的人均知识存量可以说在当时全球范围内较高，这可能也是当时那个时代中国占据世界经济社会发展顶峰的重要原因。虽然，科举考试重点是为选择各级官吏准备的，但是，在一些朝代，如宋代也专门设立了与数学、自然科学相关的考试，而且“废止了以往科举考试中只重诗赋墨义和帖经的考试内容，而代之以考试经义，即以试策作为考试的惟一内容和形式”[①]。正如科举考试改革者王安石所说：“今以少壮时，正当讲求天下正理，乃闭门学作诗赋，及其入官，世事皆所不习，此乃科法败坏人才，致不如古。”[②]所谓经义实际上就是对人自身的存在与发展进行思考，以及对经济社会发展进行论证，这些也就是后面我们所要指明的自组织知识。从这些情况来看，宋代科举考试更多地倾向于关注人类的自组织知识，这也许是宋代经济繁荣的原因。同时，科举考试无疑也产生了一些重要的副产品，即普遍地提高了中国人的知识存量，如宋代是中国上千年科举中选拔进士最多的一个朝代，而每考取一名进士背后就有更多的学子，可见当时人群中知识的分布状况。从历史上的一些情况也可以看到，当时其他国家对中国的称赞，并非仅仅限于对中国经济发展和丰富物质的仰慕，还有一个十分重要的原因是对中国文化的向往。因此，我们至少可以得出这样一个结论：知识与经济大体上存在比较紧密的关系，这种关系在今天的发达国家也可以看出端倪。一般而言，越是经济发达的国家或地区，相应地，知识积累也是相对较高的，事实上一些发展中国家也体现了这种特征。以诺贝尔奖的获得情况来看，也大体体现了这样的趋势，越是经济发达国家相应地获奖的概率越大，今天中国已经在社会科学和自然科学两个领域都获得了诺贝尔奖，这种状况应该也与中国经济增长到总量排世界第二有密切的关系。由此，我们可以认为，在进行经济理论研究时必须充分考虑知识这样一些因素，应该把经济增长与知识更为紧密地结合起来。

---

① 王凯旋. 中国科举考试史. 沈阳：万卷出版公司，2012.

② 《宋会要辑稿·选举三》。

舒尔茨等做过这方面的努力，他们将经济增长与教育密切关联起来，得出了一系列有关教育与经济增长的相关性的结论。舒尔茨认为，“一方面，高等教育这种人力资本投资是为了迎合经济增长而造成的需求，而另一方面，它又会促进经济的增长”[①]。舒尔茨的论证是正确的，就高等教育而言，确实有一个对经济增长所需求的适应问题，但是，高等教育本身就是经济增长的结果。对于这点，只要研究一下中国高等教育发展的历史史实就可以知道。中国近三十多年经济高速增长，使中国高等教育发生了很大变化，不仅硬件条件得到很大改善，学科建设、科学研究等也大获成功，一些高等院校已经进入了世界高等教育排名的前列，一些学科，如凝聚态物理等方面的研究进入了世界领先地位。但是，从近些年来中国一再强调的高等教育要实现“双一流”和转型的情况就可以明白，这些都是中国适应经济转型而对高等教育所作的要求，而高等院校转型说到底就是适应经济增长实用性技术的要求，“双一流”则是对高等教育推进技术创新的要求。但是，如何使技术在经济领域应用，则是一个更为深刻的问题，涉及与自组织知识相关的经济制度性创新，如果不能实现这点，仅仅就技术的创新与相关人才的培养而言，是很难实现高等教育适应经济转型要求的。从这些情况来看，技术对经济持续性增长的重要性是不言而喻了。事实上，在一个更早的时期，哈罗德与多马在其经济增长模型中就涉及技术问题，并且索洛推测出一个时期美国经济增长在很大程度上可以用技术进步进行解释的结论。如果考虑到技术本质上就是人类对自然的理解的结果，即关于自然知识演进的结果，那么，经济增长也就可以用知识进行解释。其后，如罗默（Romer）等把经济增长与技术进步紧密结合起来，将技术进步作为经济增长率的内生因素，推论出知识增长的递增效应，他认为，“有经验证据表明收益递增是存在的”[②]。“从教育中得到的人力资本对

① 舒尔茨 T W. 论人力资本投资. 吴珠华译. 北京：北京经济学院出版社，1990.

② Romer P M. Increasing returns and new development in the theory of growth. NBER Working Papers，1989.

于增长非常重要，尤其当它补充了新思想的生产和使用时。新古典模型所做出的基础性贡献，是表明增长模型中必须认真对待思想（尤其是技术进步）。”[①]经济增长理论在这方面的进展，使知识日益体现在经济增长中，也使受过教育的人力资本的经济价值大幅度提高并将继续提高，给予了经济增长一个无限的前景。但是，仅仅通过回顾历史，我们还无法解释为什么在近代的欧洲会出现现代科技革命，进而为经济增长注入了广泛的技术支持。而中国这个有着数千年文明史的国家却没有出现科技革命，更没有自发地出现工业革命。中国在相当长的一个时期人均经济总量基本上在一个相对较窄的幅度内徘徊，直到民国以后才实现第一次真正有意义的经济起飞。虽然，有些学者对此做了一定程度的解释，相关的论述也极为广泛，但是，并没有一个比较完善的理论体系来对此做出说明。特别是对改革开放以后中国经济迅猛增长，虽然有不少学者利用现有的经济理论进行了一些解释，如蔡昉应用若干个既有经济理论进行了综合性解释[②]，但是没有发展出新的理论进行有力的论证。中国改革开放的经济增长，当然不能仅仅用资源的利用来说明,还必须从一个更为基本的理论层面进行研究分析。

如果按照通常的解释办法，将改革看做一场经济制度的变革，那么，这场经济变革过程完全可以看做经济制度的演进，而且演进的方向是朝向市场化的方向推进的。从各国在经济发展中取得的业绩来看，市场化的经济制度模式可以看做一种相对较优的制度模式，但无论如何肯定不能说就一定是最优的经济制度模式，这些还需要人类不断进行新的探索，不断在推进经济增长的实践中反复论证，毕竟人类进入现代经济增长的历史太短了。即使从理论上来说，谨慎地做出断言也是必须的，因为如果像经济理论所论证的那样，市场经济能够解决所有经济问题，实现帕累托最优的话，那么我们有什么理由相信在这个世界上还会存在发展的不平衡甚至是严重

① Romer P M. Increasing returns and new development in the theory of growth. NBER Working Papers，1989.

② 蔡昉. 二元经济作为一个发展阶段的形成过程. 经济研究，2015，（7）：4-15.

的发展不平衡，贫富差距很大甚至于非常大。拉丁美洲一些国家的经验与教训就弥足应该汲取。正如巴西经济学家罗尼·林斯所说，从 20 世纪 50 年代开始，拉丁美洲国家普遍实行进口替代战略，实现了经济高速增长，1950~1980 年拉丁美洲地区经济年均增长 5.6%，实现了“拉美奇迹”。而且在 80 年代以后，拉丁美洲国家普遍推行新自由主义，使经济增长急剧下降，80 年代拉丁美洲地区 GDP 年均增长率仅为 1.5%，人均增长则是-0.5%，陷入“中等收入陷阱”。另外，相关统计数据表明，目前世界上大约有 1 亿人人均资产达 1 000 万美元，反之就意味着 60 多亿人是不处于这个状况的。那么，为什么会出现这种情况，对此经济学家做了不少解释，但至少反映出自由的市场经济也总会出现不少问题，这也是我们所要研究解决的一个问题。

第二节　技术非推进经济增长的根本因素

不少学者在研究人类几千年的经济增长史时，无一不将技术作为推动经济增长的一个极为重要的因素，中国的学者更是如此。在任何一本中国经济史的书中，都无一例外地分析了各个时期的技术发展，包括从旧石器时代到新石器时代的石打击器的发展，逐渐演变为青铜器到铁器的使用，当然还包括各种农业技术、运输技术等的发展。但是，至今也很少有学者能够正确地分析出李约瑟之谜，即在宋代以后中国的科技水平为什么从领先于世界，到最后明显落后于世界。其中，一个使中国人极为反感的因素，就是近代自鸦片战争以来的屈辱。不管是清末还是现在的学者，都将中国近代的落后归因于技术的落后。当然，也有的从阶级分析出发，认为是清朝的腐朽统治政权所致，从而使中国不仅社会经济落后，而且国防等各方面也相对落后，直到经过中华人民共和国成立以后的三十多年的改革开放，才使中国又进入了一个经济快速增长期。但是，对于三十多年改革开放所取得的成就，中国乃至世界各国的学者都将之归因于实现了经济体制改革和对外的经济开放，很少有学者将之归结于技术的进步。这样的结论，就与中国经济史各类书籍所得出的结论相左。显然，这里存在的问题是，关于制度问题尤其是经济制度问题，很难找到考古学上的证据，因而合理的推论无法对此作对比论证，但通过技术的进步与经济状况的改善，还是可以对经济制度的演进做出一些推论性的结论。但是在此，我们也仅从现代经济增长的角度进行研究。从改革开放发展的结果来看，的确中国发展经济的技术进步了，这种情况与一百年前的中国人的观念似乎相反。因为在一百年前的清末民国初年，中国人大多认为是技术的落后而导致经济发展滞后，而现在则将成果归因于改革开放等经济制度性改变。这里，必须回答的问题是自 2012 年以来中国经济持续下滑又与改革开放存在什么关系？是由于改革开放带来的经济持续下滑吗？还是由于技术的落后带来的经济持续下滑？对此，并没有多少学者做出正面回答。

对经济增长的理论性研究可以追溯到很远。在西方经济理论中早在 17 世纪托马斯·孟就提出了贸易促进经济增长的理论，直到哈罗德、索洛等。当然，也有诸如剑桥学派等各类学派对此进行了一系列的解释。但是，早期经济增长研究主要归因于资源的约束与比较资源禀赋，如俄林等的理论。也正因此，甚至出现了对资源约束悲观的论点，认为经济增长存在极限，关于这点可以见诸梅多斯等的论著。梅多斯等的论著中的确提出了这样的观念：“指数型增长的经济消耗了资源、排放废物并把用于可再生资源生产的土地予以转化。随着它在一个有限的环境内运转着，日益扩张的经济将会开始产生压力。这些压力远在社会达到根本无法再进一步增长的原点的顶点之前就已经开始增长。”[①]其核心原因可归因于在技术给定的情况下，由于经济增长取决于资本和劳动供给，而资本说到底是延长的劳动时间与自然资源的结合，在技术供给给定的情况下，自然资源供给是有限的，因

① 梅多斯 D，兰德斯 J，梅多斯 D. 增长的极限. 李涛，李智勇译. 北京：机械工业出版社，2013.

而经济增长也必然有限。这个观点看起来非常有道理，但是忽视了的问题是技术的供给是无限的，特别是从长期来看技术是不断进步的。我们现今推动经济增长的技术，其中大多数还是在所利用资源的自然特性没有改变的基础上，如农业技术还只是如何运用肥料、改良种子等，这些与几千年来的农业技术并没有什么本质性的区别。当然，现代的工业技术已经与几千年前不同了，但是，人类还没有更多地深入原子甚至更微观的层面来实现技术突破以推进经济增长。如果到达这个层面，那么技术供给的可能就会达到这样的程度，人类甚至可以利用当前的任何原料，生产出人类所需要的各种消费品，这点也正如赫拉利所说的那样，“工业革命的核心，其实是能源转换的革命。我们已经一再看到，我们能使用的能源其实无穷无尽。讲到更精确，唯一的限制只在于我们的无知……为什么这么多人担心我们会耗尽所有能源？为什么他们担心我们用完所有化石能源之后，会有一场大灾难？显然，这世界缺的不是能源，而是能够驾驭并转换符合我们所需的知识”[①]。这是因为，知识的进展特别是关于自然知识的进展，有可能在经济领域实现技术的进步，从而使人类所能推进的技术达到不断提高的地步。因此，从知识的演进甚至于更实用一些的技术角度来看待经济增长，那么经济增长应该是无限的，因为当技术的进步达到可以控制原子结构的层次，并将之应用于经济增长时，必将突破资源的限制。这里，不论是利用哈罗德模型、索洛模型，还是利用罗默模型等，都可以得出相应的结论。但是，当我们将视点放在知识的角度来看待问题时，就会发现知识在不断演进并不仅仅指的是关于自然的知识，而是各类知识的演进，在这种情况下经济增长就永远不会停滞，而这点也是赫拉利所想表达的意思。这里，我们所想说明的一点是，这个知识不仅是关于自然的技术性知识，还包括了关于人类自身的自组织知识，而且，将论证的是自组织知识最终决定了技术知识在经济增长中的运用。

---

① 赫拉利 Y. 人类简史——从动物到上帝. 林俊宏译. 北京：中信出版社，2014.

当然，认为知识使经济增长的极限不存在，反过来可以这么认为：如果经济增长存在极限，那么，过度推进经济增长就是一个错误。所以，有些学者甚至认为人类应该克服热衷于经济增长的坏习惯。我们也许可以这样认为，如果没有经济增长本身，研究经济问题大体也就没有必要，这就像韦斯曼在《没有我们的世界》中所描述的那样，一个没有人类的世界会是什么样的，是大自然迅速夺回其领地的世界[①]。这个世界在一定意义上来说，也就是一个没有意义的世界。因为任由自然法则来掌控的世界，当然就没有人类所认为的意义了。在这里我们会发现，在人类推进经济增长的知识体系中存在这样一个东西，即赋予我们意义的东西，这是什么？应该就是人们所指称的价值。价值性知识是一种具有方向性的矢量知识，不仅有大小而且有方向，这类知识显然不同于人类所掌握的自然知识，在累积过程中由于方向的不同而具有不同的结果。自然知识是人类对自然的了解与把握，是对自然的客观性反映，因而不存在对与错的问题，这是人类生存所在的宇宙的法则所致。即使没有人类，这个宇宙法则也依然存在，仍然会演化出万物来。因而，我们可以认为人类关于自然的知识是个标量，只有大小无所谓方向，是一个累积的过程。从这个观点看来，人类的知识确实可以分为两大类，一类是关于人类自身的自组织性知识，另一类是关于自然的技术性知识。对于前者，即关于自组织性知识，事实上是与人的个体生物性相关，也与人的社会性相关联的。人是社会性动物，但是在人类没有产生这类知识之前，整个人类只是以小群体的方式出现，这就有点像一个自然村落的样子，早期的定居人类确实如此。对中国上古时期考古的相关证据表明，随着时间的推进人类定居的规模才逐渐变大，相关的数据由最初的几百平方米到几千平方米，再到几万平方米，最后发展到几十万到数百万平方米[②]。在早期的群体中每个个体相互之间都十分熟悉、十

① 韦斯曼 A. 没有我们的世界. 刘泗翰译. 重庆：重庆出版社，2015.

② 卜宪群. 中国通史. 北京：华夏出版社，2016.

分了解，并且大多数还有些沾亲带故。人群之中不需要划分出阶层，因为每个人对彼此都有了解，不论这个人干什么，大家都相互知晓。但是，当群体增大以后或者说当经济增长时，群体之间就不可能会相互了解得那么清楚，这就需要一种自组织性知识来使群体达到协调。也就是说，在这种自组织知识下，人们只要从其做什么，在群体中属于哪个层级，就能迅速地对其有个大致的了解和认知。例如，在今天的中国如果你是个农民工，不用作过多的了解，人们就会清楚这个人没有受过太多的教育，没有良好的社会关系等。因此，其他人可以非常迅速地决定对他的态度等，这就是自组织知识的基本作用。关于这点正如赫拉利的研究中指明的那样，“一次又一次，人类需要让社会有秩序的办法，就是会将成员分成各种想象出来的阶级……有了阶级之后，陌生人不用浪费时间和精力真正了解彼此，也能知道该如何对待对方”[①]。当然，自组织知识的作用不仅于此，更重要的是形成了一种价值趋向，形成在群体中的运用，实现一个秩序化、规则化和制度化所认可的东西，也就是说，当一个群体中个体具有的自组织知识达到一定程度时，必然会对这个群体的秩序、规则和制度产生影响，甚至可以说起着决定性的作用，关于这点在后面的章节中会继续论证，这里只给出一个观点，即人均自组织知识水平可能与制度优化水平有更为密切的关系,因为在一个群体中各个个体所具有的自组织知识水平是不同的，但是，就这个群体来说所有个体都服从于制度性的安排，这就有了在既定制度下具有不同自组织知识的个体如何对待制度的问题，在后面的章节中将给出这方面的论述。

人类关于自然的知识就不用过多地论述。关于自然知识的进展，可以参考加来道雄著的《平行宇宙》一书。随着人类文明的发展，卡尔达舍夫理论中的文明的状态会因为技术的发展而发生质的变化[②]。人类关于自然

① 赫拉利 Y. 人类简史——从动物到上帝. 林俊宏译. 北京：中信出版社，2014.

② 加来道雄. 平行宇宙. 伍义生，包新周译. 重庆：重庆出版社，2008.

知识的进展已经到这个程度，我们对宇宙本身的理解达到了超弦理论的深度，当然如果这个理论是正确的话，那么，对宇宙及自然界的理解将使人类文明不断演进。正如农业革命所带来的人类生产生活习性的根本性改变，使人类由较小群体变成相对较大的群体，而科技革命则使人类进入了可以更好地运用资源、能源并对自然物质进行重新组织的高度。今天，已经到了能够利用人工智能局部代替人类智能的程度，关于这点不需要深入地论述。这对于经济增长的意义是极为明显的，人类正在摆脱被创造而正在成为自然的创造者。由此看来，经济增长在人类自然知识不断进步的情况下，将没有增长的极限。我们所要解决的问题应该是两个方面，一方面是如何通过对自然的研究获得技术性知识；另一方面是如何将技术性知识应用于经济增长。这里的重点在于第二个方面，即如何使技术性知识应用于经济增长。与此相关的一个问题是，从科技革命发生的情况来看还应该弄明白一点，那就是为什么科技革命发生在西方世界而没有在东方兴起，这里很重要的一点就在于人类所掌握的自组织知识的进展不同，而最终形成的经济制度的不同。这在东西方世界有着很大的差异，因而使技术应用于经济增长的情况不同，这正如卡梅伦和尼尔所说，“技术创新和制度创新，是它们一次又一次地推迟了边际收益递减定律的应用时间”①。显然，卡梅伦和尼尔从世界经济发展史中得出的结论是，经济增长并不仅仅是技术创新的结果，制度创新也是经济增长的重要因素。

第三节 制度影响技术纳入经济增长

人类自组织知识的进展推进了自然知识的进展，最终演变为科技革命，这是一个真命题吗？关于这点可能必须回到历史上才能窥见全貌。从整个

---

① 卡梅伦 R，尼尔 L. 世界经济简史——从旧石器时代到20世纪末. 潘宁等译. 上海：上海译文出版社，2012.

经济史来看，在农耕时代经济增长总体上是非常缓慢的，年均经济增长率水平大体上在 2%以下，为什么会这样？我们认为如果经济增长只与投资和劳动相关，那么，在历史上随着人口数量的增长，出现了经济所无法承载的问题，这点也是马尔萨斯再三强调的。同样，随着社会从混乱中走出来，进入相对稳定的状况，资金总是会积累的，应该也对经济增长起着指数作用。如果考虑到技术的作用，那么随着时间的推移，技术也是不断向前发展的，这方面的相关记载很多。因此，分析经济增长的相关因素时，技术、资金、劳动等各种要素都齐备了，但为什么经济增长处于一个相对较低的水平？这里，也许可以考虑一下罗默的论断，“增长率并不仅仅是日历时间的函数，而且是发展水平的函数。同时，发展水平更高的国家增长得更快的事实，扩展了工业化国家与欠发达国家的比较”[①]。这是因为“知识具有递增的边际产品……递增收益的产生，是由于投资和生产的进行会发现新的知识”[①]。我们认为在不考虑技术的情况下，经济增长运用索洛模型所体现出来的资金与劳动的指数关系，并不能从长期说明经济的增长，关于这点已经有相关的经济学家做了证明。即使考虑到技术因素，如索洛-米勒模型所体现出来的那样，也很难体现整体经济的增长，况且还存在着李约瑟之谜。这里，我们要提出的问题是，技术的进步到底由什么决定。而且，索洛在分析美国经济增长时，已经给出了一个时期技术对经济的贡献度超过了 70%的结论。如果考虑到经济上的技术应用是人类关于自然知识的积累及运用于经济领域的结果，那么，技术对经济增长的贡献度也可以间接用关于自然的知识进行论述。此外，还有一个必须正面回答的问题，那就是李约瑟之谜，为什么中国在宋代以后技术的发展会突然出现停滞？对于有些国家或地区，这个问题也可提出为什么一些文明会突然停止并消亡？

---

① Romer P M. Increasing, return and long-run growth. Journal of Political Economy, 1986, 94(5): 1002-1037.

技术进步也许正如一些学者所指出的那样，人类天生有探索自然的好奇心。如果人类天生有这样的好奇心，使人类总是有获取自然知识的冲动，那么，又为什么在一个时期的人群没有对自然知识有如此的冲动，或者是无意也许是不能将关于自然的知识运用于经济增长，这种情况就像在中国曾经经历过的一样。在近代日本实现了明治维新，从而使近代的日本保持了快速的经济增长，而与此同时的中国同样也希望运用西方技术来促进经济社会的发展与进步，但是日本成功了而中国没有成功，这又是为什么？我们认为这取决于两个国家的人群人均自组织知识的丰富程度，而由这些自组织知识所映射的制度才是问题所在。正如布坎南所指出的那样，“最高价值资源使用依靠自愿交换能够在其中进行的制度环境”[①]。“任何资源分配要达到‘高效率’，必然有赖于做出资源利用和估价决定的制度结构。”[①]就经济增长而言，无非是资源的有效利用和增值的最大化，即保持在帕累托最优的状况下。而经济增长呈现低速甚至负增长肯定不是帕累托最优状况，对于这个问题，布坎南这样认为，“没有合适的法律和制度，市场就不会产生体现任何价值最大化意义上的‘效率’”[①]。相类似的观点在新制度经济学代表人物诺思的一系列思想中都得到了体现。诺思作为新制度经济学的代表人物，其理论最为核心的部分就在于制度对于经济增长的重要性。正因为经济制度以及在此之下的制度环境的作用，应用于经济增长的技术得到了发展，这种情况发生的一个根本前提是存在有效的产权制度，至少产权学派是这样认为的。产权学派认为，所谓有效的产权实际上就是一种比较清晰的产权制度模式，由此使资源的交易过程始终由交易进行估价。这种估价的存在，使在不同交易者的知识范围视域内，资源呈现出不同的价值，而发现与开发这种价值，就使技术有了用武之地。对此，诺思这样表述，“当某些资源的公有产权存在时，对获取较多的技术

① 布坎南 J M. 自由、市场和国家. 吴良健，桑伍译. 北京：北京经济学院出版社，1988.

和知识很少有刺激”[①]。这个观点也许可以较好地回答李约瑟之谜，因为缺乏对技术创新的制度环境，技术创新的收益不能继续刺激创新的发展，特别是在之后对于市场扩大的控制，影响了技术创新的积极性。反之，也正因有了制度的促进作用，明确产权的情况交易中的个体能够应用更为有效的技术推进资源价值的升值，从而推动了经济的快速增长，这种情况与近三十来年中国发展的情况相类似，并且发达国家也走过相类似的过程。诺思认为，“技术的连续性最终导致了马尔萨斯理论的危机”[①]。诺思的观点是正确的，因为马尔萨斯的观点正是建立在没有考虑到技术持续性创新的基础上的。这样，我们也就可以进一步认为，制度在经济增长中的作用确实被人类日益明显地发掘出来，而发掘出来的制度又推进了进步技术在经济增长中的应用，进而实现了经济的非马尔萨斯式的增长。

回到工业文明诞生的欧洲也可以得出类似的结论。我们都知道工业革命发生地并不是商业集中地，当时的商业集中地，如佛罗伦萨等商业城市并没有出现工业革命，这点与传统的观念有些相背离但是一个事实。在传统的经济增长观念中，由于商业集中地区往往是资源相对集中的地区，因此，在这样的地区更容易引发工业革命。但是，经济增长的历史却证明，工业文明并非诞生在这样的地区。关于工业文明产生的原因，奇波拉有深刻的见解，他认为“经济、社会和政治的变革从长期看是导致工业革命的前提”[②]。如果我们坚持把变革看做制度性创新，那么，工业革命产生的深刻原因正在于此。虽然，有不少的学者认为，所谓工业革命的实质是能源利用的革命，或者是技术应用于经济的革命，但是，正如前面我们所分析的那样，如果没有从社会到经济、政治等各个领域的制度性革命，工业革命不可能发生，因而也就无所谓技术革命与能源利用的革命了。更深入的见解还可以从温加斯特的研究中看到，他认为正是传统的商业集中地由

① 诺思 D C. 经济史中的结构与变迁. 陈郁，罗华平译. 上海：上海人民出版社，1991.

② 奇波拉 C M. 欧洲经济史（第三卷）. 徐旋，吴良健译. 北京：商务印书馆，1989.

于商会等组织的制度性限制，工业革命无法在这些城市产生，相反在行会管理松散的地方出现了工业革命。正如芒图在研究 18 世纪产业革命时所说，“经济立法：它的双重目的，限制与保护。制度规程是技术进步的障碍”[①]。“在 18 世纪以内，虽然人们看到了这种中世纪立法已在显著衰落……正是这种过分的保护制度，使毛纺工业中传统方法的各种改良遇到最强固的障碍，因为特权总是最不利于创举和进步的东西”[①]。商业中心行会等各种特权的存在，确实使工业革命受到阻碍，可见制度性的力量使传统的工业不易实现技术上的创新，产业革命就是一个明证。这种情况可以推论至一般，这就是我们所认为的自组织知识对技术的决定作用。

第四节 知识使经济增长突破上限

关于知识的作用可以追溯到很远。现在已经明确的历史事实是，国家出现以前的经济状态是任何一个部落中都存在一个知识的载体，这个载体可以称为巫师，或许其他民族对这个称呼有所不同，但其性质是相近的。巫师的特点是什么？就是相对于其族人来说，其所掌握的知识要远高于族内其他人，关于这方面不论考古发现还是历史记载都明示了这点。从中国上古史考察来看，在早期城邦时代都有着权力与宗教相结合的证据。当然，不管他所掌握的知识是关于天体的知识还是关于农业的知识，甚至于也可以不管他所掌握的是医药知识还是巫术类的知识，总而言之，在远古时期这类人是一个部落的核心所在，也是一个部落人群关系的主要协调者。希克斯认为最早的经济可能是习俗经济，他认为“一旦这种系统达到了均衡状态，它就能长期持续，无须改组——无须做出组织方面的决定……看来我们要循着这一路线来建立我们的叙述所由开始的最早的非市场经济模

---

① 芒图 P. 十八世纪产业革命. 杨人楩，陈希秦，吴绪译. 北京：商务印书馆，2012.

型。‘习俗’经济或许与这一描述相符”[①]。而所谓习俗经济在一定程度上是由这个巫师所掌握的经济，如在今天所能发现的早期文明的祭祀活动中，都有不少的祈求降雨的内容，这些当然与定居农业相关。巫师是掌握了知识的人，其对于未来有着一定的预测能力，这种能力实际上是根据其所拥有的知识进行逻辑推理。巫师的作用是以其知识确定一种习俗，而非指令性的组织制度，巫师在这个过程中发挥着协调者的作用。对此，哈耶克有类似的论断，他认为“财产最初是习俗的产物，司法与立法不过是数千年里对它做了发展而已”[②]。我们从近现代发现的一些仍然遗存到现在的具有早期文明的部落可以看到这点。不论是在美洲还是在非洲，大都体现了这样一种状况，由习俗调整着部落的经济活动。由此看来，在人类文明诞生之初，那些掌握了未来的知识的人掌控一切，而这一切又在人们普遍接受的习俗中体现出来。然而，由于现代教育的普及化，这点似乎已经被现代人忘记了。

从中国的历史来看，甚至到了上古时期的夏商周时期，即使在国家已经产生以后，国王的统治仍然在很大程度上依靠巫师的作用，如在考古发现的甲骨文中就有大量的记载，甚至于可以这样认为，这两者在一定程度上就是一个整体。如果巫师对一个国家有如此重大的影响，如在若干的甲骨文中包括青铜器的彝铭上都有明确的记载，在这些记载中国家的一些大的行为都要依靠巫师的占卜才能最后确定下来。从这些情况来看，可以认为巫师掌握的知识成为国家行动的指导，而在制度并没有最终完善地确定下来之前，巫师的知识可以看做各项制度的依赖，而掌握这些知识的巫师在经济活动中肯定是占有主导地位的。甚至于我们可从一些远古的故事中得到启发，如周文王演八卦，实则意指了周文王对这方面知识有充分的了解与掌握。那么，这里存在的问题是，一个部落或早期的这些国家的人们

---

① 希克斯 J R. 经济史理论. 厉以平译. 北京：商务印书馆，2010.

② 哈耶克 F A. 致命的自负. 冯克利等译. 北京：中国社会科学出版社，2000.

又是如何认可巫师的安排的？可以这么认为，在这样的部落或国家中的人们，大体上都具有相类似的知识，而他们之间的不同只是对这类知识掌握的程度的不同。也正因为这种不同，在这个部落或国家中的人们对经济制度形成所起的作用具有差异性，而如果将这些知识的人均分布看做符合一定的统计学原理的话，那么，在人群数量足够大的情况下是符合正态分布的，由此，可以将经济制度看做由这类知识的不同分布而形成的。

具有不同知识的个体在制度建立与演进中起着不同作用，决定了其在经济制度中的经济地位，也使这样的个体在既定经济制度下获得不同的收益。而所能支付的个体发展成本的不同又在下一个经济周期内形成了个体所能得到的经济地位的可能性，从而使个体在代与代之间的经济地位具有了传递性。在古代部落制时代，巫师的后人往往也是巫师，关于这点在摩尔根的《古代社会》及相关的文献中都有比较明确的论述，这点可能比权力的世袭制度还要早得多。相关的考古发现表明，如在良渚文化中已经发现“高等级墓中出土的大量玉钺、石钺显示，这些高级宗教人员，同时具备世俗权威，可以推测，他们很可能也控制着其宗教势力范围内的军事、行政权力”[①]，当然也包括了经济权力。同时，从相关考古与对古代社会的研究的相关文献中可以看到，这些巫师及其后裔在经济上都处于相对较优的地位，如果用经济制度的相关性质来分析，可以认为这些巫师及其后裔正是通过建立有利于自己的经济制度模式而最终达到这个目的的。如果是这样的话，那么掌握知识特别是掌握与经济制度相关的知识就十分重要了，这决定了其在经济制度中的经济地位。而一旦这个经济制度形成以后，通过制度安排和制度环境，这些巫师们就可以持续获得更为有利的经济收益，这也就是为什么任何一个建立经济制度并且在经济制度中处于有利地位的个体都十分强调经济制度合理性的原因。因为，在维持经济制度运行的过程中是需要花费成本的，而尽可能地减少制度运行成本，可能是维持

① 卜宪群. 中国通史. 北京：华夏出版社，2016.

一个经济制度正常运行的一项必须做的功课。比较有幸的是，在一个经济制度运行正常时期的君主们都知道并实践这点，而不幸的是在经济制度运行不正常时期的君主们都不大知道也并不实践这点，由此使经济制度在一定时期被破坏,也使经济制度在相当长的一个时期处于低水平运行的状态。认识到这点可能非常重要，因为在人类经济发展史中相当一个时期，经济都处于低水平运行，而与此相对应的经济制度，即自组织知识也在低水平运行，其中很重要的一个原因是，人群中的关于经济制度的知识长期维持在一个相对较低的水平上，直到近代学校的出现，使知识的教育得到普及，进而使经济制度的知识得到普及并不断地提升。关于这点在中国古代史中也可以找到证据，如宋代公学、私学的发展，在这个时代相应的经济制度比较优化，直接体现在这个时代经济增长情况较好上。从中可以做出这样一个判断，即人均知识分布状况决定制度优化水平，而经济制度的优化程度又可在技术应用于经济发展以及人们福利水平提高上得到体现，关于这点在后面的章节中将作进一步深入的论证。

这里还必须进一步指明的一点是，人类的知识总量中第一类知识即自组织性知识，在更大程度上影响并决定了经济制度的优化度。人类知识总量中的两类知识是相互关联的，第一类知识影响到制度水平，进而影响到由自然知识所产生的技术知识应用于经济的可能性，而这直接关系到经济增长。事实上，从同一历史时期不同国家与地区经济发展水平的很大差异上也可以看到这点，特别是近代以来当信息传播速度足够快时，仍然存在着发展的差异，这其中可能已经无法用技术传播的速度来解释，应该说更为重要的在于人群关于自组织知识水平的不同。因为，由于经济体的性质的不同，各个国家对这方面的知识的外生性在有意无意中进行限制，从而在一定程度上影响到自组织知识的演进，而在一个经济体内部当外生的自组织知识很难溢入，而内生的自组织知识的方差相对较小的情况下，很难实现自组织知识的演进，进而影响到经济制度的演进。

具有不同自组织知识的个体，在人类早期阶段，如部落制乃至上古时期对经济制度的影响不同。在现代虽然由于物质占有的不同，而体现出不同的经济地位，但追根溯源我们仍将发现，由于拥有的自组织知识的差异性可能是物质财富积累快慢的源流，也是物质财富丧失的原因。这里，可以用一个简单的例子来说明。在经济制度建立的早期，参与了经济制度建立的个体，其关于自组织的知识肯定充分运用到经济制度的建立中，而当经济制度建立以后，掌握这些经济制度知识的个体必然会从经济运行中得到足够利益。以一个极端的例子来论证，当经济制度是一个极端腐败的制度时，那么，利用贿赂的手段是可以谋取足够利益的，这方面的例证不绝于史。由此我们也可以发现，在一个既定的经济制度下的个体都是异质性的个体，这种异质性不仅体现为其所掌握的物质的丰富度，而且更大程度上体现为其所拥有的自组织知识的丰富度，关于这点我们也将在后面的章节进行深入论述。相应地，一个经济制度一旦建立以后，可能会在相当长一个时期内因自组织知识很少演进而使制度处于锁定状态。在后面的章节中，我们还要指明一点，即关于自组织的知识，即制度知识具有价值取向，因而可能会出现负的自组织知识的现象，这点从经济发展的历史变迁过程中就可以看到。一个国家或地区的经济并不总是增长的，有时甚至会出现比较大的衰退，而衡量这点可以用福利水平作为标准。当负的自组织知识在人群中的分布达到一定程度时，那么，就会出现经济制度的退步，进而妨碍经济增长，使人群福利程度降低。由此，我们可以进一步得出这样一个结论，人群自组织知识在经济增长中具有明显的重要作用，也许应成为经济增长最为根本性的基础。

第二章
知识决定交易非均衡性

第一节　交易理论的几点反思

交易理论是现代主流经济学的一个重要核心。在交易理论中以均衡态的形成为主要研究对象，在均衡过程中各交易品在边际收益趋于相等的情况下朝向均衡点趋近，由此使整个交易活动实现了交易各方收益的最大化。这也是经济理论中最为著名的帕累托最优的核心要义，但这样的交易活动将交易个体异质性隐去，因此，在现代主流经济学中各交易主体成为性质相类似的主体，是可以相互替代的交易物。但是，相对于现实的经济活动来看，当把人的因素从交易活动中提升出来，就将展示出这样一幅图景：人在交易活动中是相互异质的，这不仅体现为每个人的个体性的差异，这种差异性很重要的一点可能体现在个体所受到的习俗影响、教育状况以及所获得的经验的不同上，另外还体现在人所拥有的物品的不同上。但是，从最初的状态来看，可能更为重要的应归结到个体所形成的知识积累的不同上，因为每一个个体都不大可能在来到这个世界上的时候携带着交易品。这种差异性的存在，使不同个体在一定的经济制度环境下成为异质性的个体，因而在交易活动中并非处于平等的状态。如果是这样的话，那么在交易过程中所体现出来的交易均衡态可能并不能以同质的观点来表达，由此可以看到的情况是，真实的交易活动更多的是在非均衡状态下的存在。

主流经济学说中将资本、劳动、土地、人力资本乃至企业家的才能均无区别地视为生产要素，据此划分出性质相同的各生产要素对商品生产和交换的贡献，这种性质可以称为性质上等质或同质。这种被确定为同质的生产要素在经济活动中，按照相互替代原则确定各要素的边际收入作为生产要素和其收益交换的条件，从而确定帕累托最优的均衡状态。我们知道帕累托最优是评价一个经济制度的非常重要的标准，就是在既定制度的前提下不可能出现更好的状况改变。如果当一个经济制度达不到帕累托最优时，那么，就会存在这样一种情况，即部分人可能并没有处于一个较好的状况，可以在不使其他人的状况变坏的情况下使自己的境况变好。一般西方经济学说中的帕累托最优与均衡状况密切相关，因此，在论及帕累托最优的状况时也就意指为均衡状态。在主流经济理论中，没有考虑到交易个体的异质性，因此，在交换过程中特别是在形成均衡的交换关系中将人在经济活动中的主动性特征略去，使经济活动成为纯粹观察者审视的无区别的被动式活动。不论局部均衡理论大师马歇尔还是一般均衡理论大师瓦尔拉斯几乎均持这种观点，即使他们的理论中利用到人的相关要素，如劳动这一要素时，作为一种退化来说赋予劳动这一生产要素某些主动性特征的话，这种主动性也只局限于独立不相干的个体身上，即认为在现实的经济活动中各个经济主体是完全独立的,不存在某种程度上先验性的制度约束。这种情况的出现很有意思，在马克思的理论体系中非常重视制度的作用，而相反在西方经济理论中除了新制度学派、公共选择学派、奥地利学派等少数学派的经济理论外，都比较少地论述到制度问题。而且，一个比较奇怪的现象是，前面所提到的学派中大多都提到了马克思的经济理论，如诺思就明确提出："马克思主义者强调阶级结构是结构变迁的推动者，以此来巧妙地说明全部问题。"[①]布坎南也提到了，哈耶克也有所论及。但是，在西方主流学派中很少将经济制度问题纳入视野，关于这点诺思有着深刻的洞察，他明确指出"在详细描述长期变迁的各种现存理论中，马克思的

① 诺思 D C. 经济史中的结构与变迁. 陈郁，罗华平译. 上海：上海人民出版社，1991.

分析框架是最有说服力的，这恰恰是因为它包括了新古典分析框架所遗漏的所有因素：制度、产权、国家和意识形态”[①]。在缺少经济制度的情况下对经济问题论述，实际上也就是没有将制度问题带来的交易费用纳入经济分析中，这样的分析当然就是一种表现出来的平等式的均衡。那么，在此基础上缺乏制度分析而进行交易活动的各个经济主体当然就是同质的主体，这种同质性也就是认可每一个个体与其他个体没有质的区别，相互之间是一种平等的具有一般共性的关系，而各种交易的均衡就是在这样平等的共性关系中达到的。正如瓦尔拉斯所明确指出的那样，“一切物的意向在一切人的意向支配下，但是从来没有一个人的命运是属于任何其他一个人的命运的”[②]。如果在现实的经济活动中确实如瓦尔拉斯所指明的没有这种命运的从属关系，那么，历史上所记载的各种经济关系中，如西方世界的奴隶制所表现出来的人身依附关系就很难得到解释，在中国历史进程中不少朝代所出现的主户与客户关系，乃至于官僚体系中存在的一荣俱荣、一损俱损式的依附关系等，就不会在经济史的相关文献中存在。也正因此，在主流经济学中对于奴隶制的解释就往往依赖于效用，甚至于从效用角度来论述奴隶制与工人制并没有什么差别。也许正是基于这种认识，瓦尔拉斯认为“世界上每个人都和任何别的一个同都是人，对各自目的的追求和命运的决定同样地负有责任，那么一切的目的就得互相配合”[②]。这种互相的配合实际上也就是如哈耶克所指出的自生自发经济秩序，在新古典主义学者看来就是实现了均衡态。但是，为什么这些个体会相互配合，以至于形成经济活动的均衡态。如果仅仅用帕累托最优状况是难以解释的，对于这点可以用一些非主流的经济理论进行更好的解释。例如，奥地利学派的哈耶克是这样论述的：“文明是人的行动的产物，更准确地说，是数百代人的行动的产物。然而这并不意味着是人的设计的产物。”[③]甚

---

① 诺思 D C. 经济史中的结构与变迁. 陈郁，罗华平译. 上海：上海人民出版社，1991.

② 瓦尔拉斯 L. 纯粹经济学要义. 蔡受百译. 北京：商务印书馆，1989.

③ 哈耶克 F A. 自由秩序原理. 邓正来译. 上海：上海三联书店，1997.

至于还非常明确地提出，“我们能够为社会秩序的型构创造一些条件，但是我们无力为各种社会要素安排一确定的方式……一个有序的安排得以自生自发地型构起来并得以不断地重构”[①]。从这些情况来看，至少可以认为与西方主流学派相似，哈耶克认可秩序的存在，而秩序在宏观层面来看就是制度。然而，对于每一次交易来说，最终的结果也将形成交易双方所认可的秩序，而这种秩序从微观层面来看就应该是均衡态。但是，与主流学派不同的是哈耶克没有认可同质性的存在，因此，我们认为哈耶克虽然认可秩序的存在，但这种秩序应该是在制度约束下的异质性主体的均衡。如果是这样，那么，对于任意一次交易来说，交易双方就将是异质性的交易主体。

主流学派有不同的解释，如瓦尔拉斯虽然强调一般均衡，并没有明确指出这种均衡是根源于个体知识而自发自生的，没有引申出自生性经济秩序，他所强调的一切目的互相配合，与哈耶克的观念是相吻合的，也与后来的布坎南的观点相一致,这种一般均衡的形成实际上就是自生经济秩序，其中的差异在于对在秩序之下个体的差异性的认同。就瓦尔拉斯来说在个体同质性的基础上引出他的一般均衡理论，即在相互交换中各交易者都是公平的，没有先验性约束的经济制度，这是因为这种所谓先验的制度约束，实际上也是在一个市场进行的过程中由各个个体自生自发形成的。所以，我们可以明白奥地利学派将市场看做一个过程，这也与瓦尔拉斯所强调的一般均衡相一致，他们之间的不同点是瓦尔拉斯的一般均衡是一个市场运行的结果，而自发自生秩序在一定程度上体现了市场运行的过程。对此，布坎南是这样评论的，他认为，“奥地利学派把市场作为过程的见识往往破坏对经济相互作用的目的论解释”[②]，这是因为布坎南虽然将市场效用的最优化建立在经济制度的前提下，但是，他并不否定市场经济在形成帕

① 哈耶克 F A. 自由秩序原理. 邓正来译. 上海：上海三联书店，1997.

② 布坎南 J M. 自由、市场和国家. 吴良健，桑伍译. 北京：北京经济学院出版社，1988.

累托最优中的作用。布坎南一方面认为“没有合法的法律和制度，市场就不会产生任何价值最大化意义上的‘效率’”[①]；另一方面又认为“市场秩序的确产生可以假定为价值最大化的结果”[①]。因此，我们可以看到如果没有经济制度等的先验性约束，当然就不存在要建立一个经济制度的问题，也就不存在要为经济制度继续下去缴纳费用的问题。这两个问题如果不存在，那么在经济活动中的任何一个交易就是如价格所体现出的均衡交易，也就是帕累托最优状态。而当所有的各类生产要素包括商品都能在市场中进行这样的交易时，参与交易的任何交易主体都是同质的，这诚如瓦尔拉斯自己所说：“不管是否存在分工，社会财富在社会成员之间的分配一定要公平。”[②]我们不清楚这是瓦尔拉斯的理想还是他所认为的实际，至少观察到的现实经济活动不存在这种状况，即使退化到完全的国家所有制中也不大可能实现这样的状况，因为即使在完全国家所有制的经济中最低限度总会存在各个科层的不同，而处在不同科层的经济主体是不同的，至少在制度结构上不同。从总体上看，制度越是往下一个科层，就越不容易得到维持与实施，关于这点也与奥尔森提出的关于集体行动的逻辑中的发现相类似。我们认为一个制度越是在低一级科层越不容易得到维持的原因，与各个科层所拥有的人均自组织知识量相关。因为，具有不同自组织知识的个体所构建出的经济制度,体现了这些个体的人均自组织知识水平，而在一个低级的科层，其中的个体的人均知识水平与整个经济的人均自组织知识水平不同，因而对制度的认可度会有不同，关于这点在后面的章节将进行论述。所以，可以认为当瓦尔拉斯从这种与现实不相符合的思想出发时，那么在他的理论中由分配的公平带来生产和交易的公平化，就将引申出均衡态下的零交易费用原则，这是因为既没有经济制度产生的费用也无须经济制度维持下去的费用。而在零交易费用的情况下，各个交易主体

---

① 布坎南 J M. 自由、市场和国家. 吴良健，桑伍译. 北京：北京经济学院出版社，1988.

② 瓦尔拉斯 L. 纯粹经济学要义. 蔡受百译. 北京：商务印书馆，1989.

自然也就不存在相互依存关系，而是一种平等的相互依存的一般共性的存在。也正因此，不论在马歇尔的局部均衡理论还是在瓦尔拉斯的一般均衡理论中，都没有将经济制度作为一个重要概念提出来，从而形成了在没有经济制度的前提下的经济主体的均衡。这种均衡也就是一种自愿的均衡，由此赋予了经济活动中各个经济主体以自由均等的性质，从而也就是一种等质的性质。

所以，我们可以看到的一种情况是在西方交易理论中不论是瓦尔拉斯还是马歇尔或其他理论家，在确定均衡过程中都是通过各种生产要素和商品进出市场，进而调节它们的量值关系以逐渐达到这一状态的，这里只存在量的区别没有质的区别，因而在这样一种经济关系中出现均衡态。这种均衡是必然要达到的，否则将发生价格和交易量的相对变化。所以，从微观层面来看，价格就起着非常重要的作用。价格在一定意义上来说体现了边际作用，或者是边际成本，或者是边际收益，而且在边际上成本与收益总是相等的，也就是在边际问题上无所谓成本与收益了，这两个事实也可以看做同质性的东西。因此，在这些理论中几乎无一例外承认达到均衡交易后，边际成本、边际收益和价格的相对量总是相等的，从而引申出各生产要素按其数量以及价格水平总可以达到公平公正的收入和效益。这种源自自由市场经济基础上的理论，当其引用到不可忽视的制度环境和制度安排时将产生不同的结论。对此，公共选择学派以及新制度学派都有大量的论述，布坎南认为“市场是一种制度过程，在其间个人彼此相互作用，其目的在追逐他们各自的不论哪一种目的”①。同时，他也认为“没有合适的法律和制度，市场就不会产生体现任何价值最大化意义上的‘效率’”①。如果是这样，那么单纯建立在自由市场基础上的价格理论就存在问题，这是因为当经济制度存在时，市场所反映出来的价格可能就不是帕累托最优，关于这点后面我们将作更为充分的论述。这里需特别说明的一点就是，只

① 布坎南 J M. 自由、市场和国家. 吴良健，桑伍译. 北京：北京经济学院出版社，1988.

要承认市场发挥着斯密所指出的看不见的手的作用，那么，不论是否认可经济制度存在，市场在价格形成过程中在达到均衡的同时也自发自生地创造出秩序。所以从这点来看，我们认可奥地利学派将市场既看做过程又看做结果的论断。

我们认为当各种生产要素性质不同，特别是在生产活动过程中经济主体支出的劳动和其他生产要素非等质时，人不仅作为物的支配者而且是人的支配者，虽然可能形成一种均衡态，但如果考虑到这种支配性作用是通过制度产生的，那么情况就会发生很大的变化。这是因为在一个经济制度下的个体处于不同的状态，由此使他们不大可能完全自愿地进行市场交易，甚至于可能在被迫地进行市场交易，那么，在存在经济制度的情况下交易就可能成为一种被动式的交易，而如果是这样就与市场经济的基本假设相矛盾，经济活动就不仅如瓦尔拉斯等所描述的交易是各生产要素和商品以及它们之间相互交换，而是人作为经济活动的自主性主体成为经济活动的中心，从而确定了人力资本在经济活动中具有主动性的特殊地位。这些经济主体活动既构成经济活动的原因又构成经济活动的结果，而且更为一般的是人对物与人的支配作用在各种交易活动中普遍存在，由此确定了经济活动中的制度环境和制度安排，以及在该制度安排下的交易活动的性质。在这个逻辑上，就会发现一个不同于局部均衡以及一般均衡论的结论，即市场只是在既定经济制度下的市场，各种交易也是在既定经济制度下交易，如果制度所赋予的各个交易主体具有不同的性质，那么，具有不同性质的交易主体的交易就将是一个实践市场的过程，而不是产生秩序或制度的过程。

我们还可以从其他理论中找到线索。与新古典主义不同的李嘉图传统的经济理论，以劳动作为交易活动和交易关系的准则，在其交易理论中难以区分劳动力和劳动，已构成李嘉图悖论之一，后经马克思进行新的论述，在逻辑上已逐渐完善。马克思在交换中将劳动和劳动力区分开来，从而向我们展示了这样一个图景，即购买方通过将劳动者的劳动时间延长至生产其工资价值以上，而产生了剩余价值，或者通过提高效率的办法产生相对剩余价值。显然，当劳动者的工资不能涵盖劳动的全部报酬时，这种交易就成了一种非均衡的交易，而这种交易也正如马克思所意指的由于交易一方对资本这种生产要素具有绝对支配能力所导致的非均衡性的交易。如果存在对生产要素的占有的垄断支配地位，那么，要达到均衡态就可能出现有利于一方的均衡，而并非交易双方都能够满意的均衡。也许正因为如此，在对交易满意的理论进展过程出现了不断的退化，如在福利理论中就由所有个体福利状况得到改善，退化为整体福利状况得到改善，这种退化实际将作为个体总量的人群结构的制度隐去了，进而使理论能够接近于现实的经济活动。

马克思是从制度角度来分析这个问题的，他认为在资本主义这样一种经济制度下作为一个阶级出现的工人，必须在交易过程中出卖他的劳动，即使在这种交易中劳动者不得不失去他的部分价值。所以马克思认为："工人生产资本，资本生产工人，因而工人生产自身，而且人作为工人、作为商品就是整个运动的产物。"[①]由于资本家对资本的垄断，工资作为工人劳动的这种交易显然是非均衡的,这里的基本前提是在既定的经济制度下，交易活动是有利于资本家一方的，所以马克思认为："工资是资本和资本家的必要费用之一，而且不得超出这个必要的界限。"[①]即由资本所构建出的经济制度是这些经济体中各类交易进行的前提。并且在一个连续过程中，工人被迫转让的价值，最终将演化为异己的力量，迫使工人在一个后续的交易过程中继续放弃他的部分价值。在进行这种分析时，马克思的交易理论已经容纳进了制度因素，从而提出他的非均衡式交易理论。这点正如诺思所说："马克思早年对生产力（他通常用这个概念来指技术状况）与生产关系（指人类组织的某些方面，特别是产权）的阐述，是将技术的

① 马克思. 1844 年经济学哲学手稿. 刘丕坤译. 北京：人民出版社，1985.

限制和约束与人类组织的限制和约束结合在一起的先驱。"[①]马克思的分析可以说为后期的交易提供了分析的模式，使技术与制度结合在一起进行分析，从而使新古典主义所认为的达到均衡过程的零交易费用被摒弃，表明进行交易活动的前提的制度安排必须花费费用，该费用最终将落实在交易双方或其中之一上，由此，使任何交易都不可能实现真正意义上的帕累托最优的均衡交易，最终导致制度成本理论和交易费用学说的建立。

第二节　异质性的交易主体

按照一般经济学说的观点，均衡意指经济活动中各种对立的变动力量处于相对静止不再变动的状态，因而非均衡为相互存在差异没有达到力量的平衡。这种不平衡事实上是交易主体性质的不同造成的，表现为在同一制度安排下交易双方对问题的看法及支配的生产要素和商品量的不同，尤其是各个交易主体对交易的看法,实际上体现了各个交易主体的价值趋向，而这种价值趋向则代表了对一个经济制度的价值评估。当各个经济秩序确实是自生自发形成时，那么，各个交易主体对问题的看法就非常重要了，或者换句话说就是各个经济主体其知识存量对经济制度的形成非常重要。正如前面我们已经论述过的那样，李嘉图传统的非均衡交易正因为资本家和工人拥有知识存量及生产要素的不同，而这种不同最终体现在这两个经济主体的不同上，使交易双方作为性质不同的主体体现在交易双方上，进而形成了经济制度条件均衡态。

我们认为在既定的制度环境和制度安排下，交易过程中交易双方不可能同时达到满意，必然存在一方必须接受即使是非最优化的选择，也就是说，即使在经济制度的前提下存在着帕累托最优，那么这种最优也只是总体上的最优，并不是交易双方所认可的最优化，这点正如前面在举证福利

---

① 诺思 D C. 制度、制度变迁与经济绩效. 杭行译. 上海：上海人民出版社，2014.

理论的退化中所指明的那样，因此在制度安排下达到的均衡状况只可能达到希克斯的理论基础上的最优。我们可以作这样的设想，当希克斯提出他的福利理论并意指了经济体整体的最优时，实际上已经把一般均衡条件下的最优进行了退化，从而使均衡条件下的最优化更能够适应于现实的经济活动。关于这点前面已经进行了论述，这种情况换句话来表达就是在既定经济制度下的最优化，这也正如张五常所指出的那样，“以等级界定权利是一种减低租值消散的约束竞争的合约安排”[①]。同时，张五常还指出，“市场是一个制度，而制度的出现当然要讲交易或制度费用了”[①]，但“在竞争下，市场一般是朝着增加租值的方向走。这不是说要把交易费用减到最低，而是在市场竞争下，租值极大化需要物价与交易费用有最大的差距”[①]。这也就是市场的作用，即能够使整个交易结果保持帕累托最优，而不是具体到每一次交易时对交易主体来说是最优的交易结果。分析李嘉图式的劳动交换将发现其中蕴含了这样一个观点：劳动交换双方由于处在相对有利于资本家的交易规则中，劳动者不得不接受低于劳动所创造价值的工资，而这种交易往往被公平均衡的表面现象掩盖。将这种观点推广至一般，那么在既定的经济制度安排下的交易，往往对交易一方是有利的，对另一方是不利的。对此，布坎南就非常明确地指出一种制度安排有利于制定制度的统治者，他指出，“在人数众多的复杂社会里，势必要把成员看做好像他们都不自愿将其行为限制在互制限制内”[②]，而是“在一种各方所承认的制度中作为接受者存在,而这些制度将由所有各方承认和接受，他们将是由统治者以外部强制实施的”[②]。我们认可布坎南的观点的正确性，这里所强调的经济主体的异质性，就意指了在既定经济制度下的交易并非全部是自愿的。

诺思在指出制度环境和制度安排时也提出了类似的看法，但诺思在分

---

① 张五常. 制度的选择. 北京：中信出版社，2014.

② 布坎南 J M. 自由、市场和国家. 吴良健，桑伍译. 北京：北京经济学院出版社，1988.

析该问题时，做了相对更为细化的阐述。他认为正由于如此，制度本身是进化的，一种更有效的制度代替相对无效的制度将成为经济发展的最终源泉。因此，只要经济在发展，那么制度的更新就将不断发生，由此形成了经济制度的不断演进，而这种演进事实上就如张五常所指明的，是不断降低交易费用的，即制度费用的过程。那么，我们还可以反过来思考，也就更进一步证明了科斯所意指的交易费用是确实存在的，对此可以从世界各国经济发展的事实来证明。我们可以看到一个现象，即越是发达国家相应的制度费用越低，较低的费用既可以从政府架构的精简度得到证明，也可以从维持经济制度运行的税收情况得到解释。基本的情况是在经济越发达的国家或地区，各个交易主体或者称为经济主体为制度的持续存在缴纳的费用越低，这是对所有的经济主体而言的。当然，即使在这种情况下各个交易主体所缴纳的维持制度运行的费用还是有所不同的，但无论如何所有交易主体的制度费用都会得到有效的减少。更进一步的分析是，由于交易双方至少有一方不满于既定交易的制度安排和制度环境，因而有制度变革的要求，而这种要求又反证了交易双方至少有一方对在既定制度安排与制度环境下的交易不满意。如果这种不满意普遍存在，那么这种均衡就不是实质意义上的均衡，这也就意味着非均衡态的出现，而推论这种非均衡态的出现最终可以落实到交易主体的异质性上。这里的原因是，在同一交易规则中的双方之所以对交易结果不满意，在于交易双方存在相对差异性，而这种差异性在制度建立时体现为不同的个体对制度的了解与认识的差异，而在制度建立以后在既定制度环境下，各个交易主体在制度安排下的差异性，从而使个体出现更为明显的异质性特征，以使各个交易主体成为异质性的交易主体。在后面的章节中，我们会明确指出异质性的交易主体，其内在的核心性差别在于这样的经济主体知识的差异性，特别是我们在后面的章节中指明的自组织知识的差异性。具有不同自组织知识的经济主体对于一个制度产生的后果，以及对新的制度产生的后果的预期完全不同，因此，赞成既定经济制度的个体并不一定是受益者，而由于自组织知识的缺乏，这样的异质性经济主体也不可能正确预期该制度实施的结果，因而，不大可能提出制度变革的要求。在一个后续的过程中，将成为异质性的受到侵害的经济主体。据此，新的经济制度的出现，得益于自组织知识丰富的经济主体，正因为这样的经济主体的存在，对未实施的经济制度具有足够而正确的预期，因而推动了新的经济制度的实施。后面，我们将进一步指出否认这点是不可能出现新的制度要求的，因而也就不可能出现制度的演进或者说使制度演进的时间更为漫长，关于这点也可以从人类历史的进程中看到。人类经济制度的演进是极为漫长的，尤其是变革性的经济制度的演进时间更为显著性地漫长，即使出现统治者的更迭，但经济制度本身并没有得到有效的改进，如在中国几千年的封建时代，基本的经济制度并没有得到有效的进展，基本上维持着皇权制的制度模式，虽然在某个朝代得到一定的变化，但总的状况没有发生根本性改变。而所有的制度费用都由此而发生，并因此而不断重复出现。在此情况下的制度，当然在没有演进的同时，维持制度运行的费用也就得不到有效的减少，从而使经济的租值耗散情况得不到有效的改进，体现为整个人群的福利情况不可能得到有效的提升，交易始终在一个相类似的交易规则下进行。

首先，我们必须指出在当前的交易活动中交易规则存在的原因。确定制度环境和制度安排必须花费成本，这个成本该由谁来支付决定了在后续交易过程中，交易双方将以不同的交易费用进行交易。科斯首先提出交易费用概念，在考察现代经济中企业纵向一体化存在的理由时，他认为由于市场交易必然存在交易费用问题，因此，在比较交易费用和企业纵向一体化费用的大小后，将导致企业的存在和扩张。并且，科斯指出："企业的扩大必须达到这一点，即在企业内部组织一笔交易所需成本，或者等于在公开市场上完成这笔交易所需成本，或等于一个企业家来组织一笔交易所需成本。"[①]我们知道，根据斯密定理，分工受到市场范围的限制，市场

① 科斯 R. 论生产的制度结构. 陈郁，盛洪译. 上海：上海三联书店，1994.

范围的扩大将导致分工的深化和交易的深化。但是，在现代经济中市场扩大化的同时出现了企业纵向一体化的发展，这种二律背反现象只能以科斯的交易费用来解释。然而，科斯并没有说明为什么会产生交易费用，没有指出这种交易费用到底由谁来收取，也没有解释交易费用由谁来支付，结合诺思等的理论，我们将发现交易双方的异质性导致了这一点。这是因为在任一经济制度下，不同的经济主体处于不同的经济与社会地位，同时，也持有对该既定经济制度的不同观点和态度，而这些方面的不同决定了不论是进行市场交易的双方，还是实行企业纵向一体的各方，都是异质性的主体，因而在制度的建立与维持中起着不同的作用。

我们将一个制度安排存在下去的原因归结为存在持续地赞同该制度安排的费用。据此，不论是对市场交易双方来说，还是对企业构建者及后续推进者来说，都需支付一笔费用以创建或维持制度的延续。该费用事实上可以分解为两个方面：其一，该制度建构的主动赞成者支出的费用，即实践其自组织知识于制度构建的费用；其二，被动赞成者支付的费用，即具有不同或不完全相同的自组织知识者用于制度延续的费用。做了这样的区分后，市场就既不是新古典主义者所认为的既定不变的存在，也不是诸如奥地利学派所指明的过程，而是两者的结合[①]。这是因为对于非人格化的市场这一经济制度来说，其并不是生而有之的，而是由具有相应自组织知识的群体所建构而成的，而一旦非人格化的市场制度建立以后其维持下去也需要支付费用，这也是各个国家或地区的政府都必须收取税费的原因。回归到科斯的理论，我们将企业的性质扩展至一般，结论将是交易主体通过评估他为每次交易所支付的费用来决定是否应该加入在既定制度安排下的交易活动，或者退出既定的交易制度，当然包括诸如科斯所指企业纵向一体化。这里经济主体事实上要做出这样一个选择：退出交易，不承认既定制度安排，组建纵向一体化企业。但必须指明的是，这种退出只是局部

① 汪丁丁. 从“交易费用”到博弈均衡. 经济研究，1995，（9）：72-80.

退出，因为企业纵向一体化不论进展到哪种程度，其边界仍然是既定经济制度，这也是科斯对企业纵向一体化发展边界的意思所在，因为所谓企业发展的边界就是企业的边界成本达到既定经济制度所需要的维持费用。经济主体的另一个选择，可以是准备建立一个新的交易规则，这个退出即是对既定经济制度的全面退出，即是实现新的人均自组织知识水平下的制度创新。在做出第一个选择时经济主体赞成科斯的方案，建立企业纵向一体化，因为尽管还存着既定制度的边界，但是在企业内部形成了内在的制度模式，而选择这点就因为如科斯所指明的那样，构建企业纵向一体化的成本小于既定经济制度下的交易费用。这也是为什么在企业中要构建企业文化的原因所在，因为构建企业文化实质上就是在企业内部维持和实现人均自组织知识。在做出第二个选择时，经济主体则更倾向于赞成诺思的变化方案，实行新的制度变革。这是因为建立新的制度虽然需支付构建费用，但是这个费用相对既定制度成本更低。这里值得指出的是，虽然诺思认可“制度创新来自统治者而不是选民”[①]，然而，当我们考虑到创建一个制度的成本，以及这个成本由谁来负担时，我们将发现所谓制度创新是由不同经济主体支出费用而建立一个对其有利的制度安排，或者可以认为制度创建者认为其费用会更低。在另一本论著中诺思认为：“除非创建新的制度安排所带来的私人收益可能超过成本，否则新的制度安排是不会提出的。”[②]我们认为创建新的制度更重要的原因可能在于制度创建者认为支付的费用小于收获，但并不一定就真的如此，这与制度创建者的自组织知识相关，否则就不会出现概率相当高的失败的制度创建者。并且，如果有新的制度创建者，那就意指了制度创新并不一定来自统治者，而是缴纳制度建立成本的任何经济主体。这里，还必须指明一点，就是当这个经济主体创建制度后，他就成为这个制度下的占优势的个体，因而，在新制度约

① 诺思 D C. 经济史中的结构与变迁. 陈郁，罗华平译. 上海：上海人民出版社，1991.

② 诺思 D C，托马斯 R. 西方世界的兴起. 厉以平，蔡磊译. 北京：华夏出版社，1989.

束下的交易活动中将成为受益者。但是，我们知道一个制度存续下去是需要费用的，而这个费用由谁来承担，诺思通过分析一系列统治者转让经济权力收取费用的情况，已经表明这种创新所花去的费用实由交易另一方所承担，即在现有经济制度下相对无利一方承担。由此可见，只要存在经济制度，就存在制度创建者与维持者，而两者在既定制度下处于不同的交易地位，因此，任何一种制度下的交易都不可能是完全均衡的交易。

总括在制度约束下经济主体进行交易的两种选择表明，退出当前交易的经济主体在既定的交易规则中处于相对不利的地位,或者可以这样认为，该经济主体没有或较少地缴纳了赞同既定制度安排的费用，当这种情况普遍化后，必将导致该经济制度的消亡。奥尔森在分析院外集团时，其实已经暗含了这层意思。院外集团之所以愿意支付费用进行游说，就是要表达出其自组织知识，并将之运用于制度变革的实践，进而建立一种有利于自己的交易规则，从而渐进地使社会在一定程度上改变了激励的方向，逐渐形成有利于院外集团的制度。所以，他认为，“游说联盟鼓励的管制复杂性和政府行为的扩大，以及卡特尔创造的不断增加的讨价还价和习俗的日益复杂，改变了社会的激励模式和演进方向”[①]。社会激励模式和演进方向的改变，实际上就是制度安排在变化，也是作为自组织知识的社会主流价值观的变化，而这正是诺思所指称的社会进步的反动，因为日益复杂的管制以及不断扩大的政府行为，实际上提高了制度维持的费用。然而，奥尔森显然只是发现了社会存在院外游说集团的一种现象，还没有深入出现这种现象的原因之中，而这也是目前不少学者的问题所在，对此应该做出更为深入的解释。我们认为，所谓的院外集团实质上就是对既定的经济制度存在着自组织知识的差异的群体。并且，这个差异可以从正方向或负方向取值，如果从负方向取值，则可能出现奥尔森所论述的问题；而从正方

① 奥尔森 M. 国家的兴衰——经济增长、滞胀和社会僵化. 李增刚译. 上海：上海人民出版社，2007.

向取值，则会推进新的制度性创新，因为正向取值就意味着这些群体所具有的人均自组织知识，优于经济体人均自组织知识，从而推进经济制度朝向演进的方向变化。分析到这里我们已经明白了这样一点，科斯虽然没有说明到底哪些力量决定着交易费用，但是这并不重要，重要的是在交易费用不为零的情况下由谁来支付该费用，而支付费用不同的经济主体在既定的交易规则中是性质不同的交易主体。

作为同一个问题交易主体异质性的更详细描述，交易主体由于其支配的商品和生产要素的不同，在交易活动中将表现为非均衡的特性，这点贝纳西做了更为全面而详细的论述。他以数量配额推出了非瓦尔拉斯均衡，指明由于存在价格和数量的限制作用，交易结果是非均衡的①。从个别市场来看，最终达成的结果取决于交易具有不同的数量的供求。作为非均衡代表人物的贝纳西所想指明的是非均衡是一种常态，而该常态的基本出发点基于经济主体的异质性。新近的一些研究还表明，一个经济体极有可能被锁定在非最优化上，其根本依据是存在经济发展的轨迹依赖，而这种轨迹依赖事实上正是由于经济制度安排的持续性。找出这种非均衡的微观经济理论基础是必须的，我们可以以纳什均衡来解决这个问题。纳什均衡概指了当交易的一方已做了优化选择时，交易活动的另一方只可能在这个前提下做出自己的选择,或者说另一方只能在认为最优化的方式下做出选择,这可能更符合实际。因为，当最后结果可能并不是最优化的选择时，证明了选择方认为最优的选择并不是最后结果的最优化，而这就与选择者的自组织知识水平相关。显然，将最初的选择视为融合了对交易制度的选择是恰当的，这样，在交易双方中后者必须放弃他认为的最优化，而只能做出在制度安排下的次优选择。显然，这不是均衡理论中指明的交易双方的帕累托最优。而按照一般均衡理论，我们将发现这种被锁定的非最优化正进一步说明非均衡是常态，该常态为在既定制度下任意交易主体只可能在制

① Bénassy J P. The Economics of Market Disequilibrium. New York：Academic Press，1982.

度安排的前提下接受既定的交易规则，或者做了自认为的退出交易规则的选择。如果非均衡是一种常态，那么，这说明在这种状况下各交易主体是异质的。也正因为交易主体异质的性质，非均衡作为一种常态而存在。

对非均衡论述的最后结论应该是，非均衡是常态，其中经济主体是异质的，这种异质性表现为经济主体在既定交易规则下的非平等性，而非平等性体现在各经济主体承担的制度成本和支付的交易费用的不同上。而对于既定的交易规则，各经济主体只能在其自组织知识情况作用下自认为合理地选择，也就是说在既定制度安排下的交易各方，在各自组织知识的水平下所能做出的选择。这个选择包含两个方面：其一是在既定制度安排下，所做出的次优选择；其二是在自组织知识作用下，推进经济制度向有利于自己的方向发展，从而建立起新的制度下的有利于自己的均衡。

第三节 非均衡经济主体的实证

非均衡经济主体在既定的制度安排下必然带来交易的不平等，表现为在具体的经济活动中经济主体是否适应当前既定的交易规则，而这种适应性又突出表现为主动性或被动性。所谓的被动性，即前面所指出的在既定制度下做出的次优选择；而所谓的主动性，即推进经济制度不断演进，形成动态化的制度约束下的均衡。关于这点在中国的经济增长中，可以从实践中得到论证。

中国经济改革前后的两个不同发展阶段无疑体现了这个特征。改革开放以前，经济主体可以非常简单地分为两个方面，即工业部门和农业部门，或者可分为国有单位和集体单位。就工业部门来说，特别是国有部门各种经济活动交易的双方归根于政府身上，仅存在的差异为政府的各个科层上，如中央企业和地方企业等。但是，当我们将考察的视点落在国有经济和集体经济两者上时，就可以非常清楚地发现由于经济制度的安排有利于国有经济，国有经济在和其他经济之间进行交易时，处于相对有利的地位。例如，在这种情况下农产品的价格严重偏低，意味着即使存在表面上的正常交易，其实质上仍然是非均衡的。工业部门在交易活动中对农业部门的侵蚀是十分显著的。例如，1961 年《关于农业收购价格方面的情况和问题的报告》就明确要求各地农产品不能提价[①]。又如，《关于 1971 年物价调整方案》提出适当提高农副产品的价格[①]，联系 1964 年全国财贸工作会议提出的增加对农产品的统购派购任务，稳定收购价格，正说明农产品价格长期被压抑[①]。在强调大公有化的情况下，经济制度的安排已做了十分明显的倾斜，参与经济活动的其他性质经济主体在一种似乎均衡的交易活动中不得不缴纳高昂的交易费用，这种状况即使在国有化内部也频繁发生。构成国有化的各个科层之间，在既定的制度安排下，一个更高科层往往侵蚀较低科层的现象已司空见惯，在实际的经济活动中表现为各个科层热衷于向更高科层跨越。这种跨越效应解释为节省交易费用而获得自身利益是恰当的，否则各个科层之间就没有必要进行这样的行为。与此相似，各类不同性质的经济部门也是如此，如农业部门就热衷于向工业部门跨越，而集体单位也热衷于向国有单位跨越。事实也正如此，我们只要通过一个简单的例子就可以说明这个问题。例如，一个集体性质企业要想获得足够的生产资料，必须支付很高的费用，当集体企业转化为国有企业以后，该费用随之降低，而且与国有化层次成反比例变化。这种情况在改革开放以后某些方面仍保存传统体制的状况下仍然存在。例如，改革开放后假集体现象大量存在，主要是因为经济体制中相较私营经济而言，集体经济在某些方面仍然处于有利的制度安排中，私营经济演化为集体经济后在交易过程中所缴纳的费用也是较低的。

中国经济体制改革是一种制度创新已为大多数学者所认同。从公共选择理论中我们发现中国改革首先发生于农村的根本原因在于农业部门是传

① 董英辅. 曲折的历程. 北京：改革出版社，1992.

统制度安排下处于最不利地位的经济部门，因此该部门的经济主体有最强烈的制度创新要求。接着发生的城市经济体制改革中，对即将出现制度创新持赞同态度者主要集中在私营和外资等经济主体上。私营、外资等性质的经济主体由于在新的制度安排下才大规模出现，成为主要获利者。这点表明这一类型性质经济主体是完全享受到交易过程中的既定制度安排利益的。必须指出的是，中国经济体制改革并非完全是社会博弈的结果，相当程度上依赖于政府。因此存在的问题是作为一种制度创新，在确定新的制度安排以及维持该交易制度的过程中，制度成本以及交易费用由哪些经济主体来支付，在进行了上述分析以后情况十分清楚，即该制度成本以及制度维护费用由政府承担，而从政府来说相应地转嫁到国有经济。一些简单事例就足以说明问题，如为了纠正农产品价格偏低的问题，1978 年国家用于农产品国内购销倒挂和进口倒挂的物价补贴为 69.95 亿元，1984 年猛增至 362.64 亿元，年均增长 31.5%。而从政府职能来看，政府是不生产价值的，因此这些制度成本最终还是要落到某些经济主体身上，这个经济主体主要为国有经济。

国有经济承担了改革过程中制度创新的成本,并不断支付着维持制度安排的费用,因为可以将制度费用分解为制度创建费用和制度维持费用两个方面。进一步的经济体制改革中国有企业仍在缴纳这笔费用和承担制度成本。国有企业已经从以往的受益的相对有利地位下降到相对不利地位,使国有经济处于交易过程中非均衡的被动方。经济体制改革前中期十分突出的特征是私有、外资企业，包括部分集体企业享受了十分优惠的经济政策，这些政策绝大多数的费用由国有经济承担，如 1993 年独立核算国有大中型企业在整个社会经济中价值仅占 47%左右，但上缴的利税却高达 65%左右，按盈亏两个方面计算，国有经济相较于其他性质的经济多上缴了 36 个百分点的利税。从这些分析来看，国有经济承担了远超过它应缴纳维持市场经济新制度安排的费用，这还仅仅是问题的一个方面。问题的另一个方面是，国有经济在相当程度上被锁定在原有的传统经济制度安排上,因此在超额地支付新制度安排费用的同时，还必须缴纳原有的制度安排的费用。关于这点，可以从公共选择理论中得到论证。布坎南就明确指出："税收可以看成一套强制施加的费用，由政治上强大的那些人强加在政治上弱小的那些人身上（政治上强者指统治阶级、当权体制的精英阶层、占多数的政党联盟、政党的掌权集团）。"[①]中国经济体制改革一直实行双轨制运行模式，在引入新的经济制度模式的同时，仍保留了传统的制度模式。但是，传统模式主要局限在国有经济和部分集体经济中，从而使国有经济等在实际的经济活动中必须面临这样的困境：一方面必须为传统经济制度安排缴纳费用，如不能开除职工，必须承担社会职能等；另一方面必须以新的交易模式接受制度安排。于是，被锁定在传统经济制度安排上的国有经济除了必须缴纳新制度安排的制度成本或交易费用外，还必须承担原有制度安排的费用，这样，双重费用迫使国有经济逐渐转向新制度安排的抵触面。

在这种情况下，国有经济只能做出的唯一选择是，退出交易转向纵向一体化。事实证明，转向一体化的国有经济部分在新的制度安排中能够存在下去，而没有转向纵向一体化的国有经济部分则将面临严重亏损，甚至无法生存下去。例如，1995 年有关部门对全国 40 个乡及以上独立核算工业企业的统计表明，亏损企业的亏损额占盈利企业的盈利额的 35%。与此同时，国有大中型企业亏损额占盈利企业的盈利额的 35.6%，两者相差无几。而国有小型企业亏损额占盈利企业的盈利额的 95.6%。2003 年以后的数据，更为明显地说明了这点。当提出国有经济占主导地位后，在中国经济中逐步形成了纵向一体化规模非常大的国有独资或控股企业，这些企业在经济活动中所占有的地位状况，已经被经济学家总结为国进民退，这里的统计数据相当多，几乎不用举例证明。这些统计数据表明，有相当程度上退出新制度安排的国有大中型企业由于较少参与非均衡的交易，从而缴纳较少的交易费用，因此，即使仍然必须支付维持原有制度安排的费用，

① 布坎南 J M. 自由、市场和国家. 吴良健，桑伍译. 北京：北京经济学院出版社，1988.

其所带来的损失相对轻得多。其后，当中国经济的发展中使国有大中型企业纵向一体化达到这样的地步时，即国有大中型企业已经在行业方面纵向一体化成为市场交易的模式时，国有大中型企业占据了主导地位。例如，2003 年国务院国有资产监督管理委员会（简称国资委）成立时，就明确要求中央企业进入行业前三名才能避免被淘汰，与此同时，大量资源向国有大型企业集中，从一个方面进一步促进了国有经济朝纵向一体化大踏步地迈进。相关统计数据表明，2003~2012 年进入世界 500 强的国有企业由 6 家迅速上升至 54 家[①]。也正因此，在国有经济纵向一体化深化的同时，经济制度的内部化也快速加剧，从而缴纳的制度维持费用相对减少。相关统计数据表明 2013 年全国国有企业总营业收入同比增长 10.8%，资产总额同比增长 16.3%，但上缴的各项税费只增长 5.4%[②]。这些情况说明，自 2003 年以来，随着国有企业纵向一体化的发展，国有经济的主导地位比较明显，因而有着更为有利于国有经济的制度安排。然而，对于这种国进民退的状况是否是经济制度优化的结果，至少在政策制定者主观上认为是这样，也至少能对我们所提出的非均衡是常态的观点具有支持作用。

事情非常明了，当新的制度安排倾向于非国有化的其他经济类型时，国有经济在相当程度上只能退出或减少交易，而转向纵向一体化。那么，国有经济有没有重新选择的可能？应该有，但必须具备一定的条件，这种选择应该建立在相对平等的制度安排之下。首先，国有经济应尽快从传统的制度安排中走出来，不再为维持原有的经济制度安排缴纳费用，具体来说，即解除传统体制下为难以解雇职工，必须承担社会职能等限制，重新纳入一个新的制度安排；其次，在新制度安排下为维持该制度的费用，应在不同的经济主体之间合理分配，即在税收、管理费用与社会责任以及区域经济安排等方面，各类经济主体应该具有同等的机会和进入的可能。这

① 许有伦. 论国有经济的地位和作用. 西安财经学院学报，2014，（5）：63-67.

② 《中国统计年鉴 2014》。

也是在一个后续的深化改革过程中，特别强调各类经济主体都应享受同等的国民待遇的原因。

总之，由于长期以来经济制度安排过程中，几乎都采取非均衡等的方式对待各经济主体，导致了中国经济发展中各类经济主体呈现出此长彼消或彼消此长的态势，事实上这种状况可以推广至一般。此外，由于中国经济中制度创新在相当程度上由政府安排，这种安排可以消除公共选择所带来的制度安排的非平等性，因此，在中国经济体制的进一步改革中不应出现经济制度安排所带来的非均衡交易，合理的制度安排应使各类不同类型的经济主体具有制度安排下的均衡性和平等性，而不是自认为的最优化。那么，在这样的情况下所需求的自组织知识，可能更大程度上来源于内生性因素，而不能满足于外生性因素，进而使经济制度下的自组织知识可以得以演进。如果情况确乎如此，那么，在中国经济增长的过程中，就完全有可能出现新的经济制度选择的可能，也能够不断推进经济制度的演进，从而为经济增长提供更优化的制度环境与制度安排。这里，一个更为深入的思考是对内生性自组织知识产生的概率，到底能够达到怎样的程度。在中国实施的双轨制经济体制中，在经济领域中计划与市场的并行运行，从而使各个经济主体分别处于具有差异性的经济制度安排之下，而这种具有差异性的制度安排，无疑在经济制度中形成了更大的经济制度性方差，从而使自组织知识的演进成为可能，并在相当程度上使这种可能的概率得以大幅上升，而这也许是中国经济增长能够比其他一些国家或地区保持更长久的原因所在。

第三章 经济增长中的制度性轨迹锁定

第一节 经济变革的制度意义

经济变革是对旧的经济制度的否定，并在否定过程中确定一种相对更为有效的制度安排。但是，当经济变革一旦作为制度安排被确定下来，成为经济活动的制度环境时，经济变革所带来的新的制度安排将使经济发展沿着固有的轨迹运行，即被称为制度性轨迹锁定。经济变革被视为一种制度创新，已经被大多数学者接受。但是，当问题涉及为什么会出现经济变革时却众说纷纭。作为新制度经济学的代表人物，诺思就曾明确指出，人类社会之所以不断出现经济变革的最根本原因，在于存在对有效的制度替代相对无效的制度的要求，他这样认为“有效率的经济组织是经济增长的关键，一个有效率的经济组织在西欧的发展正是西方兴起的原因所在。有效率的组织需要在制度上做出安排和确立所有权以便造成一种刺激，将个人的经济努力变成私人收益率接近社会收益率的活动”[①]。这种要求使经济变革不断发生，从而在根本上改革了经济增长状况。这种状况在经济发展史实中，可以从近现代经济增长的快速发展得到验证。例如，经济增长已经突破了马尔萨斯的理论，使人类经济发展呈现出打破低速增长之势，从而快速地提高了人类的整体福利水平。究其原因，交易费用理论给出了比较合理的解释，认为新的经济制度的产生在于降低了交易费用，进而提

① 诺思 DC，托马斯 R. 西方世界的兴起. 厉以平. 蔡磊译. 北京：华夏出版社，1989.

高了经济增长的效率。但是，这只是说出了其中的原因之一，一个更为重要的原因是制度的演进使采用新的生产技术成为可能，因而在技术层面给予了经济增长一个比较大的空间。关于这点在后面的章节我们将作深入的阐明，并且将这个大的空间的增长定性为制度增长率。

我们还是回归到诺思对这种经济增长现象的解释上来。即使像新制度经济学派的诺思这样横跨历史与经济理论两个领域的学者，在用了大量事实来论证他的新制度理论时，也只不过是在人类历史长河中有选择地举出一些例证来说明变革的出现，如在他与托马斯合著的《西方世界的兴起》中就大段地对经济制度演变关键阶段的历史事实进行了深入的论述，“荷兰的成功不是依靠自然的恩赐，是因为它是一个资源相对有限的小国。荷兰不依靠自然的恩赐，而是发展了比其对手有效的经济组织并在这样做的过程中获得了在经济上和政治上都与其国家之小规模不相称的重要性”[①]。经济组织体系的改进实际上就是一种经济变革，而这对于近代初期的荷兰来说，无疑是一次大的具有历史性的制度变革。这种变革不仅改变了荷兰的状况而且最终对整个世界产生了影响。所以诺思强调：“完全可以认为，经济组织的效率在决定马尔萨斯抑制的效力上起了很大的作用。”[①]这样相类似的观点在张五常等的论述中也可看到，可以说这基本上就是一个对现代经济增长的制度性解释的定性研究。但是，欧洲所出现的经济组织的变革，是否表明了一次变革距离另一次变革具有相当的时间段，也就是说，一个经济制度产生之后在相当长一段时间内是不会改变的。对此，从经济增长的根本性制度变革来看确实如此，至少在宪法层面是如此。例如，美国在长达200多年的历史中，其宪法层面的制度安排几乎没有大的变化，对于实施的经济制度也没有发生大的改变。虽然，米塞斯、约瑟夫·E. 斯蒂格利茨等有不同的看法，如约瑟夫·E. 斯蒂格利茨就认为“今日美国的不平等的程度以及它的产生方式实际上既削弱了增长也破坏了效率。这种

① 诺思 DC，托马斯 R. 西方世界的兴起. 厉以平. 蔡磊译. 北京：华夏出版社，1989.

情况的部分原因是美国的不平等主要是由市场扭曲造成的，即市场提供的激励不是引向创造财富而是引向攫取别人的财富”[①]。亨利·哈兹利特在引用米塞斯的相关论述时也指出：“我们生活在米塞斯晚年所说的‘遭到蓄意破坏的’资本主义制度之下。我们生活在无数政府干预活动之下，这些干预措施不鼓励或者说是阻碍资本主义的正常运转。”[②]但是客观来说，美国在宪法层面总的市场经济制度没有出现大的改变。也许正因如此，在美国的不少学者特别是经济学者大都有一个基本的观点，即认为美国当前的经济制度就是最优秀的制度，甚至于不少学者对制度在经济中的作用抛开不研究，在经济学的相关科目中也删去经济史的研究。关于这点还有不少的辩护者，有学者就明确说道：“资本主义无疑是这个世界上有史以来最成功的经济制度。”[②]也正因此，西方相当一部分学者都将制度作为一种既定的存在，而仅仅从制度之下的效率角度来研究问题，对于涉及经济制度方面的问题也总是视而不见。但是，为什么会出现这种状况，我们认为指明其中的原因是必须的。

宪法层面的变革不经常发生，因此借用宪法以维持一个制度有效运行就十分重要了。布坎南就反复强调了这点，他认为：“对普通政治安排的不信任，要人们依靠真正的宪法规则，宪法规则至少在一定程度上不受普通政治的压力。”[③]“用政治手段执行分配上的调整首先必须严格地‘符合宪法’，也就是必须把调整作为社会秩序永久或半永久性的制度”[③]。我们知道，宪法对于一个经济体的最原则性的要求，就是维系一个社会存续的重要思想基础，而这在我们看来是这个经济体中所有个体自组织知识矢量和的结果。因此，一旦在这个层面得到认可的制度就可能成为布坎南所提出的永久性或半永久性的制度。就这个意义来说，经济制度从其本身而言是相对稳定的，也就是说一次经济变革距离另一次经济变革确实存在

---

① 斯蒂格利茨 J E. 不平等的代价. 张子源译. 北京：机械工业出版社，2013.

② 哈耶克 F A，诺齐克 R. 知识分子为什么反对资本主义. 秋风译. 长春：吉林人民出版社，2011.

③ 布坎南 J M. 自由、市场和国家. 吴良健，桑伍译. 北京：北京经济学院出版社，1988.

相对较长的距离，至少就布坎南宪法意义上的调整来说，是一个相对较长的稳定的制度模式。事实上，诺思对此也有比较明确的见解，他甚至认为“一个社会的正式制度结构由广义上的宪法体系所组成，也就是说，确定政治、经济博弈方式的正式制度结构本身是有意设计出来的”[①]。就此而言，在影响宪法意义上的正式制度的产生确实不是一个时时刻刻都在变化的东西，因此，在这个层面来看一个制度变革本身就不大可能在短时期内反复出现，这点也由实际的大规模的经济制度变革的历史事实所证明。以中国为例，自 1949 年 10 月中华人民共和国成立以后，历时约 30 年才开始了改革开放这个经济意义上的变革，而且这只是在宪法的基础上做了局部修订的变革。如果要考虑到整个宪法意义上的变革，那么，变革之间的时间可能就会更长。这样就将我们带入了一个新的论题，变革产生的原因以及由此而引致的经济增长的锁定效应究竟如何产生，等等。

必须首先明确为什么会出现制度创新。关于这个问题，新制度经济学派、公共选择学派等都已给出一个较为明确的答案，但不能说明的问题是经济变革所带来的新的制度安排是一个社会总体式还是部分选择的结果。当我们用瓦尔拉斯等的一般均衡理论的零交易费用观点来看待该问题时，答案应该是前者，即整个社会达到一般均衡态是一个社会共同选择的结果，这种选择正如后面一些章节我们所要论证的是由于人群自组织知识或者可以认为是哈耶克的传统知识耦合的结果。对此，强调自由市场经济并推崇资本主义经济制度的弗里德曼也做了明确的阐述，他认为：“除非整个社会具有基本相同的意见，任何形式的规则都无法存在。”[②]这里，一方面，弗里德曼认可了基本相同的意见对规则构建的作用，这种基本相同的意见与我们所表达的自组织知识相近似，因而也可以认为弗里德曼认可自组织知识对规则构建的作用；另一方面，弗里德曼作为主流经济学者，将资本

① 诺思 D C. 理解经济变迁过程. 钟正生，邢华译. 北京：中国人民大学出版社，2013.

② 弗里德曼 M. 资本主义与自由. 张瑞玉译. 北京：商务印书馆，1988.

主义经济制度视为优越的经济制度，认为无须加以干涉与演进，因而也认可瓦尔拉斯等的一般均衡观点。但是，正如我们曾经指出的，当将视点放在科斯等所指出的交易费用不为零的观点看待该问题时，这种变革的出现就不是整个社会均衡的结果，而是部分经济主体通过缴纳建立一个制度的制度成本后所建立的。那么，这样的均衡就应该是社会的部分均衡，也就是说由部分群体的自组织知识所建构而成，而不是像弗里德曼所说的整体社会具有基本相同的观点。这点诺思虽然已经论及，但没有非常明确地指出。诺思认为制度是由统治者安排的，在他的主要文献中都坚持这样的观点，但是他并没有指出建立一种经济制度的最根本原因应归结到从该制度中得到益处的群体，这些经济主体才是经济变革的最主要来源。明白了这点，我们将发现从个人收益方面看，经济变革的制度意义在于一个有效的经济制度只是对该制度中获益者有效的，这也是诺思等西方学者十分强调的由于激励的作用而引致制度变革。当然，由于制度演进而推进经济领域中的生产技术的进步，促使整个社会的制度成本远远低于收益的情况，制度的这种有效性可能会波及经济体中的各个经济主体。从福利经济的角度来看，制度的有效性即是一个经济体总体福利状况得到改善，但也可能存在着在一个经济体中部分经济主体的经济状况得到改善，而并非整个群体的利益得到改善，但总体福利水平提高，这也是希克斯对福利衡量标准改进的理论。这些也充分说明，在实际的经济增长过程中，如果不是具有宪法意义上的变革，可能所带来的变革结果更大程度上是群体中的部分的福利状况得到改善。也正因此，在激励的作用下这部分群体有着更为主动的变革的要求。然而，哪些经济主体意识到这点可能更为重要，因为只有当意识到新的制度能带来更多的福利，甚至于对整个群体而言福利状况都会得到改进，那么，这些意识到新的制度作用的经济主体才真正会有变革的要求，这也是熊彼特的企业家创新精神的深刻内涵。这点也正如中国 20 世纪 70 年代末的改革，来自联产承包的变革要求，是由安徽省小岗村这部分群体所首先意识到的。而在这之前，在整个中国农村地区都实现着集体产权与集体劳作的方式，从工作中所得到的福利状况基本上没有本质性的改变，但是，并不是所有的农村集体中劳动的经济主体都有进行这种变革的要求，甚至于在推行小岗村的经验，实行农村联产承包时还有人持反对意见。从这个意义上来说，变革虽然由变革后的制度受益者所主张，但从本质上来说还应该有这样的意识，我们把这个意识称为关于人类自组织状况的知识，而这个知识就是后文我们将继续论证的自组织知识。在这点上，我们不完全赞成布坎南关于“个人不论在（制度）调整以前还是以后都不知道自己所处的地位，他是在完全无知的情况下进行选择”[①]。事实上，从大量的经济史实中可以发现，在推进经济制度演进过程中的一些个体，他们所具有的自组织知识是能够意识到制度演进所带来的福利改善的，这也是大部分经济体实行社会变革的动力所在。但是，对布坎南提出的“个人在制度选择中的最大效用是他在选择时刻的自身的效用”[①]，却正表明他已经意识到自组织知识的存在并成为选择的主要依据。因为，作为经济制度变革的认识者才是变革的要求者，并会成为制度变革的推动者，最后也是新的制度的受益者。那么，在制度变革的最初时期，这些变革者中至少有一部分应该是有意识的变革者，或者换句话来说是对新的制度的效用有预期者。

因此，当我们看到诺思指出建立一个有效制度的结果是使私人收益率达到社会收益率时，我们必须明白社会收益率是什么。如果将社会收益率确定为在既定制度安排下的社会收益率，显然是不恰当的。我们已经指明了创建一个新的制度的目的是使缴纳了创建该制度费用的经济主体获得利益，而其他非赞成者将处于一种相对无利地位。对制度变革的意义我们将只能按照希克斯的福利观点来解释，因此，所谓社会收益率也只能在该意义上进行解读。希克斯在发展卡尔多等的福利理论时指出，如果任何改变使一些人的福利增加，而使另一些人的福利减少，那么，只要增加的福利

① 布坎南 J M. 自由、市场和国家. 吴良健，桑伍译. 北京：北京经济学院出版社，1988.

超过减少的福利，就可以认为这种改变增进了社会福利。联系希克斯的理论我们明白，诺思的社会收益率应该是在经济变革后，一种新的制度安排之所以成为更有效的安排的原因所在。从整个社会来看社会总体福利程度得到了提高，但是真正福利得到改善的只是这个经济体中的部分个体。而将私人收益率提高到社会收益率，即在制度安排中选择出有利于自己利益的制度安排，从而提高该经济主体的福利水平。

我们可以作这样的设想，如果一部分经济主体的福利状况在新的制度安排下得到了改善，那么这个经济体中的这部分群体对确保这个经济制度的延续具有更为强烈的要求。正如其他章节中我们所强调的，在既定制度安排下的受益者就是制度建立者，那么，这些受益者又是如何认识到在一个制度还没有建立起来时，就选择建立这个制度呢？我们认为，之所以这些制度建立者建立这个制度，最终归结于认识到这个制度是能够带来利益的。也就是说，这些制度建立者中的部分个体具有这样的知识，而将这样的知识传播给这部分群体后，就形成了对建立新的制度的群体性要求。显然，这样的选择并不是一种无意识的选择，因此，我们可以认为这样的选择是具有充分理性的预期选择，这也是卢卡斯、萨金特等对理性预期所做出的论证的意味所在。这点还可以解释，为什么在一个经济体中的一些个体愿意选择次优甚至不利的结果，这是因为这些个体对于既定制度的认识的局限性所致，这也是制度建立者知识传播的结果，相当一部分经济主体认为当前的经济制度模式就是效用最高的制度模式。其中一个更为主要的原因是，这些个体可能对有利于改进其福利的制度安排并没有相关知识，因此，这些经济主体并不能预期到新的制度建立以后其福利状况的变化情况。这种情况在近代以前，可以说是普遍存在的。以中国的经济发展史为例，在长达数千年的经济史中，普遍采用的是政府管制下的市场经济的模式，当然这种市场经济是有限的。其原因正在于，在大统一的国家体制下，近代以前的中国并没有发展其他的经济增长模式，人们所熟知的只有这样的经济增长模式。这种状况在历史上有所变革的时期，基本上都是在外族入侵后，由于新的相关自组织知识的引入才出现的。例如，宋代经济管理模式的改变，就是从五代十国的经济增长模式中吸取相关的经验所致，而这些经验来源于五代十国中不同民族对问题的不同看法，而不同的看法与自组织知识相关。因此，我们认为对推进制度变革本身而言，一些经济主体可能并不具有预期的能力，因而也无法预期采用新经济制度后福利状况的变化。这里借用卢卡斯、西蒙等的研究成果，我们就会发现所谓的理性本身，确实是有限的理性。这种有限性可能存在于两个方面，其一是对经济主体而言其理性是有限的，并不具有如新古典主义所设定的那样全知全能的能力，这既可以从人的生物性方面找到原因，也可以从人的文化传承中找到依据，相关的进一步研究我们留到下面的章节中进行；其二是在一个经济体中并不是所有的经济主体都具有相等同的理性，也就是说，总存在部分经济主体对制度变革的预期并不准确，而这也是在经济变革后形成局部均衡的原因。因为即使在新的制度建立并运行以后，因不能预期新的制度可能产生的福利改变的个体，在新的制度模式下并不能处于均衡态，当然也就无法实现帕累托最优。用实际经济发展的术语来表述，就是即使已经感知到这个不均衡而不能有所改变，因而形成局部的均衡态。但是，从现代经济增长的角度来看，一个有效的制度变革，即使是如希克斯所指明的制度变革也是有意义的。如果在不减少其他个体福利程度的情况下，群体中的部分个体的福利程度得到改善，整个社会的福利程度就能得到改善，这也是近代以来经济制度变革的意义所在。我们都知道近代以来所实行的非人格化的市场规则普遍引入经济领域后所带来的福利状况的改善，至少从经济增长来看使经济摆脱了长期的低增长态势，实施这种经济制度的国家和地区的人们的总的经济福利都得到大幅度的提高。对此，诺思做过大量的论证，这里我们就不再重复。关于这点，也被相当一部分后发达国家通过采用市场经济这种经济制度，实现经济快速增长的历史事实所证明。

因此，经济变革的制度意义在于有效地提高了整个社会的平均收益率，即某种意义上的整体社会福利程度。但是，正如希克斯等所指明的那样，即使整个社会福利程度提高了，从而使变革后的制度安排表现出更有效的制度环境，也仅仅意味着在该制度环境下制度的建立者获得了其建立制度而应得的利益。由于非均衡经济主体的存在，在这样一个相对有效的制度中仍然可能存在福利程度降低的经济主体。因此，经济变革给一个在既定经济制度下的经济主体带来的是一种相对非均衡的制度安排，这点我们也可以从科斯的交易费用理论得到启示。科斯曾经认为，在经济发展过程中企业纵向一体化出现的原因是企业考虑到市场交易费用不为零，并且高于企业内部协作的费用。据此，可以认为企业在纵向一体化的情况下选择了退出市场，而企业退出市场实际上就是对市场制度在一定程度上的否定，因为至少在企业内部市场交易规则是不适用的。科斯是这样认为的："在企业之内，市场交易被取消，伴随着交易的复杂的市场结构被企业家所替代，企业家指挥生产。显然存在着协调生产的替代方法。"[①]"市场的运行是有成本的，通过形成一个组织，并允许某个权威（一个'企业家'）来支配资源，就能节约某些市场运行成本。"[①]关于这点，在公共选择理论中也有类似的表述。布坎南就曾认为："倘若存在一个现存的制度结构真正低效，必然存在某种改变或者改革这种结构的方法，以使社会全体人员或团体受益。"[②]但还存在一个问题是，为什么企业家不建立一个有利于他的市场交易规则，换句话来说，就是为什么不通过实行经济制度变革，而形成一个有利于其交易的经济制度。例如，可以建立一个通过重新评估价值，再进行交易的方式，如在中国计划经济时期，对于一些奢侈品就进行了重新估价，因而这样的东西并没有得到认可。一个比较合理的解释应该是：通过经济变革建立一个更

① 科斯 R. 论生产的制度结构. 陈郁，盛洪译. 上海：上海三联书店，1994.

② 布坎南 J M. 自由、市场和国家. 吴良健，桑伍译. 北京：北京经济学院出版社，1988.

有效的经济制度虽然使部分经济主体或许更无利，但是从整个社会角度来看却是更有效的。因此，在没有支付足够的费用来建立一个新的市场规则之前，这些经济主体只好退出交易规则而另辟蹊径，这就是将市场内化为自我确定的企业内部协作。

就纯粹的市场而言，在实际的经济体中往往也可以看做对市场的保护政策，如一些区域性的市场保护政策，使这些市场与整体市场相对分割开来，这种情况最明显的例证就是中国在宋真宗之前的坊市制度，城市里面的市场与乡村的一些市场交易是相对隔离的。在现代的经济发展中也存在这样的现象，如保税港区的出现，实际就形成了一个隔离的市场。这种情况放大到全球经济范围来看，不断进行贸易一体化等协议，事实上就是如何解决退出整体市场的问题。如果这样，那么经济变革的意义就不仅仅是经济变革本身，反之，它具有这样一种特殊的意义，即经济变革所创立的新制度使所有的经济主体更愿意接受该制度结构，而不是提出新的制度变革的要求，这也就是在一种制度变革的情况下，一个经济体内的所有个体的福利状况都得到改善的原因。以中国改革开放为例，通过在经济领域普遍性地引入市场机制，几乎使中国内地的所有经济主体的福利状况得到改善，关于这点只要引用公开的统计数据就可以得到论证。相关统计数据表明，中国内地在 20 世纪的经济变革不久后的整体福利水平是较低的，即使经过近十来年的改革开放也不甚理想,如 1990 年中国人均收入水平只占世界平均水平的 7.5%，但是经过充分发挥新的经济制度的作用后的相应数据在 2000 年已经上升为世界平均水平的 17.6%，而在 2015 年中国人均收入占世界平均水平已经提高到 79.8%。虽然人均收入不能完全体现福利水平状况，但这种状况可以佐证整体福利状况得到明显改善。科斯提出的相关理论，事实上也反证了这点。科斯的企业是一种愿意接受既定制度安排的企业，因为不管科斯的企业纵向一体化到什么程度，这个企业最终都必须在市场中运行，正如前面所论述过的存在企业与市场的边界，也就是说科斯的企业是弱化的退出市场，因而科斯的企业只是一种在认可市场这个经济制度的情况下的变革，而并非宪法层面的制度变革。这点也反映了西方不少学者对市场经济观念的支持，甚至以为这就是人类经济发展的终极经济制度模式。后面，我们还将认识到经济变革在于创造一种在先验式经济制度环境下均衡的经济活动，因而在研究经济问题时就不必考虑制度对经济运行的作用，这样就能自愿地接受瓦尔拉斯等的均衡理论了。

第二节　经济制度的退化效应

经济变革所创立的更有效率的经济制度，虽然从整体上提高了社会的福利程度，但当我们考虑非先验式的制度约束时，经济主体都是非均衡的。关于这点我们在前面的章节专门进行了论述，这里就不予赘述，但可以作一些适当性的扩展。经济主体的非均衡性除了在于占有资源的差异外，更大程度上在于前面我们已经约略提到过的自组织知识的短缺。因为自组织知识的水平直接关系到在一个经济体内的个体对可能形成的经济制度的掌握程度，也决定了个体可能提出并形成的制度优化的可能性。因此，经济变革一旦完成其历程，出现的必将是和现有的技术劳动等生产要素供给相适应的制度环境与制度安排。当制度环境与制度安排被确定下来以后，将会出现我们曾指出的特征，即非先验式的经济制度在该环境下表现出先验性特征，成为被各经济主体认定的有利的制度环境，而一切经济活动是在被各经济主体所认可的先验式的有利制度环境中进行的，是制度实际获利者以及相对无利者相互之间进行的活动。这种制度安排一经出现，我们认为经济制度即开始出现退化。分析其中的原因，我们可以指出的一点是，当一个经济制度一旦确定下来以后，与该制度相映射的自组织知识将会对这个经济体中所有个体形成知识溢出效应，从而提升了该经济体中的个体与既定经济制度相关联的自组织知识水平，进而使该经济制度更能为既定制度下个体所认可，并被赋予有效性的特征。这也是西方经济学中主流经济学者对现有的市场经济制度充分认可的原因所在。

退化的经济制度所表现出来的是一种典型的轨迹锁定，即在既定制度安排下给予经济主体以约束和限制，这种轨迹锁定已经被经济学家们视为一个次优化的选择。诺思在引用自然科学的发展时，也曾十分明确地指明了这点，他认为经济发展极易出现发展锁定现象，从而中断经济发展过程。诺思并没有明确地指出为什么会出现这种锁定，分析诺思的观点，我们将明白他所意指的发展被锁定，事实上就是一种经济不可能从当前的制度安排中摆脱出来，而被锁定在既定的轨迹上。显然，当我们认识到任何经济制度都是在以前的制度的基础上通过变革而发展时，那么在锁定出现以后，即一种相对更有效的经济制度将无法引入该经济体，那么，经济增长将沿着既定经济制度运行，也即形成我们在其他章节所指出的制度增长率。因此，这种状况也就是沿着既定经济制度增长的，将实现低水平的制度性增长，也就是既定经济制度的退化。从发展经济学的观点来看，就是经济停止发展或落入不发达陷阱。这里，必须指出的一点是，如果出现经济的负增长，那么我们视之为经济制度退化，而不仅仅是锁定效应，是锁定效应的进一步退化。然而，还需指出的一点是为什么经济增长会进行轨迹锁定，这可以从前面的分析中在宪法层面找到答案。我们认为一个经济制度确定以后，在宪法层面将形成相应的体现这个制度水平的自组织知识，而这种自组织知识又通过宪法规则的实施得以巩固，因而从这个层面来说很难实现自组织知识的演进，也就是说在宪法层面上的变革非常困难。一旦一个经济制度被确定下来，实际就会在宪法层面上确定下来，而要使这个经济制度得到改变，必须从宪法层面进行改革，对于这点我们已经在前面的论述中引用布坎南的相关理论认为是一个相对较长的时期。另外一个更为深层次的原因在于，由于新的制度被确定下来以后，在这个制度环境下的经济主体的自组织知识可能会受限，当没有外来的自组织知识传入时，一个制度的相对稳定性本身会对经济主体的自组织知识产生影响，因而在一定程度上更加固化了这些经济主体的自组织知识，从而使制度的演进更为缓慢。当然，这还只是在制度层面进行论述，事实上影响经济增长的一个很重要的因素是技术，而技术的锁定效应已经由布莱恩·阿瑟（Brian Arthur）做了论证，这方面的深入论述留到后面的章节进行。

经济制度的退化，用福利经济学的术语可以这样认为：在既定经济制度环境下，经济主体的福利状况降低，越来越多的经济主体将退出该既定经济制度安排。科斯已经指出企业纵向一体化就是经济主体在比较其在既定制度下可能受到的福利损失，大于企业内部协作的损失后，在这样的负激励下，选择在一定程度上退出既定的经济制度。但是，由于既定的制度取决于一个经济体的人均自组织知识水平，因而，科斯意义上的企业纵向一体也可以视为亚层次的制度性安排。这里，我们认为经济主体缴纳制度费用即损害其福利。科斯的经济主体采取企业纵向一体化不可能无限制地发展下去，存在一个不可突破的阈限，而一旦突破这个上限，实际上就在制度层面进行了深刻的变革，至少可以认为突破企业的协作性制度范围，并在一定范围内形成经济制度环境及制度性安排，从而这个范围内的经济增长区别于其他地区。关于这点，可以从中国深圳等特区设定中得到启示。在中国改革开放初期，为了推进市场经济体制的建立，首先在深圳等地区设立了经济特区。在特区范围实行了不同于中国其他地区的经济政策，这样的经济政策在实施过程中所产生的经济规则，实质上可以视为一个经济制度模式，并且在经济增长过程中起到了非常重要的作用。也正因为这个经济运行规则的存在，为深圳经济的增长提供了良好的制度环境，深圳的经济增长速度远远超过中国其他非特区和地区。以广州的经济增长情况作对比（表 3-1），比较同一时期的经济增长速度，就会发现与特区设定所体现出来的经济制度的优化度呈现出正相关，这也许能够更好地说明问题。

表 3-1 广州与深圳发展速度对比

年份	广州 GDP/亿元	名义增速/%	深圳 GDP/亿元	名义增速/%	深圳 GDP/广州 GDP/%
1980	57	18.75	3	37.55	5.26
1981	63	10.53	5	83.53	7.94
1982	72	14.29	8	68.56	11.11
1983	79	9.72	13	58.90	16.46
1984	97	22.78	23	78.46	23.71
⋮	⋮	⋮	⋮	⋮	⋮
2008	8 287	16.06	7 787	14.48	93.97
2009	9 138	10.27	8 201	5.32	89.75
2010	10 604	16.04	9 511	15.97	89.69
2011	12 303	16.02	11 502	20.93	93.49
2012	13 551	10.14	12 950	12.59	95.56
2013	15 420	13.79	14 500	11.59	94.03

从表 3-1 中可以看到，在实行经济变革（即改革开放）时的相当一段时间内，深圳的经济增速大幅高于广州，这正是新的经济制度起作用的结果。深圳在被设立为特区以后，出现的一种状况就是，全国大量人才涌入深圳，这无疑迅速提高了深圳的自组织知识水平。此外，由于深圳毗邻香港，因而在经济交流中香港的经济运行制度知识，即自组织知识显然会因知识的溢出效应而传播到深圳，关于这点正如罗默所指出的那样，“抽象知识最引人注目的一个特征，它是不可排他的，或最多是部分可排他的”[①]。自组织知识非排他性，在溢出过程中促进了相关联的经济体自组织知识水平的演进，而这在中国改革开放的实践中进一步提升了深圳特区人均自组织知识水平，因而在深圳形成了更为有利于经济增长的制度环境，促使深圳实现跨越式发展。说明通过内生性聚集自组织知识，外生性地获取其他经济体溢出的自组织知识，都有可能迅速地提高一个经济体的自组织知识水平，这种情况也如清朝末年和民国初年所出现的情况那样，外生的自组

① Romer P M. Increasing returns and new development in the theory of growth. NBER Working Papers，1989.

织知识的溢入，加速了自组织知识水平的提高，进而形成有利于深圳经济高速增长的经济制度环境与安排，其经济增长速度确实远远高于广州等其他没有设立特区而实行不同经济制度的地区。但是，正如前面所指出的那样，实行新的经济制度后由于锁定效应，必然使经济增长锁定在制度轨迹上，因而在制度的经济效应充分发挥以后，将逐步使经济增长回落到制度增长率水平上。从表 3-1 中可以看出，进入 21 世纪后，深圳的增长速度逐渐与广州拉平，甚至一些年份低于广州的经济增长。这一方面说明，特区的经济增长制度模式效用是比较大的；另一方面也说明，当这样的自组织知识水平溢出到其他地区时，深圳的经济增长也就渐次与其他非特区的地区相一致了，这可以作为一个普遍性的推论。也就是可以认为，深圳实施的是经济制度进化的内化，进而推进了效用的提高，但是当其阈限超出深圳以后，就参与到全国性的市场交易中，因而其经济制度的优势也渐次退去。事实上，就科斯的企业来说，当其扩展到阈值之外时，也会出现这样的情况。当这样的情况发生时，科斯的企业就演变成为一个市场，而在这个企业中的协作就成为在新的制度下的交易。

继续阐明这点非常重要，因为企业的扩张最终在内部出现不可控的缝隙，而这些缝隙将成为在新的制度下的市场交易。事实上，在任何企业都存在现实的经济活动中，企业规模不可能无限制地扩大即证明了这点。明白了这点，我们也就清楚地知道了一种经济制度即使在退化过程中仍被锁定在原有轨迹上的原因所在。这也给了我们一个反面的提醒，即如果企业的扩张阈限存在的话，该经济体仍将继续存在下去并处于锁定状态。这是因为尽管科斯的企业存在，使一部分交易活动内化为企业的协作，但是在企业扩张的边界部分仍然是既定制度环境与安排下的交易，而这种交易是存在交易费用（即制度费用）的交易。只要制度维持费用得到保障，既定的经济制度就将持续下去，从而使整个经济体最终都在既定的制度环境下运行，而这体现出制度约束下的经济的轨迹锁定。我们可以设定一个经济体 y 的制度水平为 D，D 是该经济体自组织知识的一个映射，那么对于任

意的个体 i，有自组织知识水平 z_i。当这个经济体的经济主体个体数为 n 时，对于这个经济体来说有 $D=\frac{1}{n}\sum z_i$ 。对于任意一个在该经济体中的企业来说，可设定这个企业的任意个体 i 的自组织知识为 x_i，那么，设定该企业 C 具有的经济主体个体数为 m，那么，该企业的自组织知识水平为 $\frac{1}{m}\sum x_i$ ，如果对于该企业来说不存在外在的经济制度的约束，则该企业的协作水平为 $f(x)=\frac{1}{m}\sum x_i$ ，但这种情况不会存在，因为一个企业不可能没有边界。因此，对于在具有制度水平 D 的经济体中的企业其可能的协作水平可写在约束条件下的企业，有 $C=f(x)\mid y=D$ ，将这个等式展开可以得到 $C=\frac{1}{m}\sum x_i \mid y(z_i)$ ，同时，考虑到 $D=\frac{1}{n}\sum z_i$ ，那么，从前面两个等式可以得出的结论是，在经济制度约束下企业的内部协作水平，不仅与该企业的人数、企业每个个体的自组织知识水平相关，而且与整个经济体个体的数量以及个体所具有的自组织知识水平相关，而这也就决定了在一个经济体中的企业所能够达到的边界，这个边界就是在约束条件 $D=\frac{1}{n}\sum z_i$ 下的协作水平 $f(x)=\frac{1}{m}\sum x_i$ 。但是，还必须指出的一点是，如果在一个经济体中存在着科斯的企业，那么，从整个市场范围来看，就已经存在着既定制度的弱化，因为在科斯企业的内部外在的既定经济制度是外部性条件，体现为在科斯的企业内部不需要缴纳维持市场交易制度运行的费用，但是仍然需要支付协作运作的费用。由此看来，不论是退化还是弱化的方式退出当前的经济制度，作为新的制度费用都是不可能完全消除的，这也说明科斯对企业协作作用的洞察是深刻的，即只要存在制度就必然存在交易费用。

但是，这并非意味着经济主体的一切经济活动将无区别地被纳入既定的经济制度环境之中。法伊格在研究该问题时，曾给出了一个地下经济概念。法伊格利用交易比率法估计出了地下经济的量值甚至有可能达到在既定制度环境下经济总量的很大比例，有的甚至比既定制度下的经济总量还要高，他估算出的一种情况是美国在“1981年地下国民生产总值估计占美国国民生产总值的60%”[①]。这个估计如果是正确的话，说明经济制度安排必将到了相当退化的地步。显然，情况并非如此，许多经济学家认为法伊格的估计数据过大。但是，法伊格认为地下经济存在这一事实，至少表明任何一种经济制度在创立以后，即开始处于退化的历程之中，因为地下经济实际上就是摆脱既定的经济制度安排而存在的。地下经济显然是科斯的企业纵向一体化的另一种形式，与企业纵向一体化相比较，地下经济应该是对既定经济制度的强退化。因为，在地下经济中运行的已经不是既定的经济制度，甚至于与既定经济制度不存在边界，而是新的经济制度在运行。这里的例证可以举出很多，如在一些国家或地区广泛存在现金交易，就是按照地下经济的制度模式进行交易。显然，当地下经济的制度环境扩展至整个经济体时，这种地下经济就成为自组织知识引导下的显性经济制度了。但是，当其为地下经济时制度运行的局限本身，只是对一个经济体既定经济制度的强退化而已。从现实的经济状况可以看到，从事地下经济活动的经济主体大体上都是对现有的经济制度不满意者，因而建立与现有的经济制度不一样的地下经济，实质上就是在其自组织约束状况下，建立起有利于自己的经济制度，而当这种地下经济制度并不被所有的经济主体所认可时，该地下经济的制度环境与安排充其量也只能是对现有的经济制度的强退化。

我们认为，制度退化效益来源于人类对制度本身的认识的不足，表现为在现实的经济活动中经济制度无法容纳所有的经济活动，相当一部分经济活动被排除在制度环境之外。而处于制度环境之外的经济活动本身就是一个新的制度化的经济活动，这就是说，这种经济有其自身的运行规则。这种情况的拓展，使经济体存在制度安排的缝隙，与此相适应产生缝隙经济，即制度安排空隙中的经济。于祖尧曾经这样认为，缝隙经济是经济体

① 法伊格E. 地下经济学. 郑介甫，费方译. 上海：上海人民出版社，1994.

和产业结构的组成部分，但它是脱离于现行体制之外，没有受到体制约束的自由经济；旧的经济缝隙填补了，又会出现新的经济缝隙；原有的缝隙升格了，又会出现新的缝隙经济[①]。我们认为缝隙经济的长期存在，既是新的产业的来源，也是新制度安排赖于存在的根源。即使在科斯的企业中也存在缝隙经济问题，如前面我们论述到的当科斯的企业扩张到足够大的时候，企业内部将会存在交易行为，这种交易行为就是企业协作中的缝隙经济。由于变革所确定的制度安排并非对一个经济体中的所有经济主体具有同等的提高收益的作用，因此，在完成经济变革后的经济制度轨迹锁定中任何既定制度环境下非受益者都将有这样的要求，并无须限定于地下经济或缝隙经济。但是，相对法伊格来说，于祖尧这点是对的，缝隙经济并非永远是缝隙经济，缝隙经济升格这一事实已经表明了在某一制度安排的经济体中获利经济主体的改变，这点表明了锁定的轨迹已经偏离了原有路径。例如，中国 20 世纪 70 年代末的改革所产生的农村经济制度的演变，以及其后的城市国有工业比例下降就是一个明例。当然，还可以举出更多的例证，如在改革开放之前，中国存在的地下交易行为被定义为投机倒把行为等,这部分经济可以认为在 70 年代末之前就是在计划经济制度模式下的缝隙经济，但在中国后来实行的市场经济中就已经被提升为国家经济运行的主要模式。这里，必须回答的一个问题是，为什么会出现缝隙经济或地下经济？我们认为在于既定经济制度下的经济运行存在着短缺状况，如在计划经济下对商品交换与贸易的短缺，或者在市场经济条件下对某些经济运行的制度性认可的短缺，等等。对此，科尔内有着深入的研究，他认为："一个持续偏离瓦尔拉斯均衡的生产和交换的正常状态可能会产生。因为在这个正常状态中，滞存和短缺已经是稳固的了。"[②]也正因为短缺的存在，地下经济或缝隙经济有了存在的可能性，而这种可能性的拓展，

① 于祖尧. 论经济缝隙、缝隙经济和经济体制. 经济研究，1992，（12）：25-32.

② 科尔内 J. 短缺经济学. 张晓光，等译. 北京：经济科学出版社，1986.

就成为经济制度退化可以衡量的强度。

分析到这里，我们已明白了这样一点：诺思提出的一些国家停滞在不发达状态中，正是由于被锁定在不发达状态。虽然，他没有直接给出从这种锁定中解脱出来的途径，但是，他的新制度理论中所给出的有效的制度形式代替相对无效的制度形式，即意指了解除锁定的可能性。我们再将希克斯的福利理论引证出来时，就会发现经济变革所带来的更有效的形式，意指整个社会的有效性，对此，张五常在对相关的问题论证时提出："在工业经济中交易费用占了国民收入很大一部分。可幸专业分工而合作带来的增产利益是那么庞大，足以弥补交易费用的增加而有余。这是人类生活有所改进的主要原因。"①而这种有效性当然应归结到对变革有要求的经济主体，而这类经济主体在前制度安排中肯定是相对无利的，因而有着改进制度的要求，但是，当人群整体自组织知识水平提高后，制度的演进从总体上对整个经济体福利都能改善，这也是张五常、诺思等的观点。

因此，在更深入研究经济变革和轨迹锁定问题时，我们可以得出这样一个结论：经济变革使更有效的制度安排被确定下来，一旦确定了这种制度安排，必将出现轨迹锁定。而解除锁定的关键在于在既定制度安排下的经济主体有了新的经济制度的认识与要求，从而使轨迹偏离原来的路径。经济变革虽然不是一种常态，但是当一个经济体不断进化时，这种变革必将不断发生，这应该是一个经济体走出轨迹锁定的重要原因。

第三节 增长轨迹锁定偏离效益

从一般经济分析的角度来看，我们认为经济变革本身就是对既定经济制度的否定，而实现这种否定如果没有利益主体的要求是不可能发生的，公共选择理论已经对此做了论断，中国经济改革的历史事实也对此做了十

① 张五常. 制度的选择. 北京：中信出版社，2014.

分明确的说明。中国经济变革是一个从农村开始逐渐走向城镇的过程。之所以如此的一个最根本的原因是，在计划的经济制度下农民处于最不利的地位，农民有最强烈的制度变革要求，这种要求也可以用诺思的语句来表达，即在激励的作用下的变革。当然也可以用拉坦、速水的语句表达为引诱，由于价格“这种现象改变了预期净收入流的现值”[①]所致。在中国这一非常特殊的情况下，当制度约束略为放松时，农民这一经济利益集团就必然提出自身改革的要求，特别是意识到这种变革能引致福利水平改善的个体。也正如此，中国的经济体制改革是由农民改变其经济地位要求的自发式的变革，而后才演化为全国性的经济变革。

这种变革虽然使农民的福利状况得到了很大的改变，最终改变全体中国人的福利水平。但是，随着新的经济制度安排被确定以后，更新的经济制度变革没有出现时，经济将沿着既定的轨迹运作，从而使经济被锁定在一个相应水平上。这说明，中国经济体制改革尽管带来了整个社会经济发展以及社会福利程度的普遍提高，但是仍然受经济制度的制约，从近些年来中国经济增长的情况可以作一些说明。从表 3-2 中可以看到，自中国实施经济变革以来，由于新的经济制度的巨大效用，中国经济保持了相当一个时期的高速增长态势，但是从 2012 年以来，中国经济增速开始逐年下降，到最低年份的 2015 年经济增长速度已经下降到 6.9%[②]。另外，相关的研究认为，中国经济已经并将处于一个 L 形增长状况。如果这个研究符合今后一个时期的增长实际，那么，我们可以认为中国经济增长确实已经处于锁定的轨迹上，如果没新的经济制度变革，这种锁定难以改变。而正如前面所论述的那样，说明中国经济增长终将落入制度增长率水平上，改革开放所产生的制度效应已经发挥了作用并限定于这个制度的轨迹上了。

① 布罗姆利 D W. 经济利益与经济制度. 陈郁，郭宇锋译. 上海：上海人民出版社，1996.

② 《中国统计年鉴 2016》。

表 3-2　1990 年以来中国经济增长率（单位：%）

年份	1990	1991	1992	1993	1994	1995	1996	1997	1998
增长率	3.8	9.2	14.2	14.0	13.1	10.9	10.0	9.3	7.8
年份	1999	2000	2001	2002	2003	2004	2005	2006	2007
增长率	7.6	8.4	8.3	9.1	10.0	10.1	11.3	12.7	14.2
年份	2008	2009	2010	2011	2012	2013	2014	2015	2016P
增长率	9.6	9.2	10.6	9.5	7.7	7.7	7.3	6.9	6.7

注：2016P 为 2016 年前三季度的经济增长率

表 3-2 显示了自 1990 年以来中国经济增长的情况，我们可以看到，自 2012 年以来经济增长率确实是逐年下降的，另外，据国家统计局估计，2017 年中国经济增长率可能会进一步下降到 6.5%。中国自 1990 年以来的经济增长情况已经表明，在经过 30 多年的改革开放后，在原有的经济变革的基础上，经济发展已经出现了被锁定痕迹，部分经济主体中，如相当一部分国有企业职工和农民的福利增长出现停滞甚至下降的状况，特别是在经济变革中最先实现福利水平提高的农村地区，已经出现收入水平长期徘徊不前的局面。当我们认识到国有企业职工和农村人口占据全国总人口的绝大多数时，就不能不得出社会总体福利状况已经步入了增长滞缓，甚至可以说出现下降阶段。例如，1998 年农民人均纯收入 2 161.98 元，与上年同期相比，仅增长 71.85 元，这是改革开放以来增长较少的一年，同年农民的人均生活消费支出已经出现负增长，同比为-28.82 元①。从近年来的情况看，2016 年以来，目前只有北京、天津、河北、辽宁、上海、江苏、山东、海南、重庆 9 个地区提高了最低工资标准。调整最低工资标准的省份较往年有所减少。相比较以往公布的数据情况，2014 年全国共有 19 个地区调整了最低工资标准，2015 年上调最低工资标准的地区则增加到 20 多个②。这种情况的出现，不仅制约消费的提高，也在一定程度上影响了经济的进一步增长，如中国经济增长率已经由最高年份 1992 年的 14.1%，下降到 2015 年的 6.9%，2016 年相关季度的估计数据还在 2015 年的增长率之下。

① 数据来源于《中国统计年鉴 1999》。

② 数据来源于人力资源和社会保障部公布的统计结果。

作为解决这一问题的政策措施,中央政府自 1997 年开始增加财政支出和货币供应量，以扩大内需，但不尽如人意。其后，2007 年增加了 4 万亿元的投资，也使经济出现一系列问题，其影响难以在短期内消弭。自 1995 年以来一段时间消费物价指数持续下降，对此经济学界有各种解释，一种比较典型的解释是居民对未来消费不确定性预期，使即期消费难以发生。另外，现行的一些政策也使消费难以进行，如对养老保险、医疗费用的担忧等,相应的情况也在 2012 年后发生。当从制度变迁的角度来认识该问题时，就不得不提出这样的疑问：为什么经济无法提供消费的可能。对此，我们的解释是：一个经济体经过一段时期的发展以后，极有可能步入既定的发展路径，即出现轨迹锁定，使一个经济制度处于相对于当前经济发展需要无法支撑快速增长的地步,也使经济总体上处于增长相对缓慢的境地，从而使经济增长中的制度所能引致的技术供给在快速增长中耗尽。对于不能继续引入新的技术的经济体来说，只能依赖于制度增长率增长，关于这点在后面的章节中将专门进行论证，以期说明为什么在人类经济发展史中各个国家或地区在大多数时间要保持相对较低的增长率水平，即使在今天运用现代技术推进经济增长的发达国家也是如此。经济快速增长往往发生在后发展中国家中，而大部分先发展的国家往往只能保持一个不算高的经济增长速度。

通过这些分析，我们可以进一步明白这样一点：经济增长受阻从本质上来说受制于经济制度的约束，具体的原因应当是制度费用和制度成本增长，使经济制度变得相对无效和难以为继，更深层次的原因在于自组织知识演进停滞甚至于衰退。进一步地分析，就应归因于自组织知识分布状况与水平。当我们分析中国在增长率逐步降低的过程中消费物价持续下降这一现象时，就不能简单地归因于居民对未来预期的判断，而应该从经济发展的制度环境和制度安排中研究和分析，从而明白中国当前的经济发展相对缓慢的原因，即在实质上是经济发展开始出现轨迹锁定，即自组织知识的演进缓慢。林毅夫在论及相关问题时，就提出了一些制度约束因素的存在，使传统中国农业增长缓慢，期望“未来的改革就应该巩固农户的地位，并通过其他制度安排的完善来促进家庭农作”[①]，也正是从制度这个根源上进行探讨，但是，仍然没有解决为什么不能在实际的经济中完善，以推进这些方面的进步。因此，从目前总体经济增长的情况来看，整个社会福利状况是进入增速下降轨道的，部分地区或行业可能出现福利下降情况，或者至少可以说占国家总体人口绝大多数而又处于不利地位的经济主体的福利状况改善的速度在下降，关于这点也可以从前面我们所指证的最低工资增长情况得到一定的验证。这种情况的出现，按希克斯的观点来分析，意味着经济发展在一定程度上没有使经济主体总的福利状况得到改变，也就是新制度经济学所描述的那样：开始被锁定在相对无效的轨迹上，解决问题的方法必须从这些方面着手。这也许可以说明为什么中国在经济政策中，开始将改革开放和科技一起作为经济发展的动力，在强调科技创新的同时，突出了制度创新的重要性。这也进一步说明了在经过 30 多年的经济改革后，中国的经济进入了轨迹锁定状态。解决问题的方法，也许正如中国中央政府提出的那样，必须在技术创新的同时，加快制度创新的步伐，以确保经济发展能够顺利进行下去，避免中等发达陷阱。但是，当自组织知识不能得到有效演进时，这种愿望可能并不一定能得到实现。我们的一些基本研究结论是，技术优化程度决定于制度优化程度，而制度优化程度决定于人均自组织知识分布水平。因此，在提出科技创新与制度创新的同时，也许更有必要强调制度创新的重要性，更有必要强调提高人群自组织知识分布水平的重要性。

---

① 林毅夫. 制度、技术与中国农业发展. 上海：上海三联书店，1992.

第四章
理性的自组织知识基础

第一节 反思理性及问题提出

完全理性是西方经济学的重要基础性假设，可以说是西方经济学赖以存在的重要支柱。但是，在实践中的经济行为却不完全与完全理性相符合，由此不少学者提出疑问并强调理性的有限性，但如何把两者归结为有一个共同的基础，对于构建起经济学公理性假设非常重要，我们将立足于此并从自组织知识分布及人的认知模式和价值判断着手，以期使经济学公理性假设更为完整。

完全理性是经济人的一个重要假设。完全理性的假设，使经济学实现了相对抽象的研究，能够充分运用数学的成果来研究经济行为和经济结果。理性在经济理论中很大程度上归因于具有理性的行为，能够实现效益的最大化，这也是主流经济理论的最基本假设，由此奠定西方经济学的一个重要基础。对完全理性的肯定可以进行一些追述，具体可以追溯到斯密对自利的肯定之中，斯密认为："各个人都不断地努力为他自己所能支配的资本找到最有利的用途。固然，他所考虑的不是社会的利益，而是他自身的利益，但他对自身利益的研究自然会或者毋宁说必然会导致他选定最有利于社会的用途。"[①]这就是斯密最为著名的看不见的手的作用，也是西方主流学派所推崇的基础理论，也是对市场经济合理性所作的最有力解释的理论。哈耶克对

① 斯密 A. 国民财富的性质和原因的研究. 郭大力，王亚南译. 北京：商务印书馆，1972.

此也予以充分肯定，明确提出了类似的观点，认为，“市场的道德规则使我们惠及他人，不是因为我们愿望这样做，而是因为它让我们按照正好可以造成这种结果的方式采取行动”[①]，也就是在西方经济学理论中不断阐明的个人的自利性行为的结果，实现了社会的效用最大化，而这也正体现出人的理性的特征。哈耶克作为奥地利学派的代表人物，极力推崇私有制和市场经济法则，强调自发秩序和扩展的自发秩序的作用，从而不仅在个别交易的均衡而且在整个经济运行的均衡中做出了合理性解释。但应该看到，不论是斯密的理论还是哈耶克的论断，实际上都在某种程度上否定了经济学的完全理性原则，甚至于根本不认可理性在经济秩序产生与维持中的作用。然而，一个奇怪的情况是，根源于斯密这类对人性的基本假设的主流经济学理论，完全没有顾及斯密在他的另一本著作《道德情操论》中所提出的合宜性的判断。有关学者虽然对此做了分析，认为“合宜性才是《道德情操论》贯穿始终的核心概念”[②]，“将斯密基于合宜性构建的人类行为理论归于利己论、利他论抑或是利已并利他论的任何一方，都是对斯密思想的误读”[②]。但是，这并不能完全否定，将完全理性作为一个公理性假设。经济学的完全理性在价值的基础上也就是完全的自利，在亚当·斯密那里的自利性理性实际上是一种价值性理性。穆勒在肯定斯密所赞同的经济人自利性的基础上，进一步增进理性的因素，对经济人的自利性进行了演进，增进了自利实现的可能性。这个完全自利的经济人同时还具有了能够实现利益的最大化，从而使经济人理性的自利演进为能够实现自利的理性。因此，穆勒的理性实际上是价值理性与能力理性的结合体，而有了这个能力就能使个体将自利的思想变为现实。而能够实现的自利性理性，说到底就与经济人所掌握的能力以及所能把握的环境的确定性有关。而这种确定性决定于两个方面：其一是具有对信息及环境的最大化了解的能力，其二是能够全面把握信息和环境。这两个方面

① 哈耶克 F A. 致命的自负. 冯克利等译. 北京：中国社会科学出版社，2000.

② 罗卫东，刘路. 基于亚当·斯密“合宜性理论的人类个体行为模型”. 社会科学战线，2016，(7)：35-45.

就是韦伯所指出的那样，是工具理性与价值理性的结合。因为，最大化就是一个在个体或经济体进行价值性判断所能达到的程度，而能否具有这个价值就是具有工具性的实现手段。从这个意义上来说，穆勒的理性与韦伯的理性是相近似的，既包括了实现理性的能力和容量，又包括了能够实现理性的环境和途径。

但是必须指出的是，理性行为假设自被提出以来，就受到不同程度上的质疑，人们进行的经济行为是否真的符合完全理性原则，并按照最优化的准则来从事各类经济活动。对此，西蒙从理性生物控制的变量等方面进行了研究，认为人们从事经济活动在很大程度上不是追求最优，而是追求合适而已，提出“真实的人对理性的追求，至多只能是对策论之类模型那种完美发展极其粗略的、简化的近似而已”[①]，这点事实上也与斯密在《道德情操论》中所表达的观点相接近。斯密明确提出合宜性的观点，他认为：“这种蕴含着有关合宜性观点的适中程度因各种不同激情而各不相同。它在某些激情之中显得强烈，而在另一些激情之中显得低落。有些感情不宜强烈地表现出来，即使在公认为我们不可避免地会极为强烈地感受到它们的场合也是如此。另外有些极其强烈地表现出来的激情，或许即使其本身并不一定达到如此强烈的程度，在许多场合仍然是极其合乎情理的。”[②]也正因此，至少可以从两个方面推论出经济人无法达到完全理性，一是所拥有的知识存量的有限性无法实现完全理性，很大程度上只是对问题做出预测性判断；二是由于人们所在的世界的复杂性不可能对事情有完全的认识，因而不可能实现完全理性。这点也正如西蒙所指出的那样：“我们所有的人，在如何完整地筹划我们的行动上，在复杂的世界所能达到的理性上，都受到极大的限制。”[①]那么，人们是如何开展其行为，并在这样复杂的世界中进行符合理性的经济行为，且能够取得行为上的成功，就很值得深

---

① 西蒙 H. 现代决策论的基石. 杨砺，徐立译. 北京：北京经济学院出版社，1989.

② 斯密 A. 道德情操论. 蔡自强等译. 北京：商务印书馆，2015.

入研究。而这方面的任何突破，都是对完全理性假设的不断完善，从而使完全理性成为一种边界性的东西，给予理性一个行为以及可能行为的阈值。

事实上早在西蒙以前，凯恩斯就对完全理性提出质疑。凯恩斯认为，由于理性的产生与发展都与经济人所面临的个体状况及所掌握的信息相关，其对未来的判断不一定能实现自利的最大化，在从事经济活动中很大程度上只能做出适应性判断，如对流动性的偏好本身就可以说明对未来的不确定把握，从而持有流动性对于其适应性选择有利。从这点来看，凯恩斯的理性是价值理性，而工具理性在这里进行了弱化，这是因为经济人虽然仍然具有希望获得利益最大化的价值取向，但是其能力却不能使之完全实现利益最大，而只能在最大化价值取向的基础上做出选择性的实现。当理性不论是在价值层面还是在工具层面，都不能实现自利的最大化时，那么这种理性当然就是有限的理性。

从经济理论中理性演变的简略历程可以看出，所谓的理性说到底就是对经济人能实现行为目的的能力以及可能利用信息的广泛度，当这种能力体现为人类的认知以及对实践度的把握时，那么，理性从本源上说就是认知的度。而认知经由感知到理性的过程，这样，关于理性的问题可以转化为关于人的把握知识的能力以及可能获得知识能力的问题。这是因为，我们所面临的世界包含了两个方面：其一是不断变化的自然环境，包括宇宙环境所体现出来的自然环境；其二是不断变化的人类社会环境，包括由于自然环境变化而引致的社会环境的变化。我们所能获得的知识能力既与所处的社会环境相关，也与所掌握的自然知识相关，这构成我们所获得知识能力的一个阈值，同时也成为我们获得知识所能达到的深度与广度。举例来说，在人类发明射电望远镜之前，对宇宙的认识是相对肤浅的，在这里射电望远镜就构成我们所能获得宇宙知识的能力，而在此能力下所能认知的宇宙就成为我们所能获得知识的阈域。同样的方式也可以发生在社会领域，当产权方式改变不能建立一个大的国家时，如诺思所描述的那样，“事实上，这么改变产权再也造就不出有生气的经济制度了”[①]，那么，在这样一个相对较小的国家或者地区区域内，人们从人群中所能获得的知识量是有限的。而一个有限的人群与知识量，将使个体获得自组织知识的能力受到限制，这也就是在历史上为什么小的国家总是向大国学习，其所获得的知识量中当然包含了自组织知识。例如，在唐宋时期，日本作为一个偏远的小国就全面向当时的中国学习，到目前为止，在日本的许多制度与习俗中都可以看到中国唐代制度与习俗的影子。之后，日本在近代又向英美学习，学习的结果当然就是提高了其自组织知识存量，使其国家在政治制度上确立了立宪制，经济制度上实行市场经济制度，也在一定程度上推进了国家整个制度的演进，这应该与其自组织知识的丰富度相关。

第二节　经济理论中理性的有限性

事实上，不管经济理论对个体的理性行为如何看待，至少从整体上看经济的不断增长是与理性的目标相符合的，是与社会大众的利益相适应的。如果现实的经济增长与理性相适应，是建立在群体性的基础上，那么是否意味着经济行为上的理性仅仅就是群体性的行为理性，而不是个体性的行为理性。当然，完全理性假设并不是指整体性或群体性的行为，而是对个体性经济主体的假设，因此，在研究有限理性上就必须能够对此做出有效的解释。如果要对此做出合理性解释，那么就应该从人的生物性特征以及人的智能性本质上进行。而从这两个方面来看，人的生物性特征在于人的长期进化使其具有不断获取新知识的能力，进而形成了不断提高的智能化水平，换句话说就是人的生物性结构具有理性化的特征，而这种特征在一定意义上来说，就具有了获取新知识的结构或者称之为模式。对此，西蒙认为“人类……不仅是一个学习的动物，他也是一个模式发现和概念形成

① 诺思 D C. 经济史上的结构和变革. 厉以平译. 北京：商务印书馆，2013.

的动物”[①]。从人类的学习来说就是对知识存量的丰富与完善，而如果人类是模式发现者，那么，理性在很大程度上就可以看做由知识所构建的模式，而理性的行为就是符合这个模式的行为。不断发展的理性就是对这个模式进行不断丰富的过程,在经济上就体现为按照一定的模式进行的行为，而这个行为就是人类所认为的理性,或者可以认为是抽象出来的逻辑体系。一般而言，符合逻辑的行为被认为是理性的。但是，这个模式究竟是群体性的模式还是个体性的模式，回答这点对于正确理解新古典主义的理性的概念可能更为重要。因为在新古典理论中的理性是个体性的理性，而非群体性的理性。但是，如果把个体放在群体中去体现出具有概率分布特征的群体性理性模式的话，那么个体的理性在一定概率水平上也就是群体性的理性，而这两者都是人所具有的生物性特征的结构性模式。这样，在经济行为中所进行的最优化活动，说到底就是人类大脑中的模式所实现的激励的结果。既然人类的大脑是通过模式化的方式进行思考，那么在做出决策时当然也就是通过模式化的方式进行。从相关研究中可以得出这样一个结论：人类大脑不需要完备的知识就能形成基本模式，这个基本模式可以看做一种具有倾向性的矢量值，获得新的知识可以强化或弱化这个模式，从这点来说思维模式在一定程度上就是价值判断的基础框架，而价值性的方向判断影响到对新的知识做出符合模式与否的推理。

这里，需要解决的问题是理性是不是就等价于价值判断或激励，至少在经济学上的完全理性的假设中理性不等于价值判断，因为经济学上的完全理性假设是追求效用最大化，“至于要达到什么样的目的，效率准则是不关心的；它在价值问题上是完全中性”[②]，也就是说完全理性不是一个价值判断，这也是后来的学者反对完全理性的原因之一。因为人的行为总是朝向某一目的，“行为主体必须预期其行为的后果，他的预期有赖于已

---

① Simon H A. Theories of decision-making in economics and behavioral science. American Economic Review，1959，49：253-283.

② 西蒙 H. 现代决策论的基石. 杨砺，徐立译. 北京：北京经济学院出版社，1989.

知的经验关系以及有关目前情况的信息。而人们对有关知识的掌握是不完全的，他们对于由目前推出未来的推断法则也很少研究”①。西蒙也有类似的论述，他在相关文献中明确指出“真实行为的理性所面临的第一个限制就是第四章所讲的知识不完备性……完美理性受到知识缺乏的限制，也是有一定范围的”②。据此，我们可以这样认为，理性虽然来自人们知识的积累，但同样也受限于人类的知识积累。

事实正是这样，对理性的认识来自人类对自然力的控制，而这方面的成功使人类认为通过理性的发展，或者说通过因果逻辑的演绎不仅能掌握自然的运行法则，而且能掌握人类自身行为的法则。也正因此，在理性演进过程中，人类的自信心得到强化，从而产生出完全的理性的把握。但是，对此有不少学者保持着清醒，正如拉梅特里所指出的，“人是一架机器，在整个宇宙里只存在一个实体，只是它的形式有各种变化……对于理性这样一个我认为不是很可靠的向导，我也许会瞧不起”③。关于这方面的认识，正如哈耶克所批判的那样，这种观点正在于把自然科学的因果逻辑方法应用于经济学领域，因而推论出“不存在我们必须超越我们个人理性的因素而加以接受的道德原则，我们的全部思想不存在既定的和不自觉的、我们必须据以判断道德分歧的前提”④。显然，在自然科学的逻辑之外还存在着具有价值判断特点的道德体系，这也是阿马蒂亚·森所要表达的意思，“那种将自利追求视为理性的不可避免的必要条件事实上颠覆了作为自由、推进的存在物的‘自我’，因为它忽略了对于个人应当追求什么的推理自由”⑤。正因为我们的认知中存在着价值体系，而这与人类从自然科学发展中所证明的因果逻辑不一致，由此，可以推论出这样一个前面已经给出的结论，即人类的知识体系应该判分为两个大类，一类是关于自然

① 徐王景. 关于人类理性的两种假说. 上海经济研究，1988，（6）：67-72.

② 西蒙 H. 现代决策论的基石. 杨砺，徐立译. 北京：北京经济学院出版社，1989.

③ 拉梅特里 J. 人是机器. 顾寿观译. 北京：商务印书馆，2007.

④ 哈耶克 F A. 科学的反革命——理性滥用之研究. 冯克利译. 南京：译林出版社，2012.

⑤ 森 A. 理性与自由. 李风华译. 北京：中国人民大学出版社，2013.

的知识，另一类是关于人类自组织的知识[①]，而对于自然知识的获得是通过因果逻辑推理，对人类自组织知识的获得是通过模式化的认知。但是，在大多数经济研究中并没有进行过这样的区分，而是简单地把知识视为没有质的区别的整体，这也是为什么把知识引入经济分析以来，反而引发了更多的争论。对此，哈耶克虽然没有明确提出过，但是在其相关论述中已经涉及，他认为，“既然人类在解释自己的行为时养成的思维习惯长期阻碍着对外部自然的研究，而它能够取得的真正进步，与他在多大程度上摆脱了这种习惯成正比”[②]。从这些论述可以看到，用于解释人类自己行为的知识与对外部自然的研究是不同的，这也在一定程度上指明了知识可以分成关于人类自组织的知识和关于自然的知识。对此，诺思在相关的论著中也比较明确地指明了这点，提出“人们通过积累两种经验——那些以物理环境和那些从社会文化语言环境中学得的经验，从而减少了这种初始的不确定性”[③]，并从逻辑上对这两类知识进行了论证。那么，从这些分析来看，人类的知识确实可以分为关于自然的与关于人类的这样两大类。

回到前面的论述，不论哪种经济理论都普遍性地赞同激励的作用，把缺乏激励作用视为经济增长缺乏有效手段的原因，基于此理性的发展当然也就是激励的结果。而当我们将理性的本质归结为自组织知识时，那么理性问题不论是在微观层面还是在宏观层面来说，其归根到底都体现为自组织知识的积累，这也是符合人类知识体系进展的结果。也正因此，作为经济学假设的完全理性实际上是一种理想状况，起源于把自然科学的因果逻辑分析纳入经济分析之中，而没有清楚地认识到“个人的理性是个人相互关系的产物”[②]，“离开了个人之间的交往过程，不可能存在任何被视为优于个人理性的唯一理性”[②]。这点也正如前面我们所指出的从生物学层面及知识的概率分布的状况下，个体的理性将体现出群体性理性。但是，

---

① 张尚毅. 人群知识分布与经济增长分析. 探索，2014，（5）：98-103.

② 哈耶克 F A. 科学的反革命——理性滥用之研究. 冯克利译. 南京：译林出版社，2012.

③ 弗里德曼 M. 资本主义与自由. 张瑞玉译. 北京：商务印书馆，1988.

还应该认识到的问题是，如果经济人的理性是个人理性，而每个人的认知模式结构肯定不尽相同，那么，一个单纯的一致的完全理性当然也就不大可能存在，而可能存在的是群体所体现出的理性，是一种所有个体的有限理性均衡的结果，或者可以表述为理性的目的“除了存在参与者的个人目的之外，还有一个组织目标……组织目标是所有参与者的间接的个人目标”[①]。而如果理性的目标是个人与群体的结合，那么，这点与哈耶克所指出的由个人知识所达到的社会群体性均衡是相似的。而由于人类的知识是不断积累和演进的，以知识为基础的理性应该也是不断演进的，因此，在自然科学进步的同时，一些学者更多地把对自然的把握确定为人的理性的成功，以至于把理性作为各类分析的基础，由此演化为经济人的完全理性假设。事实上可以这样认为，理性的基础就在于人类的自组织知识的积累，但是在一定的发展阶段有一个质的演变，而这个质的演变就是人类大脑所构建的模式，这个模式表现出来的行为方式成为所谓的认知理性。完全理性就是在当前知识状况下的思维与行动模式，而有限理性就是对这个模式的确定，以及对这个模式的不断充实。

第三节　回归知识基础的理性

理性是知识积累的产物，知识是理性的基础。对有限理性问题做出重大贡献的西蒙是这样定义理性的，“理性就是用评价行为后果的某个价值体系，去选择令人满意的备选行为方案”[①]。就这点来说，在西蒙的分析中理性既是行为理性又是价值理性。从这个定义出发，在西蒙的论述中有限理性就不是简单地效率最大化，而是有选择的满意行为。事实上在做出这样的论述时就已经给定了理性以价值性定义，而与完全理性假设中的理性以效率最大化为目标的路径不同，西蒙也承认这点。那么，如何把二者

① 西蒙 H. 现代决策论的基石. 杨砺，徐立译. 北京：北京经济学院出版社，1989.

统一起来就是有限理性中必须解决的问题。如果简单地把理性归因于知识的积累，指称为自然科学中所揭示出来的逻辑关系，而不能把知识分为关于自然的知识和关于人类自组织的知识这两类，同时指出关于自然的知识是标量以及关于人类自组织的知识是矢量[①]，那么这就把人类客观行为与价值行为混为一个整体，在一般的经济分析中往往就是如此，这也是相当一部分研究者只能从经济人的行为结果与行为目的进行经济分析的原因。当我们做了这样的知识分类以后，事实上也就把作为结果的经济行为与作为目的的经济行为进行了区分。而作为结果的经济行为，只需要强调效率最大化，这就是完全理性的假设中的理性。而作为目的经济行为，则强调满意的最大化，这也就是有限理性假设中的理性。但是，统一到一个知识分布体系中，理性不论是完全性假设还是有限性假设，都是前面所指称的归结为以知识作为其基础。

这里，重点分析的是有限理性问题的知识分布的基础，也就是所指称的具有价值取向的理性。事实上经济理论的进展倾向于赞成这点，因此，这种理性当然就会产生出一种满意的结果。正如西蒙所指出的那样，“知识的任务，就是从整整一大堆可能的结果中，挑选出与某一策略相关联的一小批结果，或者（理想化地）挑选出唯一的一组后果”[②]，或者说，“理性决策的任务，就是要选出一个能产生称心结果的策略”[②]。如果存在选择，也就是在对与错之间做出挑选，而这种选择就是价值性的选择，也就是一种具有矢量性的选择。这种矢量性选择的知识与关于自然的知识是有区别的，一些经济学者也认识到这点，正如哈耶克所指出的那样，“如果我们把人类文明完全说成自觉理性的产物或人类设计的产物，或者我们自以为完全有能力自觉地重建或维持我们在不知道自己做了什么的情况下建立起来的东西，我们就太不自量”[③]。这个观点与拉

---

① 张尚毅. 人群知识分布与经济增长分析. 探索，2014，（5）：98-103.

② 西蒙 H. 现代决策论的基石. 杨砺，徐立译. 北京：北京经济学院出版社，1989.

③ 哈耶克 F A. 科学的反革命——理性滥用之研究. 冯克利译. 南京：译林出版社，2012.

梅特里的观点也极为相似，都放弃对理性作用的充分肯定，承认人类认知的不足。也正因此，本质上来说有限理性就是我们知识的有限性，这种有限性在经济研究中体现为关于人类自组织知识的有限性，也就是一种形成价值性的知识的有限性。对此，可以从生物学上得到一些论证，如“神经科学研究清楚地展现了道德行为的遗传基础”[①]。如果道德具有遗传性，那么就意味着人类的价值判断有其生物学基础。为了更好地解决问题，可以设定对于某一个体来说其最初所获得的关于人类自组织的知识存量，并把它作为分析的基点。在进一步的研究中可以设定一个经济体的人群数量，并通过对个体知识存量的设定可以知道，对于具有足够数量个体的人群数量的经济体来说，可以推算出其所具有的知识总量。之所以提出这点是因为对于经济增长来说，人群数量起到非常重要的作用。经济增长必须建立在人群具有足够个体数量的基础上，简单的个体组成的小的群体是无法实现现代意义上的经济增长目标的。并且，由于在一个经济体内的不同个体具有不同的知识结构，人群的知识分布状况就应该建立在这个基础上，这点也可以看做个体理性与群体理性的均衡。这里，我们的研究着眼于人群知识结构对行为的影响，我们赞成梅纳德·史密斯的这个观点，即认可“个体选择并不必然导致最优或者次优的社会结果”[②]，而取决于群体选择的结果。这种选择从群体所处的制度环境来看，取决于人群对自组织知识的掌握水平，这种水平不能简单求取平均值，而取决于人均知识分布状况。

做出上述判断后，可以认识到所谓的有限理性只不过是知识积累的有限度而已，因而对一些问题的判断可能出现误差，但是从长远来看通过知识积累的增长则可以符合自利性的理性原则，也即“看似利他的行为——

① 金迪斯 H. 理性的边界. 董志强译. 上海：上海人民出版社，2011.

② 转引自费罗门 J J. 经济演化——探究新制度经济学的理论基础. 李振明等译. 北京：经济科学出版社，2003.

个人为他人利益而做出的牺牲——其实只不过是长期的利己行为而已”[①]。这是因为从长远来看，与假设的自私性理性行为相反的利他行为是在所获得的知识存量能够对事件做出长远有利的基础上形成，最终一个经济体的人群能够符合完全理性的假设。对此，哈耶克是这样解释的，他认为：“市场的道德规则使我们惠及他人，不是因为我们愿望这样做，而是因为它让我们按照正好可以造成这种结果的方式采取行动。扩展秩序以一种单凭良好的愿望无法做到的方式，弥补了个人的无知，因而确实使我们的努力产生了利他主义的结果。”[②]在哈耶克的观点中，也明确意指了有限理性是经济活动中的常态，有限的理性通过市场的作用，实现了相互之间的耦合。我们所观察到的现实状况是，不论是对于个体还是对于群体来说，知识分布水平越高，相对而言对长期利益越为关注。而这点从短期来看，在利益的冲突上体现为得到实际的长远利益，而非仅仅是短期利益，这正是人类自组织知识演进的结果，从而也使人类表现得更为理性。

从数理统计相关定理中可知，对于任意总体只要样本数量充分大，样本均值近似服从正态分布，因此，在分析知识在人群中的分布状况时，我们也可以用正态分布进行分析。对于前面我们的设定来说，如果一个经济体具有足够大的人群数量，那么由人群所承载的知识的样本数也足够大，而对于足够大数量的个体知识样本来说，人均知识分布状况可以近似服从于正态分布。这里已经确定每个个体的知识状况作为一个样本，这样对于一个经济体而言，可以计算出这个经济体所体现出来的知识平均水平，即样本均值，这个样本均值的经济意义体现为经济体系所能达到的人均知识分布存量水平。由于人们对未来的决策取决于对过去的把握程度，而这种把握程度体现在人群水平上也就是一个经济体中人均知识存量水平，这个人均知识存量水平就是对人群自组织的确定性把握的水平，体现为这个经

① 金迪斯 H. 理性的边界. 董志强译. 上海：上海人民出版社，2011.

② 哈耶克 F A. 致命的自负. 冯克利等译. 北京：中国社会科学出版社，2000.

济体中人群对经济增长问题所具有的平均预见水平，而往往把这种预见水平指称为理性，即符合群体的最终利益。

这里，我们应该指出的一点是，经济体人群数量足够大的情况下，当人群总的知识水平发生新的变化，将导致其期望值和方差发生变化，从而必然地引致人均知识分布状况发生变化，相应地会改变该经济体的人均知识分布的期望值和均方差。当这种情况发生时，知识的人均分布状况将影响到理性的演化，进而形成推进经济增长的完全理性的可能性，或者可以表达为可理性化，“而可理性化在认识论上的合理性则取决于理性的共同知识”[①]，而对这个共同知识可以更为精准地体现为人均知识分布，或者也可以看做哈耶克的知识传统。人群知识分布平均水平近似服从正态分布，由此可以得出这个经济体人均知识分布函数。其中，分布函数具有的经济意义是，当人均知识分布状况服从正态分布时，可能出现的人均知识状况所决定的概率水平，由这个概率水平可以推论出可能出现的行为，以及可以减少的人群行为不确定的水平，而这就是对理性的有限度水平，从而可以推算出知识的分布水平。而由于个体的知识存量不可能为负值，可以推论出知识分布水平必然大于零。这说明，不管个体的知识存量状况如何，以及人均知识分布状况如何，当人群数量足够大的情况下必然出现一个与人均知识量相对应的理性水平，那么，剩下的问题就是是否会出现完全理性模式。通过对知识分布进行求极值以及最大值，进而可以得出人均知识的取值仅与经济体人群数相关，但从人均知识的取值来看，当方差等于零时会导致人均知识的取值等于零，这一方面与前面我们所论证的人均知识不可能小于零的状况存在一定的差距，另一方面说明人均知识状况不存在方差的状况只可能发生在人均知识为零的状态，这与不同经济体的状况完全一致，这种状态我们可认为是理性尚未发生的状态。说明当一个物种没有进化到出现知识差异的程度时是不可能出现理性演进的，这也与对人类

① 金迪斯 H. 理性的边界. 董志强译. 上海：上海人民出版社，2011.

进化的历史的认知是相一致的。相关研究表明，“人类的理性或知性本身也是一种过程，它们必须被作为内生性因素加以考察，而且人类的理性或知性在其演进过程中隐含着一种自加速的机制。这也许说明指数式的增长为什么只是出现于启蒙运动之后而不是在此之前”[①]。而所谓的启蒙实际上是人类自组织知识发展的快速增长期，与此相对应，理性的演进实则为自组织知识的外在化体现。

我们还可以得出另外一个结论，即当人均知识分布处于均匀分布状态时，与人均知识分布相关的行为状况仅与人群数量相关，因而行为状况是相对确定的，由此所决定的经济状况也是确定的，在这种情况下理性是难以进化的。相应地当方差取值很大时，与人均知识分布状况相对应的理性状况则更接近取决于方差取值水平，而我们知道方差体现了个体知识的差异程度，也就是说，在一个经济体内当人群知识差异度越大时方差越大，越能促进理性的进化。这点也正能说明“我们必须加以考虑的第一个普遍论点是：有些政府活动比没有这些活动更能使竞争有效有益”[②]。这是因为，当一个经济体的发展更大程度依赖于小的自组织时，根据奥尔森的观点，小的组织更能体现出集体的意志，而这些也是集体行动有效的原因。在一个经济体内会形成更多的具有区别的内生性知识结构和价值模式，而这些具有相对差异性的知识结构会导致一个经济体整体方差的增大，进而使一个社会出现理性进化的可能性变大。关于这点也就很好地解释了“来自不同文化背景的人对同样的事情有不同的理解，从而会做出不同的选择”[③]。也正因此，来自不同文化、不同家庭的个体关于人类的自组织知识不同，进而一个经济体中的个体的文化状况表现出差异性，由此有限理性演进成为可能。

---

① 尤晟. 制度变迁中的有限理性. 安徽大学学报（哲学社会科学版），1999，（7）：63-67.

② 温加斯特 B R. 交易费用政治学. 刘亚平译. 北京：中国人民大学出版社，2013.

③ 诺思 D C. 理解经济变迁过程. 钟正生，邢华译. 北京：中国人民大学出版社，2013.

第四节 理性的内生认知边界

通过前面的分析，可以比较清楚地看到理性来源于知识，而之所以如此，在于人类具有获得知识的内生性结构，而这种类似于模式化的认知结构，既来源于知识又对知识的获得起着一定的限制作用。对此，现代生物学的发展给出了一个比较合理的解释，埃德尔曼指出“人脑主要是基于模式识别而不是逻辑进行运作”[①]，“对于各物种，这个力量（规范发育和经验选择结果的力量）通过价值系统的形式遗传下来，价值系统作为自然选择的产物位于大脑中……价值系统的活动，在选择性改变神经元群特定网络的突触的同时，也掌控着行为，在这些网络中的选择决定了动物个体的行为类型；价值系统提供了偏好和奖赏”[①]。对此，我们可以认为有限理性取决于生物内生性的认知模式结构，可以称之为知识内生结构，而这种结构是由具有价值倾向性的知识构建的，而人的行为区别于其他物种就在于其这种生物结构和知识的积累。前面，我们已经指出了理性水平与人均知识分布相适应，对此，不少学者做了相应的论证，认为，“由于共同的信息特征和演化特性，遗传建模和文化建模有很强的相似性”[②]。这种相似性的存在说明，在人的生理结构上与所获得的知识的积累具有相应的遗传学上的根据，或者说由于人的知识积累导致了人的生理结构上特别是影响行为方式的神经等器官的结构上会发生相应的变化。相关研究还表明，“人类前额叶的进化与人类道德的出现关系紧密”[③]。新近的研究也表明，作为人类知识信息获取的很重要的基因叉头框P2基因，对于人的语言表达也十分重要，而这个语言表达基因是进化的结果。现代生物学的发展也已经证明获得性遗传是存在的，也正表明这样一点：文

① 埃德尔曼 G M. 第二自然. 唐璐译. 长沙：湖南科学技术出版社，2010.

② Mesoudi A，Whiten A，Laland K N. Toward a unified science of cultural evolution. Behavioral and Brain Science，2006，29（4）：361.

③ Allman J，Hakeem A，Watson K. Two phylogenetic specializations in the human Brain. Neuroscientist，2002，（8）：335-346.

化的演进与人类获取知识模式的演进是相适应的。这样，可以推论出一个非常有意思的结论：人类知识的不断积累使人类获得知识的能力在不断提高，而这种不断提高的获取知识的能力，又使人类的理性化能力提高，从而表现为更高的获取知识的理性水平。早在 19 世纪 70 年代摩尔根就对此有了发现，认为“人类的一切主要制度都是从早期所具有的少数思想胚胎进化而来的，这些制度在蒙昧阶段开始生长，经过野蛮阶段的发展，进入文明阶段以后又继续向前发展。这些思想胚胎的进化受一种自然逻辑的引导，而这种自然逻辑就是大脑本身的一个基本属性”①。新近的一些研究还表明，获得性的知识行为会形成一种模式内化为基因层面而保存下来，还有新的研究指出：“一些偶然出现的行为可能有益于适应环境，这种行为模式会保存下来，带入新的演化竞赛，自然选择更倾向于选出使生物更容易、更高效、更可靠地学会新技能的改变。”②但是，值得注意的是当人群的数量没有达到足够大时，从概率水平上来说获得性的知识结构性积累难以影响遗传，从而不大可能促进人类获得内生性知识结构的能力的提高。正如前面我们所分析的那样，只有当人群数量达到足够大时，人均知识分布才能近似服从正态分布，从而给出一个相对规范性的知识演进模式，而只有在规范性的基础上才可能从概率上形成遗传性的有利于知识积累的生理性结构，进而使人的理性得到演进，因此从这个层面上来看所谓的有限理性在生物学意义上来说，也是根源于知识的积累，取决于知识分布状况，而这种积累只有在人群数量达到足够大时才能形成具有遗传性稳定化的演进。

生物学基础上的理性的演进，使有限理性得到不断进化，其直接基础当然在于人类的知识内生结构的生理性基础的演进，而这种演进又来源于知识积累规范性的价值性的遗传，正如金迪斯所指出的“物理学原理成就了自然科学的模式创造一样，生物学原理必然成就所有的行为科学”③，

① 摩尔根 L H. 古代社会. 杨东莼等译. 北京：商务印书馆，2012.

② 希斯托特 D. 工具制造：重新定义人类. 环球科学（中文版），2016，（5）：42-49.

③ 金迪斯 H. 理性的边界. 董志强译. 上海：上海人民出版社，2011.

而当经济学落脚到行为科学时，就不得不从生物学上寻找原因。而物理学与生物学的两个基础性作用，恰恰与我们所指出的关于知识可以分为两个部分，一对一的映射。而且，我们所指出的关于自然的知识是一个标量性客观判断的知识，关于人类自组织的知识是一个矢量性价值判断的知识，也得到物理学与生物学上的相关证据论证。为了简明起见，我们仅论证生物学基础上的关于人类自组织的知识状况。在笔者之前的相关论文中已经指出，关于“人类自组织的知识是矢量性知识，因此获取新的知识的变化，不仅会导致行为强烈度的变化，而且会导致方向性的变化，体现为行为的选择性变更”[①]，因而也是一个具有价值判断的知识，这点在大量的文献中都能够找到证据。相关文献就明确指出，“人类的基因—文化共同演化是基因—环境共同演化的一种特殊情况，其中环境从文化角度予以构建和传递”[②]，而这种构建说到底就是规范化，而所谓的传递从生物学上来说就是遗传，因而，我们赞成金迪斯的观点，“规范化内设了道德认知的遗传倾向，而道德认知却只能由基因—文化共同予以解释”[①]，从这点来说文化就是知识的积累以及价值的固化。也正因此，具有价值性的认知所体现出来的行为就将统一到知识上，从而能够得到一个更为完整的解释，而这个解释就赋予了个体理性化特征，同时又从一个人均自组织知识分布的水平状况体现出人群的理性特征，在此基础上就可以认为理性既是个体的理性，同时又是群体性理性。因此，其一，可以认为有限理性在生物学意义上只是对知识获取能力的有限性；其二，有限理性体现为在生物学意义上所具有既定获取知识能力的同时，所能获取的知识有限，两者共同构成有限理性的基础。

分析到这里，我们可以进一步认识到，尽管生物学的进步已经证明存在

① 张尚毅. 人均知识分布、制度本质与经济增长的逻辑. 重庆大学学报(哲学社会科学版)，2016，(3)：23-28.

② Feldman M W，Zhivotovsky L A. Gene—cultuee coevolution：toward a general theory of vertical transmission. Proceedings of the National Academy of Sciences，1992，（89）：11935-11938.

序列的一致性，但这种一致性来源于具有相对共同知识来源的个体的特征，而不是不同知识来源的所有个体的特征，因而使来自具有不同知识来源的个体体现出不同的有限理性。这种不同性表征为个体具有一定区别的非一致性的价值倾向，而这种价值倾向在一定意义上就使有限理性在知识来源的视角上呈现出差异性。因此，可以得出这样一个结论，在一个更大范围内包容了不同知识来源的群体，更不容易出现理性化，或者换句话就是在一个包含越多不同知识来源的群体中，要形成一致性的理性就更为不容易，因而也就体现出理性的更大有限性，这点笔者已经从数学上进行了证明。

正由于有限理性在人群中存在的差异性，因而“非主流经济学在很多场合对选择偏好、认知过程和效用期望的分析，已不是以‘经济人’作为行为主体假设，但在某些场合却又暗含着经济人假设”[①]。这种契合性说明在经济理论中有限理性在一定程度上又融洽了完全理性，而其基础就在于生物学层面上的知识分布，即人的知识与人的生物性的共同演进的结果。正如汪丁丁的研究结论所指明的那样：“从亚当·斯密的人性假设，到现代主流经济学的工具主义立场，这一转折（通过“极大化原则”）造成了数学工具在经济学中广泛应用的可能。我们看到，没有进化论论据，这一转折在认识论上就是站不住脚的。”[②]也就是说，经济学理性假说下的效率最大化原则，事实上还是根源于人类进化的生物学基础，这点也正如前面所指明的那样，人类的知识积累最终会在遗传上乃至人类认知的生理结构上引致相应的变化，而这种变化使人类理性成为可能，也就是使一种功能性理性成为可能。而在不断进化的过程中，这种可能会由于知识的积累而不断演进，进而人类的理性得到不断的提高，形成在更高水平上的理性，而有限理性就是人类在这个过程中不断向完全理性的趋近。这点也说明人类的理性是“进化性与建构性的结合，是人类理性区别于动物理性的显著

---

① 何大安. 选择偏好、认知过程与效用期望. 学术月刊，2014，（6）：49-59.

② 汪丁丁. 经济学理性主义的基础. 社会学研究，1998，（2）：3-13.

特点”[①]。而所谓的建构性与人的生物特征中脑神经的模式化特点是相适应的，而所谓进化性则与人类发展的历史是相适应的，因此，从这两个方面来看，有限理性不仅在经济学上具有意义，在生物学上也具有意义，并能从生物学上找到根据。而所有的这一切，都必须归因于人类自组织知识的进展，以及由自组织知识积累的遗传学建构的结果。

分析到这里我们已经比较清楚地认识到，有限理性只是在当前知识分布水平下的理性，只是由知识分布水平所体现出来的人类获得性遗传的认知建构能力，即知识的内生结构，因而，即使不能完全把完全理性视为经济学分析的基础，但仍然在生物不断演进的意义和知识积累的意义上具有明显的统一性，而这也就把人类关于自然的知识与关于人类自组织的知识统一起来，这也正如康德哲学中所指明的那样：“人类理性是认知功能和价值功能的统一体。”[②]而由于“经验本身是一种含有智力的知识形态，而智力是有其自己的规则的，这规则必定是呈现于智力面前的一切知识的一种验前条件。经验的一切对象必然地要顺应于这个规则，顺应于在验前的要求上表达出来的规则，而且要和这规则相一致的”[③]。回到西蒙的有限理性上，可以看出两者的一致性。有限理性所强调的无所谓最大化而仅仅是满意而已，而康德的顺应规则也只是满意而已。显然，不论理论上分析理性还是知识内生结构的生物学上的理性，都是认知的结果与人的生物性相适应，而这种相适应体现为与知识积累所建构的知识内生性生物特点的相适应，由此，可以把有限理性与完全理性统一起来，并赋予其公理性的知识的基础。

---

① 许卓云. 人类理性与制度选择. 南方经济，2009，（3）：73-82.

② 崔宜明. 认知的界限和求通的智慧. 华东师范大学学报（哲学社会科学版），1998，（6）：11-16.

③ 华特生 J. 康德哲学原著选读. 韦卓民译. 北京：商务印书馆，1987.

第五章 自组织知识界定的偏好稳定性

第一节 对偏好理论的回顾及反思

显示偏好是西方主流经济学的重要理论，并用于阐述消费者偏好的一致性和传递性。正因存在消费者偏好的一致性，因此，只要是消费者进行消费那就都是其最大偏好的组合，而最大偏好的组合也就是效用最大化。因而，合乎逻辑的推理就是由效用最大化的消费者所组织的经济体，自然也就是效用最大化的经济体，所以能够实现效用最大化的经济体当然也就拥有最好的经济制度。也正因此，西方相当一部分主流经济学者都坚持认为现代西方世界所实施的经济制度就是最适于经济增长的制度，如巴罗等才会得出一个不可能会有新的经济制度推进经济快速增长的结论，他认为"是否可以改变制度或政策使美国、英国或其他发达国家进入高增长组，或者说，把这些国家的长期人均增长率从 1.5%~2%提高至 4%左右？不幸的是，答案为否"[①]。从这些论述中可以看出，巴罗事实上已经将这些发达国家的制度或政策视为最优化的制度，而其原因就在于偏好分析所给出的效用最大，进而整个经济体实现效用最大化的逻辑思路。由于消费者的偏好是其个人显示的偏好，因而在这个偏好下的消费就是自由竞争式的消费。也正是在此基础上，主流经济学得出一个最为基本的理论性结论就是，自由竞争能够实现效用最大化，同时，自由竞争的经济体是最优经济体，

---

① 巴罗 R J. 经济增长的决定因素. 李剑译. 北京：中国人民大学出版社，2004.

这是因为能够实现效用最大化的经济体当然就是最佳的经济体。

效用虽然由杰里米·边沁引入经济学研究之中，但是他没有想到效用将会成为经济学的一个极为重要的概念，更不会想到效用的最大化将成为经济理论的一个重要支撑。由于偏好与效用是如此逻辑性地相接近，这里可以将其具体表述出来。如果某个经济主体对于选择集（x，y）来说，喜欢 x 甚于 y。对于选择集（y，z）来说，喜欢 y 甚于 z，那么就可以推论出对于这个经济主体来说，肯定会喜欢 x 甚于 z。或者对于选择集（x，y）来说，如果消费者喜欢 x 甚于 y，那么就不可能存在喜欢 y 甚于 x 的情况。由于，消费者的确存在着偏好，因而从整个经济体来看，由众多的人所构成的总体来说就可以形成一个偏好序列，这个偏好序列的取值范围可以从负的无穷大到无穷大，负的无穷大表示消费者对某一商品非常厌恶，而无穷大表示消费者对某一商品非常满意，这点正如普雷斯曼所说："消费者买什么都将使他们的效用最大化。因此消费者行为可以根据偏好来解释，而偏好反过来只能由消费者行为来定义。"[①]而由消费者偏好所构成的一致性和传递性也就解释了消费者行为的稳定性，从而使经济研究在既定的经济秩序下得以进行。但是，这种偏好序列能否永远存在下去，对于一个经济体来说就是一个问题，这是其一。其二，这种顺序偏好是如何形成的，是不是一个经济体中的每个个体本能地就会出现这样的偏好序列，还是其他原因导致的结果，如一个刚出生的人与其长大以后的偏好是否一致，显然存在两个方面的选择，既可能是也可能不是。其三，消费者在怎样的情况下才会有稳定的偏好，并由此形成一致性的偏好和传递性的关系。例如，一个消费者生活在江苏无锡，他对于甜味食品的偏好在大概率的情况下肯定要强于麻辣食物；而生活在重庆的消费者对麻辣食物的偏好在大概率的情况下肯定要强于甜味食物。那么，在一个偏好序列中，重庆的消费者在

① 普雷斯曼 S. 思想者的足迹——五十位重要的西方经济学家. 陈海燕，李倩，陈亮译. 南京：江苏人民出版社，2001.

麻、辣、甜的偏好中会形成一致性和传递性。当然，无锡人也会形成一个偏好的一致性和传递性。但是，我们应该清楚的是，在举出这个例证的时候，仔细思考就会发现，这只是一个静态的偏好序列，是在此时此刻某个消费者的偏好序列。因此，由这样的偏好序列所体现出来的消费者效用最大化，也只是当前的消费者效用的最大化。

这些问题的存在预示了一点，如果消费者的偏好只限于此时此地，那么，这个偏好是不断改变的，而不断改变的偏好就无法显示出消费者的真实效用最大化。因此，用效用来分析消费者行为而不考虑到其他方面的变化，可能会带来偏差。接着前面我们所提到的例子，对于重庆的消费者或无锡的消费者来说，他的偏好的稳定性至少取决于两个方面：一是他将来所处的环境，如重庆的消费者继续在重庆生活下去，那么他对麻辣的偏好肯定会不断强化；而如果他有机会到无锡生活，那么他对麻、辣、甜的偏好可能会发生一定的改变。二是他将来面临的时间序列。如果重庆的消费者在 60 岁以后再生活在无锡，那么，他对麻、辣、甜的偏好可能不会发生什么改变，因为此后他的偏好很难因为生活环境的改变而变化；但是，如果他是 6 岁时到无锡生活，那么他的消费偏好改变的概率就会极大地提高，甚至于可能形成与无锡消费者一样的偏好。这两个方面提示我们什么？首先，可以认为偏好是不稳定的且完全可能会改变，不管是显示弱偏好还是显示强偏好，对于一个消费者来说都可能会改变。其次，偏好的稳定性既来源于他从外部获得的总信息量的变化，也取决于建构偏好的信息的存量与增量的对比。有关学者认为，“如果消费具有外部性，周围人群的消费水平提高时将对理性消费者的决策产生二重影响：一方面，示范效应会促使消费者增加当前消费；另一方面，对风险的厌恶以及未来消费水平落后于他人的担心又迫使前瞻性的消费者减少当前消费、增加储蓄”[①]。显然，外部性的信息对消费者偏好会产生影响，而如果由以往获得的外部知识所构成的偏好的信息量大于将来某个时间

① 杭斌. 理性习惯偏好与居民消费行为. 统计研究，2011，（3）：23-29.

获得的偏好信息量，那么这个消费者保持其原有偏好的可能性较小，或者可以说其偏好的离散性较小。与此相反，如果这个消费者在以往获得的外部知识所构成的偏好的信息量小于将来某个时间获得的偏好信息量，那么这个消费者就不大可能保持其原有的偏好，或者可以说其偏好离散性很大。论述到这里，我们将发现与萨缪尔森所描述的不完全一样的偏好，是一个关于不断获取知识的动态性偏好。

如图 5-1 所示，以横轴表示时间序列，纵轴表示偏好强度，向下的纵坐标表示相反的偏好强度。那么，在图 5-1 中可以看到，由于在不同时间点获得的偏好知识的不同，而分别形成斜向上、斜向下的偏好曲线与平直的偏好曲线。图 5-1 正好反映了当消费者在不同时间点获取与偏好相关的知识的不同。图 5-1（a）表明消费者获取的偏好知识正好是与其偏好方向相同的知识，如一个形成麻辣口味的消费者，他长期生活在重庆，随着时间的发展会不断强化其对麻辣的偏好。图 5-1（b）表明消费者偏好不变，也即获得的消费者偏好没有新的知识。图 5-1（c）表明消费者偏好发生改变，如一个在重庆生活的消费者在形成麻辣口味后，在其以后的生活中在无锡生活，随着时间序列的推进，其消费偏好会发生改变，最终形成一个相反方向的偏好。由此看来，消费者偏好随着时间序列的推进，是一个可能出现波动的偏好，但是考虑到前面我们所指出的人生物性的模式化思维，这种大幅度波动不会频繁出现。

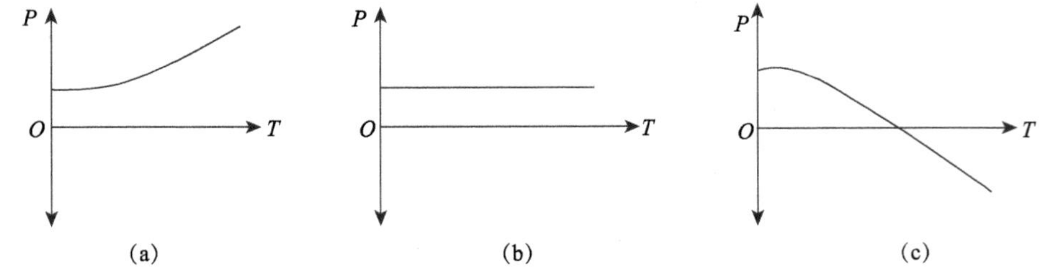

图 5-1 自组织知识不同状况下偏好强率与时间关系

如果消费者的偏好是一个动态性的偏好，那么在不考虑知识变量和时间序列的情况下，是无法估计消费者效用大小的。也就是说，在完全竞争的市场情况下，消费者可能面临的不是效用最大化，而经常性地处于效用次优化甚至于较差状况间的选择之中。从这点来看，要考察消费者效用最大化，就不能仅仅停留在消费者当前的偏好上，而应该将更多的注意力放在消费者偏好的稳定性上。因为只有确定其偏好的稳定性，消费者才能显示出其偏好，也就可以相对准确地把握消费的偏好情况。因此，我们认为对西方主流经济理论的两个重要概念效用与偏好，应该从更为深层次上进行研究，探索研究建构偏好的基础，以期实现在效用最大化基础上的经济理论的有序进展。

偏好理论滥觞于萨缪尔森，为了使偏好理论能够充分运用于效用最大化分析，萨缪尔森对消费者偏好理论进行了相当深入的论证。基本上，只要翻开任何一本西方经济学教材，都可以看到关于偏好的理论，甚至还区分出弱偏好和强偏好。正如前面我们所指出的那样，不管消费者处于哪种偏好状况，如果消费者在现实的经济活动中能实现自己的偏好，那么消费者也就实现了效用最大化，这实际上是一种重义反复。因为对于这点也可以反过来说，如果消费者处于效用最大化，那么他的消费就一定是实现了偏好最优的消费。所以，有学者认为“消费者的定义是购买自己最想要的商品的人，因此，无论消费者买什么都将使他们的效用最大化。因此消费者行为可以根据偏好来解释，而偏好反过来只能由消费者行为来定义，结果很容易陷入循环，而且毫无疑问，在许多描述中都出现了这样的情形”[①]。也正因为这个原因，萨缪尔森想出一个新的办法，就是前面我们所提到的消费者偏好序列。如果消费者确实存在偏好序列，那说明对于这个消费者来说，既存在偏好也存在效用最大化。但是，萨缪尔森告诉我们的显然是客观存在的事实，一个人确实会在到底是先消费苹果还是先消费梨子之间做出选择，也会在愿意享用麻辣食物与甜品之间做出选择，而这个选择就

① 普雷斯曼 S. 思想者的足迹——五十位重要的西方经济学家. 陈海燕，李倩，陈亮译. 南京：江苏人民出版社，2001.

显示出他个人的偏好。这种情况确实在现实的经济生活中存在，如不同地区消费者会出现明确的偏好，相关研究证明对“食品消费方向，以湖南、广东、广西、海南、重庆、四川、贵州为中心的南方大多数省份，与以河北为中心的北方大多数省份形成了泾渭分明的区域性偏好”[①]。但是，这种现实存在的个人偏好，并没有指出为什么会这样，也就是说，消费者为何会存在偏好序列，而且如前面我们所指出的那样会出现偏好的稳定性。

如果一个消费者偏好不稳定，且随时间不断发生变化，那么我们就很难观察到消费者偏好。举例来说，一个消费者在 t 时在苹果与梨子之间选择了苹果，而在时间 $t+1$ 时在苹果与梨子之间选择了梨子。这种在不同时期的选择，如果出现了像举例中的偏好变化，那就很难说明这个消费者的偏好状况。同时，对于弱偏好来说，也可以用类似的例子来举证说明。因此，从这些情况来看，如果消费者的偏好不处于稳定态，那么我们就不能评估出消费者的偏好，而如果不能评估出这个消费者的偏好就无法说明他的效用最大化。关于这点前面我们已经指出过，之所以反复强调的原因在于只要翻开任何一本西方经济学论著,就会发现离开了偏好与效用最大化，至少微观经济理论就缺少了基石。因此，作为西方主流经济理论的重要支撑的偏好与效用，在偏好不处于稳定态的情况下是难以发挥作用的，而这两个概念不能发挥作用,对于西方经济理论的主流学说来说就是一个灾难。但是，尽管消费者偏好可能会发生变化，然而对相对稳定态的经济环境来说，这个偏好可能会出现相对的稳定，这在现实的经济活动中可以观察到。如前面我们举例中的重庆人偏好麻辣食物而无锡人偏好甜味食物那样。因此，我们认为发现偏好固然十分重要，但是找出偏好形成的原因可能比简单地运用偏好来阐述效用，以及用效用最大化来解释各类经济现实更为重要。

---

① 林文芳. 区域性偏好与城乡居民消费差异. 统计研究，2009，（11）：87-92.

第二节　偏好是否具有稳定态

偏好具有稳定态其实应该是西方经济学的一个内在的假设，如果没有这点，就会发生我们在本章第一节中所指明的不能描述消费者效用最大化的状况。而消费者不能达到效用最大化，就不能说明整个经济体实现了最优化，因而也就不能得出在自由竞争下的经济是最优化的经济状况。不承认这种状况，实质上也就明示了一点，即西方经济学者们心目中最优秀的经济制度可能存在问题。对此，新近的一些研究报告也表明了这点，麦肯锡全球研究所相关研究证明，通过分析六个发达国家发现其中三分之二的收入群体2005~2014 年的收入没有增长①，并明确指出收入停滞并非只出现在全社会最贫穷的那些人身上，中产阶级同样身受其害。这些情况从微观上说明，即使在发达的市场经济国家中，也并不是所有人都能实现其偏好。现实中经济体的运行状况，确实与完全自由竞争的市场经济有差距。至少在科斯的企业存在的情况下，完全自由竞争的市场经济是存在缺陷的经济。因此，现在西方主流经济学家相当普遍地认可经济确实存在着两种经济运行形式：一种是竞争的市场经济，另一种是协调的企业经济。如果把这两点都放大来观察，就会发现仅仅是竞争的市场经济，确实无法完成人类的全部经济行为。而协调的企业经济也的确不是在完全协调的方式下运行的。从某种意义上来说，协调经济确实有些类似于独裁式的经济。经济学家们不得不承认，有时类似于独裁的经济可能会更有效率，至少对于科斯等承认交易费用存在的经济学家们来说，经济运行确实是这样的。他们的一个最为良好的希望，就是能否将类似于独裁的经济行为尽量减少一些。在这样的心愿下，有些经济学家可能也不得不承认，经济可能在相当时期内不是最优化的。如果将这个逻辑推论应用到微观经济之中，也同样会得出前面所指明的观点，即消费者确实不大可能一直处于效用最优化，有时他们还真的必须选择次优化。相关研究中

---

① 数据来源于麦肯锡全球研究所 2016 年报告《比父母更穷？关于收入不平等的新视角》。

中国消费者偏好的情况表明，“与偏好结构可变的指数来衡量我国消费者真实生活成本相比，则偏好固定的拉氏物价指数与 GTF（ P_k^0 ）指数都高估了真实生活成本，而帕氏指数却低估了消费者真实生活成本”[①]。这种实证性的研究说明，在时间序列中的消费者偏好确实存在变动性。如果不考虑这种变动性，那么完全可能造成对经济运行评估准确度的缺失，这不论是从弗里德曼还是萨缪尔森的观点来看，都存在问题。

对于消费者来说，次优化的存在意味着他们有不能实现的偏好序列。这是因为，对于每一个消费者来说都有自己的偏好，如果个人的偏好与其他人的偏好相冲突，这个消费者可能就不得不选择次优化的效用最大化。例如，一个消费者在公路上行走，他可以选择不同的道路到达目的地，如从 A 直接到 B，中间没有分岔道。这种选择对于这个消费者来说，肯定是偏好最大化，也是其效用最大化。但是可能出现的情况是，由于在这条路上出现了管制现象，那么，他无法实现其最大偏好，可能不得不选择次优化，如可以选择从 A 到 D 再到 B。客观上说，这种情况会经常性出现。从这些情况来看，对于一个消费者来说，他要实现偏好最大化，有一点必须认可，就是在他偏好稳定的情况下还要与其他消费者的偏好相协调，而这可能就是制度存在的原因。因此，这里的问题就演变为消费者如何与其他消费者协调的问题。在现实的经济活动中，这种协调可能更为经常性地以制度的方式出现，也就是说所有消费者需要面对一个建立起来的制度或规则。所以从理论上来说，不仅要解释出一个消费者偏好的稳定态的问题，还要解释出这个消费者如何适应制度的问题。

先对第二个问题做出一些解释。正如前面我们所指出的那样，消费者在一个交易费用不为零的世界中都将面临着制度限制问题。对此，诺思、科斯、威廉姆斯等都做过非常明确的论证，我们在前面一些章节也做了证明。而当制度存在以后，也就是说对消费者来说，存在着认可既定制度的

---

① 吴锦顺. 消费者偏好与真实生活成本. 统计研究，2014，（10）：35-42.

人均自组织知识，对于某一均衡的两个消费者来说，其所具有的自组织知识相对于制度性自组织知识是等距的，对于一个经济体来说所有的消费者相对制度是对称的各向等距，因而形成一个类似于球状的消费者的分布格局。

第三节　偏好形成的原因及探索

偏好是由个人的自组织知识决定的，这是因为消费者对某种商品显示偏好时，意味着该消费者形成了一种具有趋向性的价值倾向。而当该消费者不易改变其偏好时，则意味着该消费者显示强的偏好。例如，当消费者将食物作为填充肠胃生存的必需品时，无所谓个人偏好。而一旦将这些食物作为生存的价值时，如某个消费者会认为食用苹果比食用梨子具有更好的口感和营养价值，这样就存在着偏好。如果消费者面临各种各样的食物时，他表现出来的选择就是显示偏好。那么，这些又如何由消费者的自组织知识所决定？我们认为不论消费者对于哪种商品形成偏好，都是通过各种方式对该商品形成价值倾向性知识的结果，而这些价值倾向性知识对消费者来说形成内在的制度，进而使消费者形成了显示出来的稳定态的偏好。在这种情况下的消费者偏好就与企业的最优化相一致，因而形成整个社会的最优化，所以在这种规律的前提下“企业的最优社会定位和产品差异化与企业对消费者偏好确定时的结果相同”①。对于消费者来说，假设他消费食物这类商品，当食物充足时该消费者对食物的偏好在自组织知识不发生改变时是稳定的，也就是说，他的显示偏好符合内在的价值倾向，当然也就符合包括企业在内的经济运行的最优化。关于这点在不少哲学论著中都有体现。正如其他章节所阐明的那样，一个稳定态的偏好及偏好序列体现了消费内在的制度。由于在后面的章节中我们将深入论证制度是由自组

① 邢明青，王来生，孙洪罡，等. 在消费者偏好不确定下双寡头定位定价博弈. 运筹与管理，2007，(4)：40-44.

织知识映射的结果，这里不作更为详细的论述，但是阐明偏好形成的原因是有必要的，这也是本节的主要任务。我们认为偏好形成的原因，更多地体现出了前面所指出的消费者的价值判断，也就是说，这个消费者所拥有的自组织知识构成偏好。

这里，有一点必须承认，不管个人偏好发生什么样的变化，消费者都有一个偏好序列。因为他构建成当前的偏好序列，意味着该消费者在各种商品中形成了他的既定价值序列判断。例如，一个人可能会在选择苹果、梨子、香蕉等中有一个最为强烈的偏好，而且这个偏好可能会改变。例如，在时间 t_0 时他的偏好假设为苹果、梨子、香蕉；在时间 t_0+1 时，他的偏好可能会更改为梨子、苹果、香蕉。但是，不管这个人的偏好如何变化，在苹果、梨子、香蕉中他的偏好总会形成一个偏好序列，也就是说，这个人会在苹果、梨子、香蕉中形成一个任意的偏好，这完全具有可能性。就这三个商品而言，形成一种偏好的概率有多大？根据概率论基本理论可以得出，这个概率为 $1/p_3^3$，这主要基于消费者面对的商品数量的多少。显然，当商品数量越大时，设定具有 n 类商品供这个消费者做出序列性选择，那么对于这样一个消费者而言，他形成任意一个偏好序列的概率是 $1/p_n^n$。由此可见，对于任意一个消费者而言，当商品的数量越多时，形成一个稳定偏好序列的概率会越小，而且得到稳定性偏好的概率成几何数递减。相关实证研究表明，改革开放以来随着商品的不断丰富，消费增长率水平持续下降，已经由 1979 年的 0.135 9 下降到 1998 年的 0.048 7[①]。由此，可以解释一个日常所见的现象，这就是人们所说的见异思迁，即当消费者面对大量的可选择性的偏好序列时，不容易形成稳定的偏好，偏好序列会在众多商品中摇摆。对此，我们可以得出一个结论：对于任意的消费者来说，可选择的商品数量越多，形成固定偏好序列的概率越小。深入解释其中的原因非常有必要，消费者面临着越多的新的商品信息，越会对其偏好形成影

① 申树斌. 对我国居民消费偏好参数的估计. 辽宁大学学报（自然版），2002，（3）：215-218.

响，从而使其不易形成固定的偏好。关于这点，在前面的章节中做过一些论述。从人类的知识结构情况来看，构建偏好的知识是一种价值判断，这些知识显然是矢量性知识，这点在前面的章节中已经作过论述。因此，新的偏好序列的形成不仅取决于新的商品情况，即消费者对新的商品的偏好知识量，而且取决于该消费者原有的商品偏好知识存量，两者矢量叠加的结果构成该消费者新的偏好，关于这点我们在后面的章节中将作更为深入的论述。因此，在形成偏好稳定态概率相对较小的情况下，消费者的效用要实现最大化的可能性会很小。而在可供选择的商品数量足够大的情况下，概率不断变小的偏好序列所对应的效用最大化，其实现的概率也相对会变小，与此相对应的就是人们的幸福感变小。这也许可以解释一个消费现象，为什么消费者得到的消费数量越多的情况下，幸福感反而会变小。

如图 5-2 所示，纵轴表示消费者所拥有的可能购买商品的货币量，横轴表示消费者面对的商品数量，可以看出在消费者具有固定的货币数的情况下，他所消费的商品数量形成一个弧形向下的图形。究其原因，正在于前面我们所做出的解释。从这些情况来看，一个稳定的偏好序列对于消费者效用最大化来说，就显得极为重要。如果是这样，那么另一个问题可能要提到我们面前，即稳定的偏好序列是什么，它是怎样形成的？

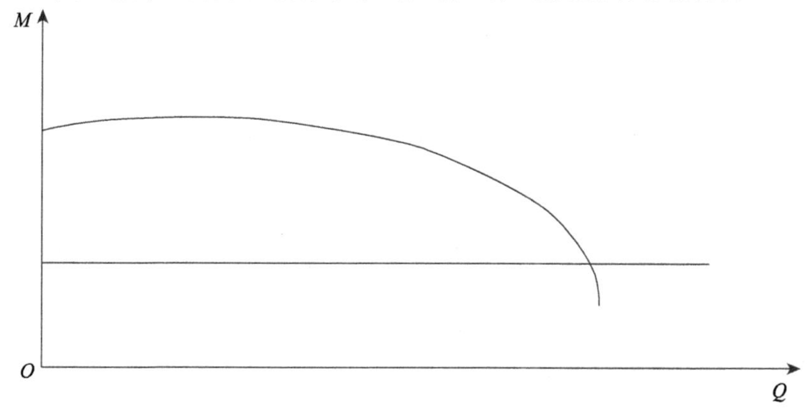

图 5-2　货币量与商品量相互作用的偏好变化

我们认为偏好就是人的内在制度，它是由自组织知识在偏好方面的累积效应形成的。对于任意一个消费者来说，他所拥有的在偏好方面的知识存量决定了他的偏好序列现状，而消费者对于商品选择的偏好构成当前情况下该消费者的消费偏好。因此，在当前的情况下，对于任意一个消费者来说，他具有一个偏好序列的稳定态。事实上对于任意的具有智能性的生命体，如人工智能，可能都面临着这个问题，它所获取的各类自组织知识的累积而形成其个体性的偏好或称为内在制度，而内在制度成为其行为的规则，也就是说，如果要使一个智能性消费者符合显示偏好要求，就必须构建起相应的自组织知识体系。但是，还必须将后面章节所研究的问题提一下，消费者虽然具有内在的偏好序列构成的内在消费制度，但是在众多的消费偏好序列中，这个消费者又将面对怎样的状况。我们认为这种内在偏好序列在集体行动中相互耦合的结果，形成了集体行动的逻辑，而这就是外在的制度结构。正如奥尔森曾经强调的那样："为了认识经济和政治中都起作用的基本力量，应当注意的是集团利益而非个人利益，对康芒斯和拉瑟姆等来说，集团利益最为重要。"[①]一个相反的情况是"在需要一致参加的场合，任一个体拒不参加都具有特别的讨价还价的力量：他可以要求获得集团行动带来的大部分利益"[①]。也就是说，在此情况下，消费者的个人偏好序列形成的内在均衡可以外化为外在的制度，但是这种情况不大容易发生，即使在独裁统治下也不可能完全做到。因此，我们认为在外在的制度结构下，对于任意一个消费者而言，他不大可能将其偏好序列完全现实化，也就是说，在既定的外在制度结构下，任意一个消费者能够实现的偏好序列只可能是外在制度下的偏好序列，这也是为什么在前面章节中我们强调自组织知识的人均分布对外在制度的重要性。因此，在偏好最大化，即实现效用最大化的情况下，一个消费者所能实现的效用最大化只能是外在制度下的效用最大化，相对应于其内在的制度来说，他能选择的只可能是次优化的选择，而这个次优化可以表达为他的自组织知识水平

① 奥尔森 M. 集体行动的逻辑. 陈郁，郭宇峰，李崇新译. 上海：上海人民出版社，1995.

与经济体人均自组织知识水平的距离。

如果将消费者在集体行动中的偏好序列看做外在制度下的偏好序列实现的可能性，那么，就会发现在人均自组织知识分布下的消费者所显示的偏好序列并非完全是消费真实偏好序列的显示。当出现这种情况时，消费者将面临一个实现偏好序列的制度结构与制度环境。由于消费者在消费过程中的制度环境是不断改变的，这也是我们所指出的自组织知识所映射的制度演进的原因。那么，在不断改变的制度环境中消费者面临的实现其偏好序列的概率也会持续地发生变化，因此，他的偏好序列就是一个持续变化的显示。所有这些归结起来，我们就既会看到一个在自组织知识下的偏好序列，以及由人均自组织知识所决定的制度结构，又会看到制度结构中所显示出来的任意消费者的偏好序列。所以，我们认为消费者不管是弱显示偏好还是强显示偏好，都仅体现了由自组织知识所引致的实现消费者个人偏好序列的可能性，而且由个体自组织知识构建的偏好或内在制度，总是受制于由人均自组织知识所构建的外部制度的约束。

第六章
建构在自组织知识上的交易费用

第一节 交易费用的知识解

用知识解释经济行为使经济分析出现了与新古典主义不同的方法，在这种分析中生产要素落入从属地位，经济主体的知识成为决定经济行为及其后果的主要因素。如果要对这个趋势做出一些解释，我们可以看到的情况是，随着人类经济增长及知识的丰富度，越来越多的经济学家认识到不仅自然的资源是经济增长的必要成分，劳动也成为经济增长的有机组成部分，而且随着生产技术的人工智能水平的提高，知识性劳动在整个人类劳动中的作用及权重都日益提高。总结起来可以这么认为，随着人类知识的不断扩展，人力资本的经济价值越来越大，正如舒尔茨所指出的那样，“我确信在人力投资与人的经济价值的不断提高之间存在着很强的关联”，“我必须指出的是，当人的经济价值提高时，我们处于一些新的和更好的机会领域”[①]。“我们有很充分的理由相信人的经济价值会继续提高。”[①]而人的经济价值的提升，又在经济增长问题上出现了一个引起经济学家们十分注意的问题，人的劳动不仅是经济增长的要素，而且也是经济增长所可能进行的原因，这就是怎样构建适应经济增长需要的制度的问题。随着人们的知识不断增长，不断提升的人力资本使经济主体本身有着对制度演进的新的要求，关于这点不论是从历史的角度还是从现实的角度都可以观察到，

① 舒尔茨 T W. 制度与人的经济价值的不断提高//科斯 R，阿尔钦 A，诺思 D等. 财产权利与制度变迁. 刘守英译. 上海：上海人民出版社，1994.

受教育程度越高的个体对制度安排的要求越高，由知识越高的群体所构建的制度水平相对越高。而我们所提到的一个制度的运行都需要费用，越来越高的人力资本本身对制度安排与结构的费用问题也必然更为敏感，进而也将使交易费用问题作为经济分析的重要内容。

关于交易费用问题，我们都很清楚是由科斯在他的著名论文《企业的性质》中提出来的。比较市场交易与企业内部协作费用大小而存在的企业，实质上是一个英明的企业家使市场交易在企业内部协作化，从而产生了节约市场交易费用的办法。但是，如果这个企业缺乏这种能力，那么将交易费用企业内部化反而不如市场化更能产生效率。这是因为，如果没有具有足够知识能力的企业家的存在，是无法组织与实现科斯意义上的企业的，因而也就无所谓比较交易费用这个制度成本，当然也就更不会产生熊彼特意义上的企业家的创新。熊彼特曾经认为，“寻求新的市场以销售某种既为该市场所不熟悉，同时该市场又从未生产过的物品，乃是企业家利润的一个非常丰富的来源；而在从前，它又曾经是一个非常持久的来源……这也是企业家的行动，实现了一种新的组合……这些人（企业家）只不过是贡献意志和行动，只不过是实现现有的生产要素的新组合的企业家，同样，这里又出现了企业家利润”①。这里，熊彼特所指称的企业家就是一个最先具有市场及生产知识的人，因而才产生了企业利润，而这也是企业在市场中继续下去的重要前提，也是科斯所认为企业这样一种制度模式实现协作的费用相对市场较低的办法。

特别值得注意的是，将知识应用到经济分析之中，也有一个从交易费用为零到交易费用不为零的过程。客观上来说，哈耶克的知识运用于经济增长是无须费用的，因为对于哈耶克来说，由具有不同知识的个体所自发产生的市场秩序是无所谓费用的。哈耶克认为由于每个个体都具有不同知识，这些不同知识的耦合，经济产生出自发的秩序，并要求“我们必须证

① 熊彼特 J. 经济发展理论. 何畏，易家详译. 北京：商务印书馆，1990.

明，一项解决办法究竟是如何通过每个只掌握部分知识的人之间的互动而得以产生的”[①]。哈耶克所指出的掌握部分知识的人的知识，显然并不是所有的知识，对此哈耶克也承认，他认为不同个体只是运用了部分知识而已。那么，这部分知识是什么，为什么足以形成秩序。我们知道，所谓秩序就是规则或者称为制度，哈耶克理论中部分人运用所掌握的部分知识，这些知识实则应该视作自组织知识。现代的经济学者们已经越来越清楚地认识到，即使如哈耶克所阐述的那样，能够形成自发的秩序和扩展的秩序，但是要在既定的秩序中寻找合适的机会却必须支付信息成本，这里已不可能继续忽视制度费用的存在。关于这点，有不少的学者做了论证，这里也就无须提出论证的材料。由于存在着秩序或者可以说成是制度，那么，知识运用于经济增长也就将面临一个交易费用不为零的状态。将这种分析运用于交易费用不为零的经济体系，已经成为知识传统论者的基石。知识传统论者认为，存在知识传统才使一个经济制度得以存在和演进，而把交易费用作为在不完备的知识集合上对可供选择的制度作为选择的机会成本。当然，这个机会成本只是作为制度建立的成本，还不包括制度维持的费用。如果考虑到制度维持的成本，那么即使是运用个人的知识通过耦合形成的制度，或者在既定制度中寻求有利于经济利益的信息，都必须付出更多的费用。

在此，我们可以把作为经济制度费用的交易费用分解成两个方面，即经济制度建立的费用和维持经济制度运行的费用。通过作这样两个方面的分解，可以发现知识传统论者将知识作为一个经济制度进化的基础，就是因为没有将建立经济制度的费用与维持经济制度的费用两个方面区分开来，因而在其经济分析中只有一个交易费用。与此同时，我们还将强调一点，即使不管交易个体处于哪种经济制度环境中，最终所有的经济主体都是一个异质性的主体，关于这点我们已经在前面的章节中进行过专门的论

① 哈耶克 F A. 个人主义与经济秩序. 邓正来译. 北京：北京经济学院出版社，1989.

述。实际上在哈耶克看来，具有不同知识的个体在某种程度上就是异质性的经济主体，因为不同的个体所具有的知识不同。虽然，他竭力想说明的是“扩展秩序，它使所有人的知识得到了最大限度的利用，因此使没有财产的人得到几乎和有产者同样多的利益”[①]的观点，并没有把个体完全区分开来，但是在知识的基础上的个体确实是具有不同性质的个体，而这也是知识耦合的基础。也正因为在制度安排下的各个经济主体具有异质性，因而，在任何一个制度安排下都是具有不同层级的个体，这些个体的自组织知识状况构建出具有亚层次意义上的制度。因此，我们认为由于支付的交易费用的不同而决定了具有不同的知识传统，经济制度的演进就因为这个不同而得以实现的。这点可以通过我国在 1949 年 10 月以后的经济发展历程得到证实。我们都知道的一个历史节点是在 1949 年 10 月中华人民共和国成立，但在这以后的经济发展过程中却可以分为两个截然不同的经济发展阶段，并且以 1978 年开始的改革开放作为分界线。正如大多数学者所认为的那样，改革开放对于经济而言是一种经济制度性的创新，但是这个创新却始发于农村及非公有制经济部分。分析其原因，正在于这两部分经济主体在前一阶段的经济增长过程中处于相对不利的经济地位，或者可以换句话来说，是异质性的经济主体，因而有着对经济制度变革的要求。关于这点，我们在前面已经进行过更为详细的论述，这里只是作为论证部分提出来，以说明制度演进因为具有不同的知识传统而演进。事实上，这种区别于既定制度基础上的知识传统，可以认为由不同的自组织知识构建而成，也意指了在前面章节中我们所阐述的缝隙经济或地下经济问题的原因所在。

第二节　知识传统的性质

将知识引入经济分析起源于奥地利学派，准确地说，滥觞于这个学派

① 哈耶克 F A. 致命的自负. 冯克利等译. 北京：中国社会科学出版社，2000.

的代表人物哈耶克。他揭示了这样一种状态：人类经济活动与文明进步，并不是如新古典经济学所描述的那样，所有的人知道所有的信息。信息在人群中的分布是完全不同的，经济秩序是由具有不同知识的人共同作用的结果。哈耶克是这样认为的，“如今人们逐渐理解了市场是怎样使每个人在规定的限制之内，把他的个人知识用于自己的个人目标。即使他对自己在其中活动的秩序所知甚少”[①]。每个不同的个体拥有的知识不同，因而这些个体肯定是具有不同性质的个体，关于这点已经从前面的章节中得到论述，并且具有这样性质的个体成为舒尔茨意义上的经济人，即人的经济价值由于受教育水平的提高，其知识丰富度不断得到增强的经济人。这样的具有知识不断增长的个体的社会，必然有着对制度不断演进的要求。因此，舒尔茨告诫人们，“人的经济价值的长期显著提高是制度在执行其经济功能时的主要非均衡原因”[②]。这种情况也进一步说明，至少在舒尔茨看来，不存在所谓终极的经济制度。舒尔茨所想指出的是，随着人的知识丰富而不断提高其经济价值，经济价值得到提高使人对制度不断提出新的要求，以推进经济制度不断演进。事实上，这点也蕴含了后面的章节中我们所意指的自组织知识的演进，进而在自组织知识下建构出新的经济微观态均衡，而当这种微观态均衡上升到宏观层面时，就形成了作为经济运行秩序的制度。对此，至少意味着两个方面，一方面，具有不断增长知识的经济主体，由于其自组织知识的进展，因而对经济制度的演进有着更高的要求；另一方面，全部经济主体不断增长的教育水平所引致的人均自组织知识的进展，其本身就会推进制度的不断演进。当然，如果考虑到对自然知识的把握，人类总的知识状况将不断升华其经济价值，从而使经济体系中的人力资本在全要素中的权重得到不断提高，进而更加突出了人的知识的经济作用，使经济在更大程度上体现出个体知识上的均衡，而这也就是

---

① 哈耶克 F A. 致命的自负. 冯克利等译. 北京：中国社会科学出版社，2000.

② 舒尔茨 T W. 制度与人的经济价值的不断提高//科斯 R，阿尔钦 A，诺思 D 等. 财产权利与制度变迁. 刘守英译. 上海：上海人民出版社，1994.

哈耶克所反复强调的具有不同知识的个体所实现的耦合式均衡。

经济均衡状况从本质上可以看做经济在既定制度安排下的经济活动竞争相对静止状态，当经济制度没有出现演进时，经济活动将处于均衡状态，对于这点在其他章节中我们专门指出均衡下的经济增长就是制度性增长，而这个增长率水平所体现出来的就是制度增长率。从这点看来经济制度安排和均衡状态，实质上就是经济从宏观与微观两个着眼点看待同一个问题。这是因为宏观上表现出来的制度运行的状况，也就是在微观上表现的经济主体各种经济活动的相互耦合而实现的均衡，明白这点在后面有关知识传统的论述中就更能清楚地认识到均衡的实质，这个实质就是各个经济主体在既定经济制度安排与结构下的状态。哈耶克是这样阐述知识在经济中的作用的，他认为“均衡关系不能仅从客观事实中推导出现，因为分析人们将做什么只能从他们所知问题开始”[①]。这里的所知问题就是他所拥有的知识程度，这个知识也就是人们在经济活动中进行耦合的知识。举例来说，如果在一个菜市场上进行买菜这个交易活动，甲是在菜市场上卖菜的，乙是来菜市场买菜的，当乙与甲经过多次协商最终成交了蔬菜交易后，乙高兴地提着菜回家了，而甲则高兴地拿着卖菜的钱回家。仔细分析这个交易就会发现，甲和乙的高兴程度不一样。对甲、乙来说，其高兴程度取决于他对于所买蔬菜及市场交易规则的知识拥有度。以甲为例，他所卖出的蔬菜可能是非有机蔬菜，但由于乙对有机蔬菜的知识不足，因而甲将他的蔬菜卖出了有机蔬菜的价格。另外，乙如果是一个非常细心的人，他在购买甲的蔬菜时已经比较过所有的市场这类蔬菜的价格，而他从甲那买来的蔬菜是所有市场中价格最便宜且新鲜度最好的蔬菜。对具备这样知识以后的乙来说，其满意度取决于对市场知识与蔬菜类型的了解。从这些简单的案例分析来看，在进行这类交易时，交易双方所拥有的交易知识就非常重要了。

因此，我们认为人们从事经济活动以及如何使这种活动达到相互均衡

---

① 哈耶克 F A. 个人主义与经济秩序. 邓正来译. 北京：北京经济学院出版社，1989.

共处状态，都将从他们所掌握的关于交易对象及交易规则的知识开始。在得到这样的认识后，“均衡仅仅以人们在试图执行其可能达到均衡的计划的过程中确实获得的知识为基础”[①]就成了必然的结论。就此来说，哈耶克的知识传统论观点，与现实的经济增长和现行的经济理论都具有高度的一致性。这也正如舒尔茨所认为的那样，随着教育的普遍及教育水平的提高，人的经济价值都在不断提高并会继续提高的观点相类似。这些在某种程度上冲淡了原有的对自然性的生产要素的价值的需要，突出了人们所把握知识对于经济运行及经济增长的重要性。人们从事经济活动的主要目的，就是提高其福利程度，而从人力资本经济价值提升的角度上来说，占有自然的资源并不一定会给这些经济主体带来更高的福利。举一个简单的例证来说，一个农场主占有了大量的土地，但如果其生产技术或者生产出来的作物不能适应市场的需要，可能不仅不能提高其福利程度甚至还会降低其福利程度，这种情况在实行市场经济的国家或地区经常可以看见，这或许是一些发达的市场经济国家对农产品进行政策性补贴的一个重要原因。而如果在个体知识越来越丰富的经济体中，由于这些个体知识所耦合形成的经济传统或制度，在很大程度上依赖于土地、矿藏这些自然资源的经济，是很难提高其福利程度的，关于这点在现实的经济活动中可以普遍性地看到。非洲的一些富有钻石的国家，以博茨瓦纳为例，该国钻石产量位居世界第三位，但是这些丰富的钻石储藏并没有带来国家的富足，其中一个很重要的原因在于，在这样一些国家虽然有丰富的储藏，但却严重缺乏具有在国际市场上销售钻石的知识的经销者，因而丰富的自然资源并没有带来这些国家人民福利程度的提高。一个相反的例证可以举证，如 2009 年的金融危机中，掌握了大量金融知识的经济主体曾经主宰华尔街并为交易确立规则的情况那样，并没有受到金融危机的负面影响，相反这些经济主体已经并正在成为极其富有并大幅度改善其福利程度的个体，其原因在于这些

① 哈耶克 F A. 个人主义与经济秩序. 邓正来译. 北京：北京经济学院出版社，1989.

经济主体通过掌握的金融市场方面的知识，通晓金融市场的运行规则相关知识，进而建立了有利于他们盈利的金融运行的制度性安排，这种安排甚至于在金融危机的情况下也并没有降低其盈利及福利程度。在 2009 年的金融危机中，不少企业都破产或面临着破产，全球有不少人经历着福利程度下降，但是这些金融企业高管却仍然获得非常丰厚的收益，其原因正在于前面我们所进行的阐述。

现代经济理论认为，由于信息成本的存在，每个经济主体在从事经济活动时都必须付出相应的成本以获得其所需要的经济信息，特别是支付维持制度费用的个体，获得有利的经济信息需要付出更多的费用。信息经济学就表明了这点，如何获得充分的信息已演化为博弈理论中的囚徒难题。所以，我们赞同哈耶克所提出的均衡建立在知识的基础上，但是也承认即使是建立在知识基础上的均衡或者从宏观来看建立起经济制度，是不得不付出费用的。竭力否定计划经济推崇自由市场经济的哈耶克想指明的是，将不同个体的知识进行耦合就能使社会保持均衡状态。他在自发秩序基础上提出的扩展秩序，就意图指明这种由知识耦合所演化的秩序可以不断扩展，进而在一个更大的范围内实现经济的均衡，并且在这个基础上使他的知识经济理论与新古典主义的均衡学说在一定程度上能够衔接起来。从这些情况来看，充分利用既有的知识是经济制度发挥作用的前提，对此哈耶克非常肯定。他甚至认为在计划、竞争、垄断三种制度中哪一种效率更高，“主要取决于我们可望在哪一种制度下能够更加充分利用现有的知识”[①]。这种切于实际的假设虽然较为完善地解释了经济均衡的原因，但是，在如何保证经济制度演化方面却不免存在缺陷。

我们都知道，知识代代地积累下来，前人行为的均衡及所习得的知识通过教育与模仿变成对后代而言的传统，从而形成我们所说的知识传统。但是，这个知识传统却不可能成为经济制度演进的基础，甚至起着相反的

---

① 哈耶克 F A. 个人主义与经济秩序. 邓正来译. 北京：北京经济学院出版社，1989.

作用。情况应该是这样，在同一经济体内的人群将获得相同或相似的文化传统，如果不考虑个体成长过程中所获得知识的差异，那么具有相同文化传统的个体，必然支持相同的均衡态，这里不可能存在选择。在现实的经济活动中每个经济主体不仅接受知识传统而且接受新知识，从而使经济增长出现不同的形态，而所谓经济制度的不断演进就因为新的自组织知识不断渗入知识传统，并且对知识传统进行否定。对此，阿尔钦有一个非常有趣的论断，他认为制度的演进确实与生物进化相近似，并指出："制度变迁过程中，大多数制度安排都可以从以前的制度结构中继续下来。虽然某个制度结构中的基本特性，在个别制度安排变迁累积到一个临界点时会发生变化，但制度变迁的过程仍类似于一种进化的过程。"[①]这是因为不论制度建立者发生什么样的变化，在一个经济体内部进行经济活动的个体仍然是原经济制度下的个体，而这些个体所具有的自组织知识在一个相对较短的时期内是不会发生大的改变的，所以即使建立起新的制度也仍然是在既定人均自组织知识水平下的制度，新的制度仍然将旧的制度中的相当一部分因素承继下去。因此，作为经济制度的微观特征的均衡，就不是人们最初所掌握的自组织知识，即知识传统基础上达成他们的均衡，而是如刘易斯所指出的那样："一旦制度开始变迁，它们会以一种自动强制实施的方式发生变迁。老的信念和制度在变化，新的信念和制度彼此之间，以及新的信念和制度与相同方向上的未来变迁之间都逐渐变得调和一致。"[②]这里必须注意一个哈耶克所忽略的问题，即经济制度的演进是要付出费用的，否则一个经济制度既不可能创建，也不可能维持下去。我们赞成威廉姆斯关于交易费用是一种制度费用的观点，当具有不同自组织知识的个体将他们的知识耦合而不支出具体制度费用时，一个制度既不会产生也不可能存在下去。所以，林毅夫在谈到制度的演进问题时，也明确提出了"在选择

---

① Alchian A A. Uncertainty，evolution and economic theory. Journal of Economy，1950，（58）：211-222.

② Lewis W A. Theory of Economic Growth. London：George Alien & Urwin，1955.

制度安排费用中还包括组织费用、维持费用以及强制执行这种特殊制度安排所包括的规则的费用”[①]。明白了这点，我们就应该认识到所谓知识传统，实质上就是维护前经济制度安排节约费用的方法及规则。如果知识传统是这样的，那么为什么哈耶克要强调知识传统成为一个经济均衡的重要因素？可以这样认为，知识传统是个体知识耦合中形成的占主流的知识，而这个知识就是后面我们将分析到的关于人的自组织的知识。这些知识实际上赋予了经济以制度结构的特征，是共有的带有心智意义上的对既定制度认可的知识，而随着制度的维持，成为节减交易费用的办法。所以，任何占主流地位的经济主体的一个基本做法，就是在制度建立以后着意构建一个带有共性的知识传统，从而形成对既定经济制度的认可，以达到这样一个效果：“如果选民们对统治者权威的合法性现行制度安排的公平性有较强的确信，那么统治国家的交易费用将下降。”[①]当然，这种情况一经出现，一个制度的维持费用的下降必然使这个制度得以持续更长的时间，这种情况在人类历史上反复出现并且古代国家的统治者们热衷于运用。忠君思想一旦建立，在既定制度下的相当一部分个体都会自愿地维护当前的制度，并从意识的潜层中认可其合法性。

当一个个体形成了这样的自组织知识时，如果按照哈耶克所指出的扩展的自发秩序的原理，那么，在这样一个经济体中逐渐会形成相对稳定的具有忠君特点的由自组织知识构建的知识传统，进而使一个经济体锁定在既定制度环境之中。这里为了进一步阐述清楚，可以以中国古代社会的情况作进一步说明。中国历史上历经了十多个大的王朝的更替，但是不论哪个王朝的更替，也不论新的统治者是如唐朝李渊那样在隋朝就是统治集团的重要一员，还是如明代的朱元璋那样是一个社会最底层的农民，但一旦掌握统治权以后，他们所构建的国家制度，无一例外都是皇权统治下的制

---

① 林毅夫. 关于制度变迁的经济学理论：诱致性变迁与强制性变迁//科斯 R，阿尔钦 A，诺思 D 等. 财产权利与制度变迁. 刘守英译. 上海：上海人民出版社，1994.

度模式，其间虽然有些许的不同，如明朝取消了宰相制度，用内阁制取而代之，但是，都无一例外地将目的设定为维持皇权统治，而且在东亚的其他一些国家也都是将中国的制度模式作为范本进行建构。通过分析出现这种情况的原因，我们认为正在于在缺乏外来自组织知识的情况下，人们只有构建起符合其自组织知识的制度结构，而在中国这个制度结构就是皇权制度。如果要在中国历史上追索其根源，那就是秦代在灭六国以后建立起的郡县制帝国。分析秦国建立郡县制帝国的原因，可以认为那是经过春秋战国数百年时间的百家争鸣，特别是对关于人类自组织知识不断论证的结果，关于这点可以运用很多研究成果进行论证。

知识传统论在一定意义上仍然没有摆脱新古典主义的樊篱，它将经济制度作为既定的存在给定下来，从而使经济在知识传统的基础上接受既定的制度安排，这点也是哈耶克等理论中存在的问题。哈耶克就明确提出了自发秩序产生的可能，并做了大量的论证。同时，还强调了扩展秩序存在，进而展现出这样一幅图景：以自发产生的由自由秩序为代表的资本主义经济制度，就是合理的制度模式，而没有深刻地认识到任何制度都既存在着建立的费用也需要维持的费用，也没有深刻地认识到由自组织知识所映射的制度，必然随着自组织知识变化而变化。我们认可舒尔茨的相关论述，他认为“特定的制度确实至关重要，它们动不动就变化，而且事实上也正在变化着，人们为了提高经济效率和社会福利正试图对不同的制度变迁做出社会选择”①。但是，一个经济体也可能存在制度锁定效应，锁定效应的存在使一个经济体可能出现即使是在一个相对较高的制度费用下，也仍然坚持维持当前的制度现象。这种情况不仅与前面我们例证中说的忠君思想相关，也与后面将深入阐述的制度中获益者存在关系。因此，“诺思经常会问的一个问题是为什么‘无效’的规则或制度仍然存在”②。并且诺

① Schultz T W. Distortion of Agricultural Incentives. Bloomington: Indiana University Press，1979.

② 普雷斯曼 S. 思想者的足迹——五十位重要的西方经济学. 陈海燕，李倩，陈亮译. 南京：江苏人民出版社，2001.

思认为一个社会可能停留在较高交易费用的均衡状态，“一个社会不能发挥出有效的、低成本的契约实施机制，乃是导致历史上的停滞以及当今第三世界不发达的重要原因”[①]。“由于缺乏正式的产权保障，就连那些能产生自我实施型契约的人际关系化交换系统也受到了限制。事实上，第三世界国家中存在的问题，并不仅限于较高的交易费用。在那些国家，决定基本生产结构的制度框架，似乎永远停留在不发达状态。”[②]实际情况确乎如此，从自组织知识角度来看，经济不发达国家往往也是自组织知识积累相对较少或差异化较小的国家，因而，没有形成有利于经济增长的制度环境。对此，科斯等也有着相类似的观点，但是科斯并不认为这样的高交易费用的制度可以长期维持下去。我们认为，这个较高的交易费用就是制度维持费用，当进行这种表述时实际上认可阿姆贝克关于强力界定产权的说法[②]，而不承认所谓最初产权。最初产权是不存在的，任何一种经济制度的构建都是对既定产权的否定和重组。承认最初产权也就是在经济上将前一阶段的均衡态作为知识传统，从而视最初产权为既定存在，也就是视最初经济制度安排以及与此有关的交易费用既定。这样一来，我们将看到一个诺思锁入效应的经济制度，因为在以自组织知识为基础的知识传统之下的经济制度是非演进的。哈耶克所强调知识传统的作用，实际上正是将发达国家的市场经济制度视为不可动摇的经济制度模式，对此，有些批评者认为，哈耶克获得经济学诺贝尔奖的一个很重要原因在于他对市场经济制度的捍卫，而并非由于在经济理论上的贡献。对此，我们并不想做出评论，但至少哈耶克已经看到了知识对经济制度形成的重要作用，并且已经发现每个个体具有不同的知识，但仍然会通过不同知识的耦合而形成经济制度，进而经济有秩序化运行，而这也正是人类文明意义的核心所在。

我们必须认识到，由于有了博弈的均衡或者有了既定的经济制度的安

① 诺思 D C. 制度、制度变迁与经济绩效. 杭行译. 上海：格致出版社，2014.

② 阿姆贝克 J. 加利福来淘金热：一个产权诞生的研究. 经济史探索，1997，2（14）：83-100.

排，才有所谓知识传统。人类发展的历史长河一直如此，一个强大的民族将一个弱小民族兼并，随之建立一个新的制度，而这个制度或称作均衡作为知识传统传继给后人，直至做出新的制度安排为止。林毅夫是这样认为的，“统治者可能不是去创造新的制度安排，而是去维持旧的无效的制度安排并为纯洁意识形态而战，他害怕如果他不这样做，他的权威可能被动摇。因此，新的制度安排往往只有在老的统治者被新的统治者替代以后，才有可能建立”[①]。这里，知识传统不仅没有作为均衡产生的原因，相反知识传统实际上被新的制度安排否定,这也与我们前面所阐述的观点一致。我们做出这样的结论时，实际上是在一个切合实际的论证基础上：不论经济主体处于怎样一个经济制度环境中，各经济主体都是异质的，从而使各经济主体在经济制度环境中具有不同的比较经济地位，经济制度的变更将导致经济主体的经济地位的变更。然而，在进行论述时只是给出了结果，究其原因在于不同经济主体由于缴纳的交易费用不同，前面的章节中我们已经做了较为深入的阐述，这里就不予重述。但是，必须进一步指明的一点是：知识传统虽然不是经济制度产生的前提，但它是经济制度得以维持的前提，而不断产生的知识传统是由于经济制度的演变而产生的，而不是相反。这是因为，当一个经济体处于均衡状态以后，这个经济体将在一定层面保持相对稳定,而这种稳定态的出现可以视为对既定制度安排的认可，形成这种认可的自组织知识将成为一个新的知识传统，直到新的知识传统在这个层面出现，才可能使经济在这个层面呈现出渐进的不均衡状况。而一旦新的自组织知识在这个层面占主导地位，经济体在这个层面就将形成新的均衡，并将这个新的占主导地位的自组织知识作为知识传统，并在维持经济稳定态中发挥作用,使经济体在这个层面呈现出一个时期的稳定态。

---

① 林毅夫. 关于制度变迁的经济学理论：诱致性变迁与强制性变迁//科斯 R，阿尔钦 A，诺思 D 等. 财产权利与制度变迁. 刘守英译. 上海：上海人民出版社，1994.

第三节 自组织知识的价值

不同的交易主体具有不同的自组织知识结构，这种不同的知识结构主要来源于教育。按照人力资源学说的观点，教育的目的不仅在于传授知识，更为重要的是传授纪律观念，后者可能更为重要。纪律观念既与制度的形成有关，同时也与组织作用的实现有关，特别是在现代市场交易中，个体知识丰富度可能直接影响其组织生产及交易的能力，影响其在生产与交易后的福利改善，也影响到其在既定制度的条件下接受制度安排进行生产与交易的可能性。这也就是说，由于教育所产生的自组织知识可能在生产与交易中起着基础性作用，对此，贝克尔认为，“知识的扩张和协调成本的降低似乎是目前为止更为基础的力量”[①]。但是，在贝克尔的论述中并没有对知识的构成进行区分，而是比较笼统地将知识作为一个整体进行论述，这点也是大多数主流经济学者的基本做法。我们认为，知识在经济中的基础性作用更大程度上体现为自组织知识的作用，因为，在知识的整个构成中这部分知识决定着其他知识在经济中的运用，也正在这个层面上体现出在经济增长中自组织知识的价值。

相关的研究已经非常明确地表明，具有不同教育程度的经济主体年收入状况有很大的不同。从全球范围来看，无论哪个国家或地区的总的趋势都是受教育程度越高，年平均收入水平越高，这种情况与舒尔茨所认为的人的经济价值在提高的思想相一致。就人们受教育的情况进行分析，将会看到的情况是，不断提高的教育水平，不仅提高了人的专业化水平（这可以看做人关于自然知识水平的一个方面），而且提高了人的自组织能力（这可以看做人关于自组织知识水平的一个方面），这两个能力构成人力资本。因此，如果说人力资本在整个经济中的价值在不断提升，那么，就不能不说明自组织知识在经济中的价值所在。根据亚当·斯密关于市场分工的思

① 贝克尔 G. 人力资本. 陈耿宣译. 北京：机械工业出版社，2016.

想，专业化水平的提高有利于发挥市场的作用，通过市场交易实现其专业化的经济价值。但是，必须指出的是专业化价值的实现肯定是在认可专业化分工的制度结构下形成的，这点也是科斯所指出的关于交易费用的相关理论所蕴含的意思。而根据科斯的关于企业性质的思想，协调能力的提高，可以利用组织企业的功能，通过协调各个科层的作用，实现其经济价值，而这也正是人们关于自组织知识的提升所致。但是，归结起来不论哪种情况，都可以归因于人的知识存量的提高。同时，由于目前在数据上的缺乏，我们还不能对自组织知识的总体情况进行分析，但是，基本的方向可以这样进行思考，即将教育体系中涉及制度性的知识进行归纳，如可以将学习哲学、管理等方面知识的学习时间，作为衡量自组织知识可能在个体中累积的数值，但是，这仍然需要较多的时间去分析各个层级教育的情况。一个比较好的情况是当今在相当一部分国家或地区，大部分人的成长都接受了幼儿园开始的相对系统的教育，这样就可以对这些个体所接受的自组织知识状况进行分析，同时，又可以从这些教育状况中分析出个体的差异性，这些都由以后的工作去进行实证性分析。但有一点比较肯定，就是在相同国家或地区的人们受教育的总体趋势是相当的，因此，也可以从整体受教育情况进行分析，本节就采用了该办法。根据世界银行的相关数据，我们可以从部分国家得出教育与收入之间关系的曲线图进行说明（图 6-1~图 6-3）。

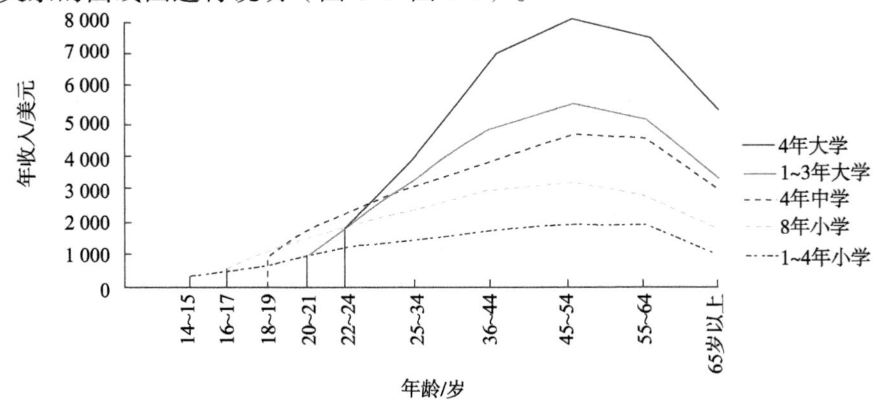

图 6-1　美国受不同层次教育的劳力的年龄-收入关系图

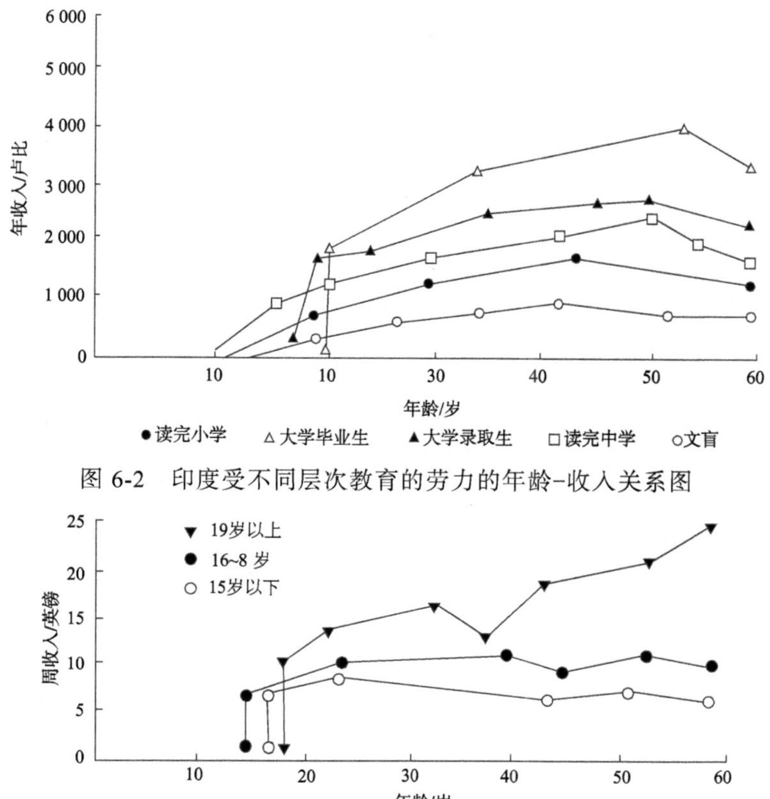

图 6-2　印度受不同层次教育的劳力的年龄-收入关系图

图 6-3　英国不同学业年龄女工的每周平均收入

从图 6-1~图 6-3 中，可以非常清楚地看到受教育水平与收入之间，存在明显的正相关。这里还没有从专业角度进行考虑，如果将专业纳入研究的视野将会发现，具有丰富知识的个体不仅在交易过程中是前面章节中所指明的异质性的交易主体，同时还在一定层面上创建出有利于自己交易的制度安排。这里可以举证说明，正如前面我们所举证的 2009 年金融危机中华尔街的情况，专业化非常强的华尔街的金融人士，实际上已经创造了一个有利于其获利的制度环境。仔细考察在金融危机中的情况，就会发现在大部分经济主体都受到损失的情况下，这些金融专业人士却获得较高的收益，这些事实说明，华尔街已经在制度层面上构建起了有利于金融专业化个体的环境。在有利于专业化人员的制度安排下，不管是否出现金融危机，这些专业化人员都可能获取在制度约束下的利益。对此，皮凯蒂认为，“为了理解工资不平等的动态演变，我们必须引入其他因素，如支配不同社会劳动力市场运行的制度和规则。与其他市场相比，劳动力市场在更大程度上不是一个全部由自然不变的机制和生硬的技术力量决定的抽象数学概念，而是一个建立在具体规则和妥协基础上的社会性架构"[①]。显然，皮凯蒂已经看到了劳动力具有的独特特性，劳动的工资不仅受既定制度环境的影响，而且劳动力本身就在构建制度或规则。这里，我们赞同皮凯蒂的观点，认为随着教育水平的不断提高，提升的人力资本不仅是一种资源，可能更重要的是一种自组织因素并在当前和未来的经济增长中起着制度化作用。如果交易双方形成了制度层面的差异性，特别是必须被动缴纳制度费用的一方不得不缴纳过高的交易费用时，那么，在交易过程中双方的收益的差异性就可想而知了。特别是在哈耶克所认为的自发秩序与扩展秩序演进的过程中，自组织知识具有非常明确的差异性，因为在所有个体的自组织知识进行耦合最终形成制度的过程中，虽然相互之间存在着互补性，但是，就自组织知识平均水平所衡量的制度来说，却都存在相对应的差异性，而正是由于这种差异性才构建为经济增长所依赖的经济制度的演进，这也成为自组织知识价值的另外一个方面，即自组织知识的价值不仅在于建构制度，而且在于促进制度的演进。但是，在经济体的亚层面却有着不同，越是在空间与时间上联系紧密的个体越具有共性的自组织知识，因而构建这个层面制度的知识将更具有趋同性，这样，我们将会发现一个与哈耶克不同的制度建构过程。

对于任意一个经济体来说，随着自组织知识的演进，经济体可能不断扩展。关于这点可以找到一些论证，如贝克尔就发现："随着人力资本和知识技术的增长，团队规模会更大。"[②]分析贝克尔的观点，就会发现人力资本的增长如果仅仅就技术方面而言，是不大可能会实行团队规模扩展的，因为对于任何规模的团队都只能是在制度框架下的，都是按照一定规

---

① 皮凯蒂 T. 21世纪资本论. 巴曙松等译. 北京：中信出版社，2014.

② 贝克尔 G. 人力资本. 陈耿宣译. 北京：机械工业出版社，2016.

则运行的，如果离开了规则则无所谓团队。对此，只要在现实的教育方面就可以看到，个体技术知识的增长并不会促进群体范围的扩大，甚至有时会出现相反的情况，如受到技术性训练程度越高的个体越不倾向于形成紧密的团体，甚至于根本不参与团体。但是，随着自组织知识的扩展，却可以得出群体规模扩大的结果，关于这点只要考察一下中国古代史就可以发现。大量文献表明，中国古代形成区域广大的国家模式，很大程度上得益于有较高的自组织知识水平。例如，在中国古代时期国家的组织模式是非常有效的，这可能也是世界上古代四大文明中中华文明唯一持续不断留存至今的重要原因。正出于对各个朝代正统地位的认可，使之成为知识传统被传递，而这种传递正是在自组织知识丰富度的基础上产生的。在前面的章节中已经指出，不断演进的自组织知识可以归结为两点，即自组织知识存量的增长和方差的产生,也就是容纳一定程度上相异性个体的经济制度，会形成一个更大规模的交易制度体系。对此，也可以在国际交易发展历史中得到验证。这里，仅举一个例子作为佐证。14 世纪汉萨同盟兴盛时期，加盟城市最多达到 160 个，同盟在西起伦敦，东至诺夫哥罗德的广大沿海地区的城市建立起同盟关系，有力地促进了当时地区性国际贸易的发展。但是，同盟的各个城市却都是具有相对自主权的城市，这些城市在政治、经济、文化等方面的差异性并没有限制同盟的存在，反而促进了汉萨同盟的发展，关于这点在当今世界经济一体化过程中也可以观察到。对此，正如奥尔森所得出的结论,他认为越是大的集团越不可能会注意成员的利益，其原因在于广泛存在着具有差异性自组织知识的个体，但是尽管如此，在团体内的个体都对团体的存在与续存广泛认可，这种认可最终以制度的方式体现出来，从而推进经济增长，使制度约束下的经济能够不断支付出制度维持的费用。这点正如诺思所说：“制度在社会中具有更为基础性的作用，它们是长期决定经济绩效的根本因素。”[①]关于这点马克思的分析可

① 诺思 D C. 制度、制度变迁与经济绩效. 杭行译. 上海：格致出版社，2014.

以说更为有力，并为其后的交易理论提供了分析的模式，从而使新古典主义所认为的达到均衡过程的零交易费用理论被摒弃，最终导致制度成本理论和交易费用学说得以建立，而这点也正是哈耶克所忽视的。所以将哈耶克的自由秩序、扩展秩序相关理论，与诺思等的新制度理论结合起来，就会对自组织知识的价值有更为清楚的认识。因为，虽然哈耶克注重知识在经济增长中的作用，认可知识耦合的观点，但并没有在此基础上深入研究。而诺思虽然提出了制度在经济增长中的基础性作用，而又没有对制度形成的原因做出更为深入的研究，因而诺思的制度实际上是一个黑箱。结合哈耶克和诺思的理论，在推出自组织知识概念的情况下，会发现由自组织知识所引致的知识耦合，产生了哈耶克意义上的秩序，而这个秩序在落实到经济增长环境时，就会成为制度结构的构建要素，从而形成了从自组织知识到制度的逻辑线路。

分析李嘉图式的劳动交换将发现其中蕴含了这样一个观点：劳动交换双方由于处于相对有利于资本家的交易规则中，劳动者不得不接受低于劳动所创造价值的工资，而这种安排往往对交易一方是有利的。布坎南认为一种制度安排有利于作为制度的制定者，这个制定者即为统治者。他说，“在人数众多的复杂社会里有必要把成员看做好像他们都不自愿将其行为限制在互制内”[①]，而是在一种各方所承认的制度中作为接受者存在，“他们将是统治者从外部强制实施的”[①]。诺思在指出制度环境和制度安排时也提出了相同的看法，但是诺思在分析该问题时做了相对细化的阐述。他认为正由于如此，制度本身是进化的，一种更有效的制度代替相对无效的制度将成为经济发展的最终源泉。因此，只要经济在发展，制度的演进将不断发生，这也和我们在后面的章节中提出的将福利改善作为制度演进的标准的观点相一致。更进一步的分析是，由于交易双方至少有一方不满于既定经济制度的安排，因而有制度变革的要求，而这种要求又反证了交易

① 布坎南 J M. 自由. 市场和国家. 吴良健，桑伍译. 北京：北京经济学院出版社，1988.

双方至少有一方对既定交易制度安排下的交易不满意，即非均衡态的出现。最终，我们可以将该非均衡状态的形成落实在交易主体的异质性上，并由此促进了制度进化。这里的原因是在同一交易规则中的双方之所以出现对交易结果不满意，是因为交易双方存在相对差异性，而正是这种差异性的进展，推动了制度的不断演进，进而推动了如贝克尔所称的团队规模的扩大，或者换句话说，即在差异性的自组织知识的前提下，在既定制度的约束下的人群数量的增多，或者还可以称为国家的成立与强大。

第四节　经济制度的费用

我们将一个经济制度存在下去的原因归结为存在持续地赞同该制度的费用。该费用事实上可以分解为两个方面：其一，该制度安排的主动构建者支出的费用。经济制度主动赞成者在一定意义上就是该经济制度的创建者，即知识传统的创建者。这些知识传统的创建者由于在既定的经济制度中处于有利地位，因此将当期经济制度作为知识传统，从而降低维持该经济制度的费用。其二，被动维持者所支付的费用。当经济主体在支付该费用时，实际上就在接受知识传统，而这个知识传统就是通过不断支付的交易费用体现出来的。做了这样的区分后，市场既不是新古典主义所认为的既定不变的存在，也不是奥地利学派所指明的过程，而是两者的结合。之所以这样认为，是因为所谓市场就是在既定经济制度下交易的总称，而该经济制度的创建和继续存在，就是作为基于自组织知识的知识传统的经济制度约束下的市场的存在和持续，就存在来说就是一个结果，就持续来说就是一个过程。这是因为不论是奥地利学派所指称的交换经济突出交易过程，还是新古典主义所指称的市场经济突出交易结果，都可以归纳到知识传统下的制度以及自组织知识演进中的制度创新。

中国经济体制改革是一种制度创新已经为大多数学者所认可，从公共选择理论中我们将发现中国改革首先发生于农村的根本原因，在于农业部门是传统制度安排下处于不利地位的经济主体，因此，该经济主体有最强烈的制度变革的要求。接着发生的城市经济体制改革对即将出现的对制度创新持赞成态度者主要集中在私营、外资等性质的经济主体中，并且由于他们是在新的制度安排下大规模出现的，而成为主要获利者。这点至少表明，这一类的经济主体是完全享受到交易过程中的既定制度安排利益的。必须指出的是，中国经济体制改革并非完全是社会博弈的结果，相当程度上依赖于政府，因此，存在的问题是作为一种制度创新，在确定新的制度安排以及维持该经济制度的过程中，制度成本以及交易费用由哪些经济主体来支付。在进行了上述分析以后情况就十分清楚，该制度成本以及维持费用由政府承担。而从政府职能来看，虽然发挥了协调功能，但政府是不生产价值的，因此，这些制度成本最终还是要落实到经济主体身上。在改革开放相当长的一个时期，这些经济主体主要是国有经济。国有经济承担了改革过程中制度创新的成本,并不断支付着维持该制度安排的交易费用。进一步的经济体制改革中，国有经济仍在缴纳这些费用和承担制度成本。随着改革开放的进行，国有经济已经从传统经济体制下受益的相对有利地位下降为相对无利的地位，使国有经济处于交易过程均衡的被动方。

经济体制改革前中期十分突出的特征是私有、外资企业享受了十分优惠的经济政策，这些政策从制度安排的角度来看意味着该类性质的企业为维持制度安排的存在仅缴纳了相对较低的费用，而绝大多数费用由国有经济承担。例如，1993 年独立核算国有大中型企业在整个社会经济中价值仅占 47%左右，但上缴的利税却高达 65%左右，按盈亏两个方面计算，国有经济相比较其他性质的经济多上缴了 36%的利税。从这些分析来看，国有经济承担了远超过它应缴纳的维持市场经济新的制度安排的费用。显然，在进行经济变革时中国经济出现新的均衡根本不可能在传统经济的基础上所习得的知识传统基础上形成，相反，固执地抱有知识传统的经济主体必将被逐出新的均衡态，这点已由中国经济发展的事实所证明。

经济主体在接受和不接受知识传统中做出选择表明，退出当前交易的经济主体在既定的交易规划中处于相对不利地位，或者可以这样认为，该经济主体没有或较少地缴纳了造成既定经济制度安排的费用，当这种情况普遍化后，必将导致该经济制度的消亡。曼库尔·奥尔森在分析集团的作用时，已经明确指出了所有的集团都是为了自身利益的存在，当分利集团为了争取自身利益而左右政策时，实际上也就在为构建有利于自身利益的制度环境而努力，正如在现实的政治经济决策过程中这些大大小小的利益集团都在左右着政策的走向，他认为："分利集团的增多会提高管制的复杂性、政府的作用和惯例的复杂性，并且会改变社会演进的方向。"[①]也就是在既定制度结构下利益集团会推进制度安排朝向有利于自己的方向，因此，在现实的经济社会中可以看到不断扩大的政府，就是因为在利益集团所左右的政策下实际已经形成了具有规则意义的新的制度安排，而这个新的制度安排相对于原有的制度来说，就可以看做原有的制度的退化。分析到这里我们已经明白了这样一点，科斯虽然没有说明到底哪些力量决定交易费用，但是这并不重要，重要的是在交易费用不为零的情况下由谁来支付该费用，而支付费用不同的经济主体在既定的经济制度安排中是性质不同的交易主体，而接受或不接受知识传统就是在既定经济制度中不同的交易主体。

新近的一些研究还表明，一个经济体极有可能被锁定在非最优化状态，其基本依据是存在经济发展的轨迹依赖，而这种轨迹依赖事实上正是由于经济制度安排的持续性。这种持续性从本质上说仍然作为既定制度安排的知识传统，在一种非均衡的交易中由于不赞成这个知识传统的经济主体支付的交易费用而维持下去。找出这种非均衡的微观基础是必然的，我们可以用纳什均衡来解决这个问题，纳什均衡概指了当一方已经做了优化选择时，另一方只可能在这个前提下做出自己的选择。显然，将最初的选择视

① 奥尔森 M. 国家兴衰起源. 吕应中等译. 北京：商务印书馆，1993.

为融合了对交易制度的选择是恰当的。这样，在交易双方中后者必须放弃他认为的最优化，而只能做出在制度安排下的次优选择，这种选择就是接受经济主体所不赞成的知识传统，这也是诺思提出相关问题的一个解释。显然，这不是均衡理论中所指明的交易双方的最优化。而按照一般均衡理论，我们将发现这种被锁定的非最优化正说明非均衡是常态，该常态为在既定制度下，任何交易主体只可能在制度安排的前提下接受既定的知识传统，并且有经济制度进化的要求。对这些论述的最后结论是：经济主体是异质的，这种异质性表现为经济主体在既定的经济制度下的非均衡性，而非均衡性体现在各经济主体承担的制度费用的不同上，以及接受或不接受知识传统上。但是，不管接受与不接受知识传统，经济制度的进化都不可能发生在知识传统的基础上，相反是在具有不同自组织知识的经济主体的推进下，而不断发生演进。

第七章
自组织知识的基础性作用

第一节　经济增长的根本因素

经济增长是各国各地区普遍追求的目标,也是经济学着力解决的问题。不论是早期的托马斯·孟、威廉·配第，还是现代凯恩斯、卢卡斯、罗默等，在其经济理论中都聚焦于经济增长。经济学的发展大体上都是按照这样的思路展开，从重农主义强调土地的作用到重商主义强调市场贸易的作用，以及古典主义和新古典主义强调包括土地在内的各类生产资料和发挥市场效率等，直至人力资本理论、新制度理论的产生。凡此种种，都展示出这样一幅图景：人们在分析经济增长以及提出经济增长理论时，越来越多地把各类相关要素纳入经济增长分析之中，并着力厘清各要素的内在关系，从而指明对发展以及现实经济活动中起重要作用的各因素的作用及其存在的原因，进而推动了经济理论的发展。在此基础上，经济学在演进过程中根据各个不同时期经济增长的要求，提出各种不相同的经济政策，如有的强调贸易在经济增长中的至高无上的地位，有的强调比较资源禀赋的作用,有的归源于无为而治,有的着力在经济增长中注入新的要素，等等。这些在实质上都提高了人们把握经济增长的能力，从而使经济制度体现的确定性提高。

但是，一个比较明显的问题却没有引起人们的足够重视，人之所成为经济活动的主体，以及在一定程度上成为掌握经济活动均衡发展的根本原因，在于人区别于其他物种而具有智能生命的特质。换句话说，就是人类具有了通过丰富自身的知识，进而提高了掌握经济活动的能力，关于这点正如穆勒所强调的那样，“决定社会劳动生产力的第三个要素，是社会拥有的技能和知识”[①]，这对于个体来说也是相类似的。正是教育使人的知识和技能得到不断提高，而不断提高的人力资本本身又为经济增长增加了要素来源。同时，不断提升的教育水平增加了整个人类的知识水平，当然也肯定会增加人类的自组织知识水平，如近现代所发明的非人格化交易、企业组织结构、贸易同盟、民主政治、宪政结构等，对此，穆勒也有着相关的论述，他认为“伴随着社会进步而将发生的最确定无疑的事情，是合作原则和实践的不断发展”[①]使人类的制度化越来越得到大幅度提高的同时，也使人类整体福利状况得到了根本性的改善。因此，即使在人类守着地球这同一个资源时，利用各种要素的能力也会有极大的不同，而所有这些都根源于人类知识的进展，而最为根本的在于人类自组织知识的进展，这是因为今天人类为了改善福利程度的需要，已经组建了前所未有的各类制度，当然也包括了经济制度，从而人类的各类经济社会行为纳入了规则化的轨道。也正因为这样，在此基础上人类形成了有利开拓和利用自然资源的能力，这是我们推进经济增长的根本，但是这点却在很大程度上被主流经济学所忽视。

那么，为什么主流经济学者经常忽视了这点，要么根本无视人类自组织知识的进展,要么将自组织知识独立于经济增长之外形成所谓的组织学，甚至于有些对自组织知识放任自流，认为经济增长有其内在的秩序，如哈耶克等自由主义经济学家所奉行的那样，认为由众多经济主体自发产生的秩序是经济增长的最主要保证。当然，这些经济学者们都有其各自的理由，并且也能够在现实的经济增长中找到能够印证的实例，同时也符合现代经济增长的一些制度化条件。但是，一个最为根本的问题是根本不认可经济增长与人的知识有着极为密切的关系，当然也就更不会认可知识就是经济

---

① 穆勒 J. 政治经济学原理（下卷）. 胡企林，朱泱译. 北京：商务印书馆，1991.

增长非常重要的来源。我们都知道，按照希克斯在《经济史理论》中所论述的那样，习俗经济是最早的经济形态，但是，根据经济增长的相关知识，如果没有相对大规模的生产，就不可能出现经济增长；或者可以用另外一种方式来说，就是如果人类没有摆脱狩猎以及找寻食物的状况，纯粹只是企盼自然界给予更多的野生动物和野生的果实、种子的状况，那么，人类对于自己所赖以生存的资源只有一个办法，就是祈求上天的帮助。事实上，越是在人类的早期阶段，越是依赖于对上天的祈求。例如，在殷墟和周原发掘出的甲骨文中，都经常记载着对上天的祈求事件。分析其原因十分简单，当人类没有将自身的知识加之于自然界时，是无所谓经济增长的。从历史的演进来看，要实现经济增长必须得先有经济。而经济最先出现应为定居农业的产生，当然也有早期豢养家畜。而掌握必要的农业技术和家畜豢养技术，可能是最早期经济增长一个很重要的原因，也就是说，人类这方面的知识得到进展，才有可能出现最早期的经济增长的要求。当然，也有学者对此有不同的看法，认为“古人已经以营畜经济为主，采集-渔猎经济退居于次要地位；新时代畜牧经济全盛并开始向农业经济转化”[①]。但是，如果我们看一下现代，如中国的内蒙古等地的畜牧业状况，就会明白各地产业不同主要缘于自然资源及人口状况。但是，有一点是肯定的，不论哪种产业所引导的经济增长，都根源于对该产业的知识的积累以及与该产业相关的人的活动的自组织结构，由此才产生经济增长。

关于自组织结构问题，只要看一下直到现代还在美洲丛林中生存并保存其传统的部落的情况，就可以直观地得出一些结论，当然也可以从一些研究的经典中得到启发。摩尔根在《古代社会》一书中就开宗明义地提出：“人类是从发展阶梯的底层开始迈步，通过经验知识的缓慢积累，才从蒙昧社会上升到文明社会的。”[②]据此，我们认为人的知识的进展，才是经

---

① 余也非. 中国古代经济史. 重庆：重庆出版社，1991.

② 摩尔根 L H. 古代社会. 杨东莼等译. 北京：商务印书馆，2012.

济增长的重要因素，这点也与舒尔茨等的观点相近。人类的知识结构，尤其重要的是关于自组织的知识的演进，才有可能实现对人群的有秩序的运用，也才可能出现制度下的经济增长。我们都知道的一个事实是，当自组织知识水平低的民族侵占先进民族时，往往出现大规模的杀戮，分析其原因固然是多方面的，但是，不知道如何对更为先进的民族进行有效统治是一个重要原因，或者用一句经济学的用语就是无法在更多的人群中建立有效制度来推进经济增长，关于这点在各国史料中都有很多的记载。

第二节　增长理论的反思

如果说各种增长理论中涉及知识的作用，大体都意指了技术知识对经济增长的作用。不论是李嘉图传统上的经济增长，强调资本有机构成的提高，还是马歇尔传统上的新古典主义增长，强调各要素的局部均衡，最终都只是把知识对经济增长的作用局限于技术知识的作用。当前，作为通常意义上的知识对经济的作用也总是和技术知识紧密关联，人们在研究知识对经济发展的作用时大都指称技术知识在推动经济增长中的作用，如往往将信息技术作为知识对经济发展的作用的典型代表。这种认识的主要原因在于，人们在定量上确定知识在经济中作用的经济增长分析，以及经济增长分析中的新古典主义因素。人类的知识不论怎样区分，基本上可以概括为关于自然的知识和关于人类自身的知识，前者是人类探知自然的技术性知识，而后者是关于人类自我组织的知识，而从经济增长来看，后者直接影响到经济制度的形成和有效性[①]。新古典主义的一个最基本特征，是在经济分析中不太注重制度对经济的影响，将经济制度视为经济增长的外生因素。而李嘉图传统的增长虽然涉及制度因素，但是并没有从知识的角度进行这方面的分析，关于这点在前面章节的分析中已经指出。事实上，我

① 张尚毅. 从知识传统到交易费用的支付. 探索，1998，（1）：81-84.

们从经济增长理论的基本发展思路可以看到这点。在李嘉图的经济增长分析中，非常突出地将劳动作为一个重要因素，认为“随着社会的进步，劳动的自然价格总有上涨的趋势”①。劳动价格上涨，实际上表明劳动的资源在经济增长中的重要性提高，这在一定程度上也就是强调了人在经济增长中的主导作用。从逻辑上看这种作用的推广，在一定程度上使人成为经济价值的唯一因素，因而才发展出李嘉图具有特色的劳动价值理论。如果，我们将视点落到李嘉图的劳动价值理论中的劳动提供方来看，就会发现劳动本身具有了知识的特点，因为在不同的经济增长中劳动的作用及要求是不一样的，不一样的劳动需求本身就蕴含对劳动者的知识的要求。关于这点，也可以从现实的经济增长中得到启示。不仅脑力劳动中含有知识的成分，体力劳动中也同样蕴含了知识的成分。马克斯·H.博伊索特曾这样论述到，对于安装一套德国生产的设备时，德国的工程师会按照说明顺利进行安装，但是一个引进这套设备的伊拉克工程师却无法进行安装，究其原因虽然博伊索特做出了解释，但是真正的原因应该是德国的工程师具备了这套设备的基本知识框架。因此，我们认为不论是李嘉图的劳动成本理论还是新古典理论，当将视点落脚到人类自身时，实质上应归因于知识。甚至于博伊索特认为“知识和知识资产必须被看做至少部分存在于这样的人类主体之外，并存在于他们用以维持其数据处理活动的组织后盾和制品之中”②。也就是说，在经济增长中，除了人类自身是知识的载体外，在人类的制度及组织体系中也体现了知识的作用，这点也与我们所认为的制度就是自组织知识的映射的观点相类似。虽然，博伊索特没有明确提出这点，但是，从其一系列表述中已经感知到了制度应回归于知识。

随着经济增长以及人们对经济增长的要求的变化，经济增长理论也有

---

① 斯拉法 P. 李嘉图著作和通信集——政治经济学及赋税原理. 郭大力，王亚南译. 北京：商务印书馆，1981.

② 博伊索特 M H. 知识资产——在信息经济中赢得竞争优势. 张群群，陈北译. 上海：上海人民出版社，2005.

着很大的变化，从重农主义到重商主义等无不如此。现代经济增长理论源于哈罗德和多马的经济增长理论，在他们的经济增长模型中，通过假定技术等经济变量不发生改变，从资本和储蓄的相互关系引出经济增长模型，从而推出一个经济最优增长路径，并以此提出经济增长的制约因素。作为新古典主义的继承者哈罗德等在其模型中，沿袭了新古典主义传统，将经济增长直接与资本投入联系起来，并且将储蓄作为资本的来源，指出经济增长主要取决于资本的投入量，但这只是从一个方面论证了经济增长的因素。新古典主义增长模型的发展，产生了以索洛模型为代表的新的经济增长模型。索洛模型以定量分析的方法，通过引入技术变量，在哈罗德等基础上进行了新的理论创新，并推导出他的经济增长模型。在他的经济增长模型中引入劳动、技术等变量，从而使经济增长不仅和资本而且和劳动、技术的变化联系起来[①]。从这些情况来看，新古典主义经济增长模型中比较强调资本、劳动、技术等经济变量对经济发展的贡献，而将经济制度等经济变量依然排除在经济增长分析之外。经济增长理论自引进技术这个变量，实质上就在一定程度上将知识引入经济分析中，因为所谓的技术就是人类把握关于自然知识的结果，是在对自然知识准确把握的基础上对自然资源进行有效利用的技能。正如前面我们所指出的那样，人类关于自然知识的成果体现为技术知识的掌握，因而，新古典主义传统的经济增长理论有可能从定量的角度论述知识、技术等经济变量对经济的贡献度，也就为将知识这一与经济增长密切相关的因素纳入经济增长分析打下基础。通过对技术变量的经济分析，指出知识在技术进步中的作用就可以比较明确地提出知识对经济的作用程度。经济学家正是通过这种方法得出知识对经济增长的论断。例如，丹尼森曾估算出美国 1948~1973 年经济增长的作用中，有 28%左右归因于知识的进展[②]，虽然有的学者对此估算并不完全认同，

① 索洛 R M. 增长理论：一种说明. 王恩冕，沈晓明译. 北京：华夏出版社，1988.

② 索洛 R M. 经济增长因素分析. 史清琪译. 北京：商务印书馆，1957.

但这些关于知识对经济增长相关作用的论述，引起了人们对知识作用于经济的重视，一些学者也逐渐将知识纳入经济增长的分析之中，从而使知识在经济增长中由外生变量而内生化。

知识在经济增长中的重要性被人们发现，虽然得益于现实的经济发展，但是作为一个明确指导经济发展的极为重要的要素却仍然取决于经济学的发展。经济学的发展使人们可以用定量方法分析出技术对经济的具体贡献，丁伯根是滥觞者，成为计量经济学的奠基者，首先提出了宏观动态计量模型，以联立差分议程来表示宏观动态模型，以此进行经济周期分析。索洛在这方面做出的杰出贡献是，通过设立和技术有关的规模变量，进而分析出一个技术进步对经济的贡献系数。经过索洛的努力，经济增长理论进入了一个技术变化的世界，从而也进入了一个知识变化的世界。正如大多数经济理论一样，通过实际经济数据引入增长模型，进而推导出各个变量对经济的贡献度，是一个在数理上有说服力的方法，正如马克思所指出的那样“一门科学只有在它成功运用数学时，才算达到了真正完美的地步”[①]。经济学也正因为大幅度地运用数学成果，从而其成为社会科学中最接近数学的科学，也正因此经济增长才得以在一定程度上为人类所掌控。索洛正是这样工作的，他通过对美国 1909~1940 年经济发展有关数据的计算，估算出美国平均增长率中技术进步的作用约占 51%，而对 1909~1949 年 40 年间美国非农部门有关数据进行计算，这个比例提高至 87.5%，并且在这 40 年中后半部分的技术进步率约为前半部分的 5.83 倍[①]。这些实际数据不仅为验证技术对经济发展的贡献提供了十分坚固的基础，而且也说明了随着经济发展，技术对经济的作用越来越大。在这里，我们可以回顾一下舒尔茨有关人力资本在经济增长中的价值的观点，正因为人对自然知识与自组织知识的把握越来越确定，因而在经济增长中体现出技术的作用，而这实质上就是在制度约束下的技术知识的作用。

① 拉法格 B. 回忆马克思. 马集译. 北京：人民出版社，1957.

然而，将知识明确引入经济理论的是保罗·罗默。罗默所提出的新经济增长理论，进一步从技术分解出知识对经济增长的重要性。与索洛不同的是，罗默的经济增长理论不仅使经济分析能预测经济的长期趋势，而且可以将经济的短期变化预测出来，从而能更准确地测量知识对经济增长的贡献，并进而指明经济增长率不依赖于劳动力的增长，认为“在缺乏技术进步的条件下，人均产出将收敛于没有人均增长的稳态”[①]，进而提高人们对知识在经济发展中的作用的认识。经济学中经济增长理论的发展，向我们提示了这样一个递进式的逻辑关系，即经济发展和经济理论相一致，而经济理论又往往超越经济发展，给经济发展以指导，而这一切都源于人类关于经济增长相关知识的进展。经济增长理论虽然阐明了各种生产要素在经济中的作用，但是，经济增长理论有关知识在经济增长中的作用，主要强调了技术知识在经济中的作用，而没有较为普遍地指明各类知识特别是人类关于自身的知识在经济中的作用，因此，也就无法说明为什么知识在一些经济中的作用较强，而在另一些经济中的作用相对较弱。当然，更无法回答以技术为主的经济增长发生在一些国家或地区，而不发生在其他国家或地区。由此，给我们提出这样一个问题，要将知识真正引入经济发展，不能仅从技术知识方面着手，而且要将人类关于自身的知识纳入经济增长的分析之中，我们也将通过这些方面进行分析，进而给出经济增长中人类关于自然和自身两个方面知识的进展对经济增长的意义所在。当然，由于新古典主义传统在技术知识方面做了比较系统的论述，我们将着重分析人类关于自身知识对经济增长的影响，并且将此作为经济增长的基础。

① Romer P M. Increasing，return and long-run growth. Journal of Political Economy，1986，94(5)：1002-1037.

第三节　经济增长的知识基础

一般而言，经济发展是人类知识普遍发展的结果，人类关于自然和自身的知识逐步深化的过程，也就是经济发展随之加快的过程。通过经济学一般理论的认识，都会清楚地知道如果没有米勒等对贸易理论的深化，就可能没有全球一体的发展；如果说没有凯恩斯的相关经济理论的发展，就很难有对经济发展的宏观调控；如果没有新制度经济理论，就没有对经济发展制度环境的认识；等等。经济增长理论不仅要解决资本、劳动、技术等各要素对经济的贡献，而且要指出各生产要素保持稳定态的可能性，以及经济增长的路径选择。但是，由于主流的经济增长理论继承了新古典主义传统，虽然指出了技术知识对经济发展起着十分巨大的作用，然而，他们却不能始终运用人类全部知识的进展来解释经济发展，当然也就没有很好地发展马歇尔所指出的“资本大部分是由知识和组织构成的”，“知识是我们最有力的生产动力。……知识和组织与公有和私有的区别，具有很大的和日益增长的重要性：在某些方面，甚至比有形东西的公有和私有的区别更为重要”①。也正因为这样，在新古典主义经济增长理论中无法解答我们前面所阐述的一些基本问题，如我们如何利用现有的知识，以及人类知识的进展如何对经济增长起到更为基础性的作用等。新古典主义经济增长理论所不能解决的问题，在奥地利学派的努力下有所解决。奥地利学派更为重视知识在经济增长中的作用，如哈耶克在他的有关论著中将人类的知识作为经济分析的基础，将个人的知识作为经济活动得以正常进行的重要条件，指出“均衡仅仅以人们在试图执行是可能达到均衡的初始计划的过程中确实获得的知识为基础”②。这种将经济微观态的均衡视为知识基础上的经济活动的相协调性，也就认可了知识在经济活动中的作用，从

① 马歇尔 A. 经济学原理. 朱志泰译. 北京：商务印书馆，1983.

② 哈耶克 F A. 个人主义与经济秩序. 邓正来译. 北京：北京经济学院出版社，1989.

而将知识完全融入整个经济分析，使经济体系建立在知识的基础上。这点也更加符合人类所进行的经济发展实际，也使人类区别于其他物种，并实现对经济增长的确定性掌控。在此，我们可以回顾一下人类文明进展的过程，并指出实质上也就是通过积累知识，不断推进人类文明前进。摩尔根在他的重要论著《古代社会》中通过考察人类文明的历程，鲜明地指出："每一项准确的知识既经获得之后，就变成了进一步获取新知识的动力，一直推进到错综复杂的现代知识。"[①]经济增长乃至人类社会的发展，从根本上来说是人类关于自然的知识以及自身的知识深化认知的结果，由此才产生了包括精神文明、物质文明在内的人类文明。但是，正如前面章节所指出的那样，在经济分析中相当一部经济学者通常对人类知识的两个方面不加以区别并混在一起。这种无区别地将人类关于自然的知识和人类自身的知识融入经济，与国际经济合作组织关于知识经济中知识的基本认识是一致的。今天，在现实的经济中出现的更多地依靠技术知识而相对较少地依靠其他资源推进经济增长的现象，正如罗默所研究的那样，从本质上来说只不过是人类对于自然界认识的深化，以及运用这些技术性知识推进经济内生增长。如果我们仅仅将知识在经济增长中的贡献看做一种全新的基于人类最新科技和知识精华的知识密集型、智慧密集型的新经济形态，那么，这实际意味着对人类文明进步过程中不断涌现的关于自身知识的否定，也就是不认可"人类的各种制度是按前后相连的进步顺序建立起来，其中每一项都体现了一种不知不觉的改革运动的结果，这种运动旨在使社会摆脱现存的弊病"[①]。这点，也类似于阿尔钦所论证的制度的进化与生物进化的观点，也就是说，人类关于自身的知识也有一个不断演进的过程，并且前一时期的这类知识构成后一时期的基础。因为不同阶段的知识构成了人类发展的相应阶段的基础，人类在对自然和自身不同的认知阶段的基础上实现了不同程度上的经济增长。而当我们依赖于自然资源以推进增长

① 摩尔根 L H. 古代社会. 杨东莼等译. 北京：商务印书馆，2012.

时，也就会自然得出增长存在极限的结论[①]，但是，新经济增长理论对增长率极限进行了否定，提出由知识所决定的增长递增效益。由此看来，如果不能将经济增长归结于知识的进展,不仅与人类文明进步的历史相背离，也使经济学的发展设定了不可逾越的障碍。

我们认为，经济和社会的不同发展阶段都是人类知识累积的结果，每个时代都有着自身前沿的知识，这是一个经济体乃至一个社会发展与进步的充要条件。社会经济发展虽然在传统知识的基础上进行，但是，如果没有社会前沿性知识的普遍发展，那么，这个经济体将停留在原有的基础上。这就是为什么有些国家或地区在经历了一定发展以后，停留在不发达陷阱的原因。然而，这些论述仍然无法解决这些国家或地区为什么没有将它们的前沿性知识运用于经济和社会进步这一问题。关于这点罗默也没有给出答案，也就是说，罗默虽然指明了技术知识的增长递增效益，但是并没有指出一个经济体为什么能运用前沿性技术推进经济增长。诺思在一定程度上对此做出了解答，他认为一些国家或地区之所以停留在不发达陷阱的关键原因，在于没有建立诱致这些前沿性知识运用于经济增长的制度，“正是人类组织的成功或失败决定着社会是进步还是倒退”[②]。对此，汪丁丁做出了更进一步的分析，他认为人类社会经济制度不断完善的原因在于人类关于制度的知识不断丰富，在探索过程中，人类代代相传、不断积累的关于制度的知识，构成我们所指称的知识传统，而在知识传统基础上的制度创新引发了技术知识的不断进步[③]。也正因此，人类在推进经济增长过程中必须全面地运用关于自然的知识和关于自身的知识，从而实现经济增长以技术为主，进而实现知识作为经济增长的基础，这个基础既得益于人类关于自身知识的进展，实现了经济制度的演进，同时也得益于人类关于自然知识的进展，实现了对技术的掌控，由此在现实的经济增长中实现了

① 米都斯 D. 增长的极限. 李涛，李智勇译. 长春：吉林人民出版社，1997.

② 诺思 D C. 经济史中的结构与变迁. 陈郁，罗华平译. 上海：上海人民出版社，1991.

③ 汪丁丁. 知识动力学与文化传统变革的三类契机. 战略与管理，2001，（1）：67-72.

以知识为基础的增长。

运用知识解释经济增长的奥地利学派学者哈耶克等所要说明的问题是，社会经济均衡并非如新古典主义经济学假设中的具有相同性经济主体的均衡，而是具有不同量与质的关于自然和自身知识的经济主体的均衡。这样，不同的知识要在经济活动中实现均衡态，就必须解决相互耦合的基础是什么的问题，也必须弄清楚具有不同知识的经济主体之间为什么存在相互冲突，而不是相互耦合，进而达到均衡以保持一个经济体的稳定与发展[①]。从知识的角度，我们可以比较容易地解决这个问题，因为具有不同的个性知识而且具有作为耦合基础的共性知识，这些知识就是我们所称的知识传统。具有某类知识的程度决定了一个经济体可能具有的经济制度优化水平，从而也就决定了该经济体可能接受或者拥有的技术知识水平，进而呈现出与之相适应的经济增长水平。这点我们可以从中国以及许多国家经济发展的历史事实中看到。中国近代的落后并非在于我们不知道当时西方世界技术知识的发达程度，甚至于我们还曾引进过在当时较为先进的技术，但是，这仍然无法改变中国落后的经济社会状况。反之，一些国家在近代的崛起也不在于比我们更多地了解当时先进的技术知识，其原因正在于我们缺乏相应的制度性知识或自组织知识，因而我们无法建立起有利于经济增长的制度结构与环境，正如新制度经济学家诺思所指出的那样，“制度框架为经济增长提供了一个适宜的环境”[②]。经济发展出现差异性的深刻原因在于了解更为优化经济制度知识或者可以说拥有更为优化经济制度知识的人群数量相对较少，不足以自我产生或接受新的更为优化的经济制度。关于这点就涉及人群知识分布问题，因为一个经济体中的个体是不同的，其在经济增长中的作用也各不相同，因而只能从人群知识分布的角度进行研究。我们认为当人

① 张尚毅. 非均衡经济主体论. 渝州大学学报（社会科学版），1998，（1）：57-62.

② 诺思 D C，托马斯 R. 西方世界的兴起. 厉以平，蔡磊译. 北京：华夏出版社，1989.

群关于自身知识分布程度相对较低时是不可能产生出更有效率的经济制度的，这如同强行推行的社会变革并不能真正实现经济增长的现实状况一样。此外，由于知识实质上为参与经济活动的各经济主体的知识，虽然贝克尔认为还存在离开经济主体的知识，但是，如果将制度也视作自组织知识的映射，那么将各经济主体作为知识的载体也就比较恰当。在此认识的基础上，我们认为具有不同知识水平的经济主体就决定了经济均衡态的不同，而这种不同的均衡态在一个宏观层面，使经济发展呈现出不同的阶段性特征，这种阶段性特征与这些均衡态的水平是相对应的。

但是，由于经济发展并非一种实验性的过程，而是具有不可逆转的经验性的结果。因此，具有足够不断深化的制度知识的人群就成为一个经济体能否进化的基础。这还仅仅是从经济体自组织内部看问题，如果考虑到经济发展不仅是自组织内部进化的结果，而且还可以通过获得外部性知识得以实现，那么，具有先进的制度性知识或者更通俗地讲具有前沿性制度知识的人群分布状况，将决定该经济体演进的可能性，从而决定经济增长是否能够实现。通过这样分析后，我们的结论是：人类关于自身的知识即制度知识，这类知识主要由人的社会性特征体现出来。人类经济发展与进步的历史，从实质上看就是人类各种经济制度进步的历史，各类不同的经济制度决定了经济可能达到的增长程度。因此，经济增长包括我们今天所说的知识经济，事实上都是人类这两类知识共同进步的结果。

第四节　制度知识构建的人力资本

知识对经济增长的递增作用，我们可以视为知识的经济化。知识依托于人类自身，知识所表明的经济特征和人力资本有着十分密切的关系。当今经济学家在研究知识对经济的作用时，几乎无一例外地要论及人力资本，这是因为人力资本的经济价值在持续上升。从相互关系上来说，人力资本和知识是相互依存的，这点我们可以从经济以及经济学发展史中看到。沃尔什是最先明确地提出人力资本概念的学者，他在《人力资本论》中十分明确地指出了人力资本和个人知识的相互性，也进一步强调了受教育的经济意义。其后，舒尔茨、贝克尔等将人力资本在经济中的作用推向了巅峰，指出通过对成人和儿童进行教育，提高他们的健康状况等本身就是资本积累。从舒尔茨等的基本观点中我们将发现，和物质资本相对应的人力资本应用于经济活动的过程，从本质上来说就是知识的经济化。知识在经济增长中的运用实际上就是人力资本优化的结果，不断增长的人力资本使经济增长更多地体现出知识的特征，特别是在今天日益被人们所关注的人工智能问题，更突出地强化了知识对经济增长的作用，因为更多的是依靠知识而不是自然资源，当然也更不是人的体力，正在持续地增长人力资本的价值，这和我们在现实经济发展中所看到的现象是一致的。但是，我们也看到一种情况是，虽然包括人工智能等在内的技术知识在不断增长，但没有使经济表现出快速增长的趋势，这是因为人们过于关注自然知识的增长，但与此同时却忽视了自组织知识的进展，而在既定的制度所能提供的可容纳的更为先进的技术既定的情况下，经济增长只能实现制度意义上的增长，关于这点我们将在经济增长的制度增长率那一部分中进行更为深入的探讨。

人力资本的积累和经济增长相一致。发达国家所呈现出来的景象是，人力资本在全部资本中比例较高，与此同时，其知识经济化也相对较高。有关研究表明，人力资源占世界总资源的比重与相应国家国民生产总值占世界的比重基本是一致的，如美国人力资源占世界比重居前列，其国民生产总值也居世界前列[①]。比较值得注意的是，教育是决定现代经济增长要求相适应的人力资本的主要因素，也是现代人类获得知识的主要途径。从一定意义上来说，教育发达程度决定了一个国家或地区的人均知识分布程

① 李仲生. 美国的人力资源开发与经济发展. 中国人力资源开发，2006，（2）：31-34.

度，从而也就决定了这些国家或地区的经济增长程度。舒尔茨认为："使经济持续增长的主要原因，是获得有益于降低生产成本和扩大消费者选择范围的追加知识。"[①]中国改革开放得以快速推进经济增长的事实证明了这点。改革开放以来经济发展比较快的地区，往往也就是知识程度相对较高的地区。而一些经济特区，如深圳发展的经验，正好验证了舒尔茨的论断，这是因为深圳等经济特区在发展过程中，集中了全国相当一部分知识群体，从而深圳这样的特区中有利于经济增长的知识富集起来，当然这些知识既有技术性的知识也有自组织性的知识，所以，在深圳的发展过程中不仅较早地在经济增长中运用了新的技术组织生产，而且也形成了在全国闻名的深圳的经济增长制度性环境。事实上，我们可以作个判断，最早的几个经济特区发展的差异正在于知识富集度的差异，有些没有形成有利于降低增长成本和扩大消费需要的知识积累。相关研究表明东部地区人均受教育水平相对较高，与西部地区人均受教育水平的差别还在扩大，1982 年，东部地区人均受教育年限是中西部地区 1.32 倍，而到 2004 年这一数据扩大到 1.53 倍[②]。事实上，不仅对于整个经济发展是如此，对个人来说，受教育程度和收入水平也存在正相关，有关研究表明，利用 Blinder-Oaxaca 分解计算得出教育系数与教育存量对收入增长的贡献度和占总贡献度的 50%以上[③]。当然，在进行这方面阐述时，我们所看到的事例都是中国改革开放以后的，其原因是改革开放以后，在中国经济中不仅为技术创新提供了条件，而且也为制度创新提供了条件。

正如前面我们所指出的那样，人类的知识体系可以分为关于自然的知识和人类自身的知识两大类。前者为技术知识，这样的知识可以通过实验的方法获得，如人类工业文明出现的原因就是通过实验的方法，获得技术

① 舒尔茨 T W. 论人力资本投资. 吴珠华译. 北京：北京经济学院出版社，1990.

② 张邦辉，谭伟，邓森. 从人力资本角度看人均受教育年限对区域收入差异的影响. 石家庄经济学院学报，2007，（3）：126-129.

③ 薛进军，高晓淳. 再论教育对收入增长与分配的影响. 中国人口科学，2011，（2）：2-13.

知识，我们所看到的大多数发明就是这种情况的反映。后者是关于制度的知识，这类知识是不可能通过实验的方法获得的经验性知识，我们可以视其为人力资本的第二特征。人类经过长期积累的制度知识将可能成为我们制度创新的基础，并且，具有足够数量的获得这些知识的人群数量的分布状况将服从正态分布，从而通过一对一的映射，产生的新制度具有相对确定的水平。而从概率的角度看，人群知识分布将依大数定律收敛于某一期望值，这个期望值意指了制度的优化程度。这使我们明白了这样一个事实：中国改革开放以来之所以出现受教育程度相对较高的地区经济较发达，以及受教育程度较高的人群获得较高收入的原因，就在于这些地区具有较多拥有制度知识的人群，深圳地区快速发展即为例证。同时，我们也看到在改革开放初期，在非特区的一些省市却出现了相反的现象，具有较高知识的人群收入反而较低，其原因正在于一个有利于制度演进的条件是人群知识的分布，而非个体知识所能决定的。另外，从比较技术知识的情况来分析，具有相对较低的技术水平的地区实现后发优势发展起来的原因表明，正如前面我们所论证的一个地区是否能够汲取先进的技术，取决于制度优化程度，这说明技术知识先进程度最终决定于制度知识。正如诺思所指出的那样：“尽管可以利用其他社会的成就，发达国家和欠发达国家之间的差距却在继续扩大。”[①]分析其中的原因就在于欠发达国家人群制度知识分布状况不足于引入先进技术，进而推进经济发展。通过关于知识对经济增长的分析，可以得出的结论是制度知识决定技术知识，具有较先进自组织知识的地区最终将成为发达地区。具有和现代经济发展相适应的自组织知识的人群的分布状况，将按大数定律收敛于期望值，即新的经济制度的出现，进而确定了我们目前所阐述的以知识为基础的经济增长出现的可能性以及普遍性，最终使知识推进经济增长不再是一种小概率事件，出现非常明显的知识递增效益。因此，不论是从内部产

---

① 诺思 D C. 理解经济变迁过程. 钟正生，邢华译. 北京：中国人民大学出版社，2013.

生以知识为基础的经济，还是从外部引入知识推进经济增长，都将最终决定于具有自组织知识人群的分布状况。这给我们政策上的启示是，着力培养人力资本特别是提高人类自身的自组织知识水平，是一个国家或一个地区经济发展的根本途径。

第八章
知识分布下的制度优化概率

第一节　由信息量所构建的价值倾向

我们认为研究一个问题，必须弄清楚为什么要研究这个问题，研究这个问题有什么样的价值。自从哈罗德等研究经济增长理论以来，经济增长的分析已经从资本和劳动逐步深化到对经济增长相关制度安排以及地理历史的分析上来。一些研究进而把影响经济增长的因素深化到人的行动之中，甚至于力图从生物学意义上进行深入的研究。本章沿袭这一传统，试图深入分析知识形成的原因以及人群知识的分布状况，并将之作为经济增长的根本性因素，构建出一个在人群知识分布基础上的人均知识分布状况，再由人均知识分布所映射的制度及其优化，最终影响到经济增长这样一个过程，从而回答经济增长的最终原因，即人的生物性所决定的知识对经济增长的作用。

这个问题的解决更大程度上是基于社会现象，力求通过对人群的知识分布的研究，揭示出一些具有规律性的东西来。我们所清楚的事实是人的经济活动成为自觉的活动，始于人类的进化以及社会的进步。在人类经济活动漫长的历史进程中，人均经济增长都处于相对较低的状况，“人类社会只是到了最近的几百年才有了所谓的发展（即人均收入增长年均超过2%）。在漫长的社会史上，人均收入的年增长速度几乎总保持为零”[①]。

① 汪丁丁. 经济学理性主义的基础. 社会学研究，1998，（2）：3-13.

如果没有近代以来这些年的经济增长，对于经济研究的所有对象来说，都很难以现有的理论形式展开，因此，研究经济增长相关问题就必须能够解释清楚这些问题。在经济研究史中我们发现一个现象，就是前面的章节中所表述过的，将越来越多的要素纳入经济增长的分析中，从土地、资本到管理再到教育、制度等，但这也只是能够在更大程度上对经济增长进行解释。然而，不管将要素扩展到何种程度，有一个最为基本的事情必须明白，那就是如果这个星球上没有了人类，而这些土地等自然因素大体上存在，自然力掌控世界，那就无所谓经济增长。因此，我们在分析经济增长时必须把人的因素纳入其中，“我们确有必要研究生产过程中的‘非物质’投入对‘物质’投入的替代关系”，“我们所在的世界恒处于变动之中，另外，我们的感受也恒处于变动之中。为应付并适应变动的世界，我们需要知识以指导我们的行为，并且需要信息以调整我们对世界的预期”[①]。正如一般西方经济学所表明的那样，在经济增长分析中把人的行为作为经济增长的要素纳入了经济增长分析，然而，这里并非仅仅把人的行为作为经济变量，我们所考虑的视角是人区别于其他物种的根本性特征，就是人的生物性结构使人能够运用其所掌握的知识。我们可以继续把这些知识分为两类，一类是关于自然的知识，另一类是关于人类自身的知识，关于这点到目前为止还很少有经济学者对此进行过分类，也许他们认为这种分类并不重要，但是，在后面的分析过程中我们将证明对知识进行这样的分类，恰恰符合经济增长中所需要的各种条件的要求。如果要认真寻找这方面的研究，虽然几乎没有，但是仍然可以从一些研究中发现端倪，如诺思在研究制度问题时就提出过相近似这方面的见解，他认为“人们通过积累两种经验——那些从物理环境和那些从社会文化语言环境中学得的经验”[②]。从这两个方面得到的经验，在一定程度上可以认为得到两类不同的知识。基

---

① 汪丁丁. 生产函数的知识理论. 社会科学战线，2006，（1）：93-100.

② 诺思 D.C. 理解经济增长过程. 钟正生，邢华译. 北京：中国人民大学出版社，2013.

于这样的认识，我们意在指出的是正因为人所具有其他物种所不具备的知识，这些知识使人在经济活动中体现了自主性地推进经济增长，对此可以作进一步的阐述。我们在这里所想说明的一点是，如果没有这些方面的知识，就根本不存在经济增长，如原始的狩猎情况是无所谓经济增长的。那个时期人们只是被动地适应自然的变化，当然在这种情况下也就不会产生出相应的经济理论。

但是，正如有关研究所指出的那样，不同的个体所掌握的知识状况是不同的，而经济增长所要解决的问题在于如何把人群知识进行耦合，关于这点在前面的章节中进行过详细的论述，各种不同的知识的耦合使之成为推进经济增长的因素。这就涉及一个经济体中人群知识分布的问题。人群知识分布程度的不同，使其表现出不同的行为方式，而且“当个体作为群体一员时，个体的行为会表现出他所在群体的社会角色”[①]，如不同的种族和不同的地区或国家的人群，其知识分布状况所体现出来的特征是一种价值判断，具体来说，就是他们的经济行为会体现出不同的观点，因而对于这个经济体中的个体存在着价值方面的差异性，而这种差异不仅体现在关于自然知识的不同上，更重要地表现在关于人类自身自组织知识的差异上。但是，对于一个经济体中的所有个体包括亚层面的个体来说，各自的自组织知识虽然存在差异性，但是，仍然在人均水平上有相类似的自组织知识，由此而构成经济体所依赖的制度性规则。关于这点很少看到明确的表达，一个比较接近的概念可以追溯到博伊索特。博伊索特等以默会知识作为表达，认为“关于这些东西的知识年深月久已经被有意或无意地内在化了”[②]，正是这种内在化的知识成为决定其行为规范的因素。然而，还要指出的一点是，在各类关于知识分析的研究中并没有把知识划为自然知识和人类自身两个不同的方面，事实上这两个不同的方面在经济增长过程

---

① Walsh V M.Globel institution and social knowledge. Cambridge：Mit Press，2004.

② 博伊索特 M H. 知识资产——在信息经济中赢得竞争优势. 张群群，陈北译. 上海：上海人民出版社，2006.

中起着十分不同的作用。正如我们在大多数经济分析中所看到的情况，即使把知识纳入增长分析也只是把知识不加区别地作为总量和标量进行分析，而没有对其进行相应的区分。事实上，关于自然的知识在更大程度上是一种客观知识，主要体现为对自然的认知度，而不存在对自然认知的方向性方面的差异性，当然，更不存在对自然的价值判断，我们不可能会认为哪种自然状况是有价值的，哪种自然状况是无价值的，因为在当前的科技水平上我们只能有一个自然的选择，如果确如一些研究比较前沿性的科学家所认为的那样，我们只是生活在多宇宙中的一个宇宙，当我们的技术发展到能够从一个宇宙跳到另一个宇宙时,也许可以对自然进行价值判断。至少科技发展到使人类可以从一个行星迁移到另一个行星上时，我们才可能对所处的自然环境进行选择与价值评估，否则只能像现在这样面对一个地球所给予的自然。因此，关于自然的知识只是一种数量性的积累，可以视为标量。但是，这里有一个阈限，当自然的知识成为判断正确与否的标准时，这就转化为自组织的知识了，就如前面我们所指出的人类科技的进展所体现出来的那样。而关于人类自身的自组织知识则是一种主观性的知识，即价值判断性的知识，而价值判断是具有方向性的，决定了我们采取什么样的方式以及朝哪个方面发展。因而，这类知识不仅有数量上的差异，同时又具有方向性的差异，如对经济制度的选择就有计划、市场等若干种选择方向，因此我们可以把这类知识认为是一个矢量。这个矢量在经济增长中所具有的意义是约束人群的行为及其发展方向，或者更一般地说，就是使经济增长朝着哪个方向推进，而这决定了经济增长制度优化水平，“我们认为制度的演进将影响我们能否产生和适应未来知识”[①]，受到知识所决定的制度的约束，反过来影响了一个制度能否使新的自组织知识得到运用。关于这方面的区别确实有必要用一些例证进行证明。例如，关于地球在宇宙中的地位问题，就有托勒密的地心说，主张地球是宇宙的中心，从

① Sowell T. Knowledge and Decision. New York：Basic Books，1996.

而突出人在自然界中的独特地位，还有哥白尼、伽利略的日心说，认为地球只不过是围绕太阳的一个行星而已。当然，现在我们知道宇宙的构成绝不是这么简单，不管是地心说还是日心说，都只是从一个方面解释了部分天体现象，但是，“在贝克莱时代，……贝克莱从中看到了对宗教的严重挑战。他相信，如果‘自由思想家’对这门新科学的解释是正确的，那将势必导致宗教信仰和宗教权威的衰落”①。这样，一个关于自然的知识就转变为关于自组织的知识，而赋予它价值判断的特征。我们所意指的自然知识纯粹是对自然本质的了解，从不知到认知再到深入了解，在人类不断探索过程中而积累起来的知识。而将自然知识转化为一种价值判断性知识，实际上也体现出自组织知识方面存在的差距。我们知道，自组织知识是关于人类如何行为的知识，这些知识累积的结果，不仅使人类加深了对自己行为的认知，而且赋予了其价值。正如前面所提到的关于地球是否是宇宙中心的观点，如果从对自然的认知来说，从托勒密到伽利略等都能够越来越广泛地对宇宙现象进行解释，从而扩大人类对自然的认知，都是对自然知识的累积过程。但是，当将其与宗教联系起来，就涉及人类按什么方式行为的问题，也就在其中蕴含了自组织知识。

我们可以把获取的自组织知识用一个矢量和的方式来表达，而不是仅仅停留在对人的智力的空洞描述上，“关于意识的空话将终止，它们一定会被真正的知识所代替”②，可以假设关于人类自组织的知识是由所获取的信息构成的，获取的每一个信息都是具有一定量值和一定方向的矢量。设定一个个体在获取这类信息时具有一个 z_0 矢量性的知识存量集，获取的任意一个新的信息可设定为 z_i，那么，当具有 z_0 知识存量的个体获得任意一个新的信息时，其知识将演进为（z_0+z_i），而对于获得若干个信息的个体而言，其获得的信息所构成的知识量为 $z_0+\sum z_i$ 。做了这样的分析后，

① 波普尔 C. 猜想与反驳——科学知识的增长. 傅季重等译. 上海：上海译文出版社会，1986.

② 马克思，恩格斯. 德意志意识形态（节选本）. 中共中央马克思、恩格斯、列宁、斯大林著作编译局译. 北京：人民出版社，2003.

我们将不难发现一个比较有意思的现象，当 z_0 是一个具有较大量值的矢量时，如果 z_i 的量值较小，即 $|z_0|$ 大于 $|z_i|$ 时，个体的知识存量中在获得新的 z_i 信息时，新的知识存量 z_0 与 z_i 相加的结果近似于 z_0 的量值。但是，随着获取信息量的不断增加，最终具有知识存量 z_0 的个体将改变其原来的知识存量，即当且仅当 $\sum z_i$ 量值很大时，$z_0+\sum z_i$ 的结果是个体知识存量远大于 $|z_i|$ 且方向近似朝向 $\sum z_i$ 方向。同时，原来的知识存量将纳入新的知识存量集，由于 $z=z_0+\sum z_i$ ，那么，该个体的知识存量增大至新的水平，即出现一个新的具有知识存量 z 的个体。讨论该个体知识存量情况，我们将发现该个体的知识存量不仅量值远远大于原来的水平，而且方向已经发生了改变。

这个结果可以在现实经济活动中看到，如来自不同经济体的个体，当其进入一个新的经济体时，一般表现出保守的状态，并且，当个体知识的存量 z_0 越大时，就越不容易与新的经济社会区域形成具有共性的知识。关于这点可以通过老年人难以融入新的经济体中得到证明。这里，我们借用奥地利学派的知识传统概念来说明问题，也即该个体不容易与新的经济体形成具有共性的知识传统，因而也就是一个与新的经济体具有不同知识传统的个体，这意味着该个体不容易参与到新的经济体制度的演进中来。但是，一种新的情况是当具有这一类知识存量的个体数量足够大并且进入新的经济体时，其自组织知识的积累情况将影响新的经济体的状况，进而形成新的均衡，即新的知识传统，正如哈耶克所指明的那样："均衡仅以人们在试图执行其可能达到均衡的初始计划的过程中获得的知识为基础。"[①] 这个初始获得的知识可认为是 z_0，每一个具有这样初始知识的人们最终将形成一个均衡，而这个均衡就是我们所指称的具有不同知识的个体的知识的耦合。对此，按照新制度经济学的观点可以称之为对新的经济体制度产生影响，随着这种影响的增大，将逐渐会演进为新的制度安排。关于这点，

---

① 哈耶克 F A. 个人主义与经济秩序. 邓正来译. 北京：北京经济学院出版社，1989.

我们认为当且仅当有 J 个个体进入新的经济体时，每个具有知识传统 $\sum z_i$ 存量的个体，其对新的经济体制度安排的影响将取决于 J 个个体以及原来在新的经济体中个体的知识分布状况。

当然，正如前面我们分析的一样，制度水平并不取决于某一个个体的知识存量，单纯一个个体是无所谓知识分布的。一个制度水平如何，主要取决于人群的知识分布状况，并且，当人群的知识分布状况越具有相类似的共性知识时，也就是说，人群知识存量的方差较小时，就越容易构建起知识传统，从而建立起与这个知识传统相适应的制度结构与制度安排。但是，正如前面我们所指出的那样，由这样的具有较小方差的知识存量建构起的制度结构及制度安排，将在大概率水平上使制度出现锁定，而这也就在现实的经济增长中体现出制度性轨迹锁定。

第二节　人均知识分布的决定作用

人群中个体所掌握的知识对于人群在促进经济增长中的作用，并不简单地取决个体所具有的知识状况，而必须从人群知识的总体分布状况来进行解释，这里人群在各个竞争性亚层中可以表征为群体或集团。这些集团在制度形成过程中将起重要的作用，这正如奥尔森所指明的那样："集团利益是经济和政治行为的绝对基本决定因素。"①奥尔森在这里所想指明的是群体状况（集团）是决定经济增长的决定性因素，因此，分析经济增长应该建立在人群的知识分布状况基础上，而不仅由个体的知识状况来决定。事实上，人区别于其他动物的根本点在于人的知识性，即使马歇尔也在一定程度上认可这点，他明确指出，"资本大部分是由知识和组织结构的"②，而大多数经济研究中更多地重视组织的作用，而没有将知识作为

① 奥尔森 M. 集体行动的逻辑. 陈郁，郭宇峰，李崇新译. 上海：上海人民出版社，1995.

② 马歇尔 A. 经济学原理. 朱志泰译. 北京：商务印书馆，1983.

资本分析尤其是经济增长分析的主要因素，即使在一些分析中引入了人的主动性因素也只是将人的知识性特点简化为劳动的付出。不论是古典主义还是新古典主义乃至李嘉图传统的经济理论也大体如此，即使如罗默等的研究把知识作为经济增长的变量，进而推导出一个递增的经济增长，而没有指明为什么在同一时代有些区域经济增长，而有些区域经济没有实现增长[①]。关于这点在前面的章节中我们已经进行了充分论述，这里就不予赘述。即使存在罗默所提出的知识溢出效应，但是，为什么在此效应下的各个经济体的经济增长状况存在如此大的区别，因此，仅仅把知识作为一个整体来思考肯定存在问题。这里，正如前面我们所指明的那样，通过把知识分为关于自然与人类自身的知识，以及进一步把知识分解为关于自然的知识是标量性的知识，而关于人类自身的知识是矢量性知识，最终将给出一个关于人类行为的方向性的价值指向，进而构建起具有选择性的制度进化以决定经济增长。

基于这样的一些考虑，我们可以通过分析人群知识分布状况，进而分析出人群的制度选择优化水平，从而构建起这样一个逻辑，即人均自组织知识分布状况决定经济制度优化水平，而制度优化水平决定了一个经济体经济增长的程度。通过对相关文献与不同经济体的经济增长状况的分析，我们可以较好地解释一个地区发展与落后的根本性原因，进而揭示出推动经济增长的最终决定力量在于人群的自组织知识分布状况。我们可以通过人群受教育水平的实证分析，进一步说明人群自组织知识分布状况对发展的重要性。这里需要指出的是舒尔茨就曾非常重视知识的作用，也作过教育与经济增长相关性的分析，并且非常强调教育对经济增长的重要作用，认为："历史已经证明，我们能通过知识的进步来增加资源。"[②]但是，我们还必须指出一点，即使在舒尔茨的分析中也没有比较清晰地对知识进行

① Romer P M. Growth based on increasing returns due to specialization. American Economic Review，1987，77（2）：56-62.

② 舒尔茨 T W. 论人力资本投资. 吴珠华译. 北京：北京经济学院出版社，1990.

划分,从而无法得出受教育所传授的知识在哪些方面对制度进化起着作用,进而影响到经济增长。同时,要分析人群知识分布状况还必须建立在人群足够的数量水平上。经济发展的历史表明,人群数量状况对经济发展起到非常重要的作用,在分析经济变迁的历史时必须充分考虑人群的数量状况。之所以开始作这样的阐明,其目的是想表明只有当人群数量达到一定的程度时才能形成经济增长,而我们通常所研究的市场的扩大也在于将更多数量的个体纳入经济分析之中,这也是为什么直到今天人们仍非常重视经济体中人口数量增长的原因。我们认为忽视人口数量这个事实,就既没有生产也没有需求,更谈不上市场的扩展,当然也就无所谓经济增长。但是,这里还需要弄明白的一个情况就是,人群虽然都是由个体组成的,当人群数量达到一定数值时可以近似地看做连续的函数系列。因此,我们可以用经济理论常见的连续函数性质进行研究。之所以说明这些,就是如前面我们所提出的那样,其目的是把经济增长的分析框架建立在更加符合现实的基础上,以尽量少地减少对经济理论的假设,从而使经济理论建立在更为坚实的基础上。

但是,要研究一个经济体的人群状况可以将之看做一个相对数量非常大的随机结构,而对于任意总体只要样本数量充分大,样本均值都近似服从正态分布,因此,在研究知识在人群中的分布状况时,我们也可以利用正态分布的相关性质进行研究。考虑到一个经济体人群数量足够大,这种大数定律下的平均分布状况可以近似于正态分布。由于每个个体的知识状况都可以视为一个样本,这样对于一个经济体而言,假设其所具有的人数 n 即为样本数,同时,在这个经济体中任意第 i 个人所体现出来的决定其行为的知识量就为 x_i,那么,这个经济体所体现出来的知识均衡水平也就是样本均值为 $\bar{x}=\frac{\sum_1^n x_i}{n}$,这个样本均值的经济意义体现为经济体所能达到的平均自组织知识存量水平,这种平均自组织知识存量水平体现为一个经济体中所有经济主体对一些经济问题所能具有的预见性水平,而我们所需要得到的就是一个经济体中人群知识的平均状况所能体现的自组织知识化水平，从而得到由人均自组织知识分布状况所决定的制度优化水平。关于这点诺思有相类似的观点，他认为“知识存量的累积对政治和经济制度的长期变迁起了潜移默化的作用”①。虽然，诺思在他的研究中没有将知识区分为自组织知识和自然知识两部分，但是已经感悟到知识所起的作用，然而也正因此诺思对此也颇感困惑，究其原因就在于没有较好地对知识进行区分的同时也没有将人均自组织知识作为制度演进的重要基础。我们认为随着人群中个体自组织知识的进展，经济体中所有经济主体所体现出来的人均自组织知识存量的提高，即前面分析的 $z = z_0 + \sum z_i$ 的提高，可能由于自组织知识的增多而发展出新的制度结构，进而形成有利于经济增长的制度安排和制度环境。

按照上述分析，我们可以推导出一个人群知识分布的数量模型。当一个经济体人口数量赋值为 n 时，考虑到分析的重点是研究经济增长的相关问题，人口数量 n 取值足够大。并且，每个个体所具有的知识不完全相同，将任意一个个体具有的自组织知识设定为 x_i，对于任意一个经济体中的这个个体来说其所具有的知识 $z = z_0 + z_i$，同时，可运用前面所提出的人均知识分布状况决定于制度优化水平的论断，从而得出一个相对应的制度结构优化水平，而出现这个制度结构的概率取决于人均知识分布水平。由于，在现实中一个经济体的个体数 n 是一个非常大的数，因此，在设定其期望值 $Ex = \mu$，$Dx = \sigma^2$ 的情况下，来自一个经济体的个体的知识存量的样本为 $(x_1, x_2, x_3, \cdots, x_n)$，当且仅当 n 足够大时，人群知识分布平均水平 $\bar{x}$ 近似服从正态分布 $N(\mu, \frac{\sigma^2}{2})$，由此可以得出人群中人均知识分布密度函数为 $f(x) = \frac{\sqrt{n}}{\sqrt{2\pi}\sigma} e^{\frac{-n(x-\mu)^2}{2\sigma^2}}$。那么，我们有 $F(x) = \int \bar{x} \cdot \frac{\sqrt{n}}{\sqrt{2\pi}\sigma} e^{\frac{-n(x-\mu)^2}{2\sigma^2}} dx$，必须说明的是为了分析方便，我们没有给出定义域范围，但并不影响运用自组织知

① 诺思 D C. 经济史中的结构与变迁. 陈郁，罗华平译. 上海：上海人民出版社，1991.

识对经济体制度优化度的分析。其中，$F(x)$的经济意义为，当人均自组织知识分布状况服从正态分布时，可能出现的人均知识状况所决定的制度结构优化水平。根据经验我们可以知道，个体的知识存量理论上的取值区间为$(0 \leqslant x \leqslant \infty)$，为了分析方便，我们作为例证式地把获得正规教育状况作为一个区间进行说明,考虑到学生学习从小学一直到博士这 22 年的学习过程对于个体的知识积累起着主要作用，因此，我们可以设定个体知识存量的下限为 a_1，个体知识存量的上限为 a_{22}，当然，对于自组织知识的学习并不仅限于这个定义范围，它可能正如前面我们所指明的那样取值为$(0 \leqslant x \leqslant \infty)$。但为了方便说明问题，可以取区间$(a_1 \leqslant x \leqslant a_{22})$，这样简便地设定定义域后，我们可以将问题的视野从$(0 \leqslant x \leqslant \infty)$缩小到$(a_1 \leqslant x \leqslant a_{22})$。在实际的经济分析中特别是对于教育非常发达的经济体来说，就可以用获得教育年限的情况来检测人群自组织知识分布状况，并进而得到一个人均自组织知识分布密度情况，从而确定由此决定的经济制度优化水平。由此，从自组织知识分布密度函数，我们可以得出这样一个概率水平 $P_1(a_1 \leqslant x \leqslant a_{22}) = \int_{a_1}^{a_{22}} \frac{\sqrt{n_m}}{\sqrt{2\pi}\sigma} \mathrm{e}^{\frac{-n(x-\mu)^2}{2\sigma^2}} \mathrm{d}x$，其中 n_m 为接受正规教育的人口数量，这可以用于衡量正规教育对制度优化水平的贡献度。事实上，我们还可仅考虑接受过大学教育及其以上教育的个体在人群中的分布状况对制度优化的作用，设定区间为$(a_{16} \leqslant x \leqslant a_{22})$，那么，我们可以计算出这个群体在整个人群中的分布状况，$P_2(x_{16} \leqslant x \leqslant x_{22}) = \int_{a_{16}}^{a_{22}} \frac{\sqrt{n_h}}{\sqrt{2\pi}\sigma} \mathrm{e}^{\frac{-n_h(x-\mu)^2}{2\sigma^2}} \mathrm{d}x$，其中，$n_h$代表接受高等教育的人口数量。根据经济体中这些不同的群体的自组织知识分布情况，就可以确定其对经济体制度优化度的贡献度。

我们还要解决的另一个问题是，人均自组织知识分布状况如何与制度优化状况相对应，其中相关联的是具有相同自组织知识结构的个体在制度中的作用不同，我们可以作这样的设定，即对于任意具有自组织知识存量的个体 x_i，可以给予一个权数 a_i，这个 a_i 表征了具有自组织知识存量 x_i 的个体在该经济体的制度结构中所处的位置及所起的作用的重要程度，因而这个权数也是可能影响制度结构优化水平的权数。做了这样的设定后，我们得出新的人均分布状况 $\bar{x}=\frac{\sum a_i x_i}{n}$，显然，$\sum a_i x_i$ 是线性结构。根据线性结构的性质，那么，当样本 x 在服从正态分布的情况下，有 $\frac{\sum a_i x_i}{n}$，即加了个体所处制度结构中重要性的权数的 $\bar{x}$ 也服从正态分布。从这个推论中我们发现一个比较有意思的地方，那就是制度结构优化状况仅与人均自组织知识分布状况相关，而与每个个体所处的制度结构中位置的重要性的权数 a_i 无关。因此，我们可以得出一个基本结论，经济体所能出现的制度结构，与每个个体在经济制度中所起的作用无关，一个经济体的制度结构取决于该经济体人均自组织知识分布状况。论述到这里，我们就会发现一个与日常经济活动相背离的观点，即不管个体在经济体中占据什么地位，并不能对该经济体的制度结构产生与其权数相关的作用，真正对经济体制度优化起作用的是人均自组织知识分布水平。所以，对于任意一个经济体人均自组织知识分布状况确定后，总会出现与其人均自组织知识水平相应适的制度结构，因而合理的推论是人群的自组织知识的人均水平决定着推进经济增长的可能性，而不是相反。

第三节　知识分布决定的制度优化水平

我们可以做出一个假设命题，即制度的优化水平与人类的知识分布是相适应的，越与人类知识进展相适应的经济制度，其制度优化水平就相对越高。因此，可以设定一个经济体由不同自组织知识水平的个体构成，这些不同个体从自组织知识载体的角度来看可以视为一个完备的事件，写为 x_1，x_2，x_3,…，x_n，构成一个经济体完备的可能出现的不同自组织知识样本。同时，设定这些自组织知识样本依概率收敛的期望值对应于一个制度结构 B，那么，对于任意一个由一定自组织知识构成的小的人群而言，如由高中毕业生构成一个人群，可以设定为 x_i，那么，在制度结构为 B 的状态下，一个经济体可能出现具有知识构成为 x_i 的人群的概率为 $P(x_i)$。对于这个问题也可以反过来看，可以认为具有知识存量 x_i 的人群出现人均自组织知识状况，对能够构建的制度结构优化水平的可能性作用。基于这样的认识，由此可以构建起一个经济体由人群自组织知识分布状况所决定的制度结构优化水平出现的可能性，这个可能性即出现的概率水平。

通过前面的分析我们可以得出这样一个结论，人均自组织知识分布状况决定了制度结构优化水平，但是，并不必然等于一定的人群自组织知识分布状况就确切地出现相适应的制度优化水平。与此相映射的制度结构在一定程度上，不仅取决于该经济体人均自组织知识分布状况，而且取决于在经济体中该人群的自组织知识结构状况，也就是如前面我们所分析的那样，整个经济体中各个层次自组织知识结构出现的可能性，即自组织知识结构出现的概率水平。在做了这样的分析后，就可以更为清楚地弄清楚人均自组织知识分布状况与制度结构优化水平的相互关系。从中可以得出这样一点结论：对于任意的人群自组织知识存量 x_i，存在一个可能出现的概率 $P(x_i)$，当制度结构优化水平为 B 时，x_i 在整个经济体中出现的可能性为 $P(x_i/B)$，这个可能性即当制度结构优化水平达到 B 时，x_i 在人群自组织知识分布中出现的可能性。同样地分析，我们可以给出当整个经济体中存在人群自组织知识存量为 x_i 时，可能出现的制度优化水平为 B 时的可能性 $P(B/x_i)$。同时，我们设定 A_i 为该经济体中第 i 个个体的自组织知识存量状况，按照贝叶斯公式，我们可以有 $P(x_i/B)=P(x_i)\ P(B/x_i)/\sum_{i=1}^{n}P(A_i)P(B/A_i)$。从前面的等式我们可以看到，当出现制度结构优化水平为 B 的状况时，在整个经济体中自组织知识结构具有 x_i 的人群出现的可能性水平不仅取决于整个经济体中具有自组织知识结构 x_i 出现的可能性，而且取决于具有自组织知识结构人群存在可能出现的制度结构优化水平，同时，也与整个经济体自组织知识分布状况出现的可能性，以及由整个经济体中人群自组织知识分布状况可能出现的制度结构优化水平相关联。

由于，我们所研究的问题是人均自组织知识分布状况如何影响制度优化水平，因此，在这里可以把上面的等式作适当的处理，并进行新的整理以适应研究的需要，最终可以写成这样的等式，即 $P(x_i / B) = P(x_i / B) / \sum_{i=1}^{n} P(A_i)P(B/A_i)/P(x_i)$。从这个等式可以看到，当整个经济体存在知识结构为 x_i 的人群结构时，由此对应的制度结构优化水平的出现存在可能性。这种可能性既与整个经济体自组织知识分布水平相关，又与整个经济体中自组织知识分布状况可能映射而成的制度结构优化水平相关，同时也与这种制度结构优化水平可能出现的人群自组织知识结构相关。通过这样的分析，事实上可以看到一个演进的自组织知识分布与制度结构演进的关系，不仅可以推论出人均自组织知识分布状况服从正态分布，而且可以构建起一个与此相对应的制度结构水平，还可以演进出具有不同自组织知识分布状况的人群在制度结构优化水平中所起的作用，这种作用可以以出现的概率水平来表示，从而构建起一个由人群自组织知识分布状况所映射或称之为所决定的制度结构水平。做了这样的推论后，就可以通过制度安排与制度环境的作用推出对经济增长的影响水平，这点也正如赫尔普曼所指出的那样："由于制度结构不同，资源禀赋相似的国家可能具有不同的发展路径。"①由此，我们可以知道经济增长的最终依赖因素在于人群的自组织知识分布状况。而且，自组织知识分布状况，即使在资源禀赋相类似的国家或地区也有十分明显的不同。这里，可以回到前面所论述的那样，正因为人区别于其他物种所特有的自组织知识性特征，从而人类能够运用其自组织知识来形成相应的制度结构，进而推进经济增长，以不断改善人们的生活状况，而历史上所出现的各种引致增长不可持续的原因，就在于人类自组织知识的匮乏。

从人群自组织知识分布状况中可以推出人均自组织知识分布状况，以

---

① 赫尔普曼 E. 经济增长的秘密. 王世华，吴筱译. 北京：中国人民大学出版社，2007.

及人群自组织知识分布对制度演进所起的作用等结构性相关的结论。对此，我们可以知道决定一个经济制度演进的根本在于人均自组织知识分布状况，这点也正如恩格斯所指出的那样："历史的进化像自然的进化一样，有其内在规律。"[①]我们认为，制度的演进取决于社会发展规律，但又与个体具有关联性。通过对人群自组织知识分布状况的分析，可以看到当人群的整个自组织知识状况发生变化时，对制度演进的作用是十分明显的，而由此决定的制度演进状况又决定了经济增长水平。诺思对此有着相类似的定性论述，他认为："当经济为从事能够提高生产率的活动提供制度激励的时候，就会产生经济增长。"[②]由此，我们也可以认识到罗默所研究的知识的递增效应中虽然没有区别出关于自然的知识与关于人类自组织的知识，但是，经济增长的确取决于自组织知识的进展应该是无疑的了。

总之，通过对个体知识来源特别是人群自组织知识分布状况的分析，我们明白这样一点：一个经济体的制度结构状况并不必然地取决于人在整个经济体中各个自组织知识层次人群的自组织知识状况，但大概率地取决于人均自组织知识分布状况，由此，影响了经济体的经济增长。这也使我们明白这样一点：如果在一个经济体的内部提高人均自组织知识分布水平，就完全可能优化这个经济体的制度结构水平，进而提高经济增长速度。同时，知识存在溢出效应，也使增长极理论在自组织知识层面可以得到解释。

---

① 恩格斯. 美国工人运动//中共中央马克思、恩格斯、列宁、斯大林著作编译局. 马克思恩格斯选集. 北京：人民出版社，1995.

② 诺思 D C. 理解经济变迁过程. 钟正生，邢华译. 北京：中国人民大学出版社，2013.

第九章
人均知识分布下的制度本质

第一节　经济增长的知识论基础

自从有经济学以来，就始终没有离开过经济增长问题，经济增长可以说是经济学的最为核心的问题，因此，历代经济学家都对经济分析有十分浓厚的兴趣，都力求为经济增长找到原因。但是，在人类历史进程中，经济实现正的增长并不常见，即使现代一些国家或地区也不断经历着增长率为负的经济增长，因此，要真正找到经济增长的原因并不容易。总体来说，随着经济学理论的发展，关于经济增长原因的分析日渐深化，所有这些研究都没有较好地构建出各因素之间的逻辑关系，而是把各个因素直接与经济增长相关联，甚至于诺思等虽然十分强调制度在经济增长中的作用，但也只能说制度发挥作用的具体原因并不十分清楚。这里，我们研究的重点是从知识到经济增长的逻辑路径。在这个过程中对知识进行分类，进而揭示出制度的本质，以及知识分布状况通过何种路径影响经济增长，进而构建起它们之间相互的逻辑关系，这样不仅有望可以找到经济增长的宏观原因，也有望解决经济增长的微观基础问题，从而使对经济增长分析的逻辑路线更为明确，使经济增长更为有效地与人们的知识状况相关联。

在经济研究中应该注意到一种现象，即在西方经济学主流之外相对更为重视知识对经济增长的作用，而西方经济学主流学派表达较少。如果要对这方面的经济理论进行一些追索，可以发现作为经济学主流的新古典主义在一定程度上认可了知识对经济增长的作用，如马歇尔就明确提出“知识是我们最有力的生产动力”[①]，但是，大多数经济研究中往往忽视了这方面的论断，而将对经济增长研究的视野更多地放在诸如资本、劳动、技术、管理等要素上。由于资本被定义为人的劳动在时间上延伸的结果，土地资源更为有限地供给，劳动也直接与人口数量相关，加上技术的锁定效应，因而在经济增长相关理论中形成了增长的递减效应，这种递减效应的最终结果甚至于被认为经济增长有极限。知识对经济增长的作用由奥地利学派所特别主张，哈耶克就专门论述了经济学和知识的关系，他在 1937 年发表的一篇重要论文中就用“经济与知识”这个题目，阐述了经济活动进行中的知识问题，在他的相关著作中也明确指出：“在经济理论中，经验因素——它是不仅涉及含义而且涉及原因和结果，并因此而得出结论的唯一因素——是由一些有关获取知识的命题所组成的。”[②]也就是在经济增长过程中，知识已经贯穿于经济理论的全部逻辑脉络之中，并且可以看到由于人类知识的增长始终向前发展，不会存在终极的极限，因此从逻辑上来说由没有终极限制的知识所推动的增长也就不会存在极限，从而长期的经济增长成为可能。当我们将经济增长落脚到知识上时，就可以得出一个结论，那就是唯一会阻碍经济增长的因素是人类知识进展出现了问题，从经济史的角度来看也正是如此。不同时期的人类，对于自己的行为的经济结果并不清楚，从而使人类的经济史在相当长的时期内不断进行反复，因此，至少可以认为从长期来看，正如罗默所指出的那样：“长期增长主要由向前看、追求利润最大化的厂商的知识积累所驱动。”[③]。基于这样的考虑，当然就可以推导出一个知识对经济增长的递增效应。同时，我们知道大部分知识都存在溢出效应，这点已经被大多数学者所认可，而如果知识存在溢出效应，那么，对于处于不同经济体中的个体来说可能获得相类

---

① 马歇尔 A. 经济学原理. 朱志泰译. 北京：商务印书馆，1983.

② 哈耶克 F A. 个人主义与经济秩序. 邓正来译. 北京：北京经济学院出版社，1989.

③ Romer P M. Increasing, return and long-run growth. Journal of Political Economy, 1986, 94(5): 1002-1037.

似的知识，因而可能会出现相类似的增长的效果，但是现实的经济增长并不支持这点。因此，我们认为值得注意的是即使考虑到知识的溢出效应，在相关知识对经济增长的分析中并没有指出知识能够在一个经济体内取得推进经济增长的作用，而应运到其他经济体中则达不到同样的效果甚至相反，对此帕伦特和普雷斯科特做了明确的阐述："其实各国的可用知识是相同的。因此，一定存在其他的某个因素，或者一系列因素导致了全要素生产率差异。"[①]这个因素是什么？我们认为这在于人类的知识对经济增长的作用不能统而言之，必须加以分别研究。之所以如此，关键的一点在于不同的经济体具有不同的由自组织知识所构建的制度结构，这决定了对待知识的态度，而对待知识的态度不同使一个经济体所获取的知识存在差异性。也就是说，即使各国可用的知识是相同的，但是，由于各国的自组织知识分布的不同，其对待知识的态度也不同，因此，最终用于经济增长的知识积累就不同。

这里，我们可以继续诺思的研究，将知识视为对不确定性的把握，而这种把握既体现为对关于自然的知识的积累，也包括对关于人类自组织知识的积累，从而使不确定性在一定程度上成为确定。人类确定性地掌握知识，不仅可能使人类适应自然的演变而且可能通过技术改变物质结构，形成适应人类的物质结构特征；同时，使人类能够比较确定性地以群体性的方式实现经济相对确定性地发展，但是，这点也使人类面临着挑战。这种挑战就是如何适应更为广大的群体性的行动，并使之成为确定性。对此，奥尔森认为规模越大的群体，越为容易实现集体利益。这里，我们必须指出的是，奥尔森只是指出了一种现象，并没有从自组织知识角度进行深入的分析。解释其原因非常有必要，我们认为在于当群体规模增大时，自组织知识的人均水平会发生变化，直接影响到自组织知识的期望值与方差的变化，而这种变化在后面的章节中我们将指明会使规模大的集体行动难以

① 帕伦特 S L，普雷斯科特 E C. 通向富有的屏障. 苏军译. 北京：中国人民大学出版社，2013.

进行。对知识做了关于人类的自组织知识与关于自然的知识这样的区分后，还可以观察到一种情况，即前面我们反复指明的内容，关于自然的知识是标量性的知识，而关于人类自组织的知识是矢量性知识[①]，这是因为关于人类自组织的知识最终将给出一个关于人类行为的方向性的价值指向，进而构建起具有选择性决定的制度。对于这点不少学者有着认识，如莱布尼兹也曾将知识分为关于事实的知识和关于理性的知识[②]，而理性决定着人们行为的可行性，可以理解为方向性的行为选择。而一个个体之所以出现这种行为性的方向选择，按照诺思的解释就是信念的变化，这种信念事实上是关于人类自组织知识的变化。正如笔者在《人群知识分布与经济增长分析》中所指明的那样，由于人类关于自组织的知识是矢量性知识，因此，获取新的自组织知识，其自组织知识总量的变化，不仅会导致个体行为强烈度发生变化，而且会导致行为的方向性发生变化，体现为行为的不同方向性的选择性变更，这种变更取决于这类知识总量的斜率水平。我们可以用坐标系来说明，设定新的知识量所在的位置为 x 轴并朝向右方，当自组织知识存量与 x 轴的夹角大于 90°时，就会出现一个反方向的叠加，进而降低了原自组织知识所确定的行为方向性的强度，同时使叠加后的自组织知识的大小及方向发生改变；相反，当原自组织知识矢量与 x 轴的夹角小于 90 时，则使新的自组织知识形成一个正向的叠加，进而使原自组织知识行为的方向性约束得到强化，同时使其大小发生变化。而且，与 x 轴的夹角越小的原自组织知识存量对新的自组织知识起着越大的叠加效应。在这个基础上，我们可以更好地理解诺思所提出的“人力资本是指人类所拥有的根植于人们信念中的知识和人类创造的反映他们信念的制度”[③]。在这里，我们将制度归结为关于人类自组织分布的结果，那么，制度问题就不

① 张尚毅. 人群知识分布与经济增长分析. 探索，2014，（5）：98-103.

② Schneewind J B. Moral Philosophy from Montaigne to Kant. Cambridge：Cambridge University Press，1990.

③ 诺思 D C. 经济史中的结构与变迁. 陈郁，罗华平译. 上海：上海人民出版社，1991.

再是与知识相并列的概念,而是人类自组织知识的不同类型所构建的结果。这样，在人力资本的研究中也就不用做出知识与制度的区分，而是人力资本统一于人类关于自然的技术知识与关于自身的自组织知识的体系中。由此，我们也就可以更好地理解在诺思的论点中为什么始终将信念与制度同时提出来，但是，也应该指出诺思并没有将两者统一到自组织知识之中，因而，实际上将两者区分开的同时又力求同时用于说明经济增长问题。我们的结论是，不论是制度还是信念，都应该是人类关于自组织这类知识结构的结果。

论述到这里，事实上已经把“人们的经济活动以及如何使这种活动达到相互均衡共处都将从他们所掌握的关于世界的知识开始”[①]的观点做了进一步的拓展，而把关于世界的知识区分为两个不同的方面。关于人类自组织的知识在人群中体现为知识传统，这个知识传统在群体层面可以固化为制度规则，体现为人类对自组织的把握度；而关于自然的知识，则可以转化为技术知识，体现为人类对自然知识的运用度。通过将知识区分为两个方面，就可以试着理解舒尔茨所强调的“历史已经证明，我们能通过知识的进步来增加资源”[②]这个观点。这里，还需要进一步解决的问题是为什么知识的进步能增加资源进而推进经济增长，对于这个问题诺思做了比较充分的论述，就是知识的增长使不确定得到确定。人类不断提高对自然以及自组织的把握度，因而可控的措施可以使运用于经济增长的技术得到提高，同时，使对于群体性行动的可控度得到提高，这两方面的提高使人类在群体层面推进经济增长得到实现。具体来说，就是关于自然的知识可以演化为技术进步，使对自然的不确定变得更为确定。回到舒尔茨的观点上，这是技术的进步不仅使我们得于认识自然，从而使资源的供给量得到增加，而且可以发展出对经济社会增长有益的技术性知识，进而在技术层

① 张尚毅. 从知识传统到交易费用的支付. 探索，1998，（1）：81-84.

② 舒尔茨 T W. 论人力资本投资. 吴珠华译. 北京：北京经济学院出版社，1990.

面上对经济增长实现确定性把握，体现为技术进步对经济增长的正效益。关于这点在索洛等的研究中已经得到实证，如索洛通过实证研究明确指出在美国一个时期的经济增长中“生产函数中累计的技术变化约为 80%”①。但是，我们知道索洛所指出的增长只是短期内的增长，因而从长期来看并没有实证的结论得出技术对经济增长起着重要的作用。那么，从长期来看究竟哪种因素对经济增长起着决定性作用，从长期来看“一种经济的实绩取决于这种经济的组织结构”②，而组织结构终以制度或规则体现出来。对此，正如前面我们所指明的那样，一个经济体的制度结构制约着技术的进展，进而制约着经济增长，这点诺思从经济增长的历史中得出相同的结论，也可以从近代许多国家或地区经济增长的实践中得到证明。制度结构实际上就是对于人类关于自身行为的不确性的确定，这种确定由人类自组织知识所表现，而在知识层面则以知识传统体现出来，直接影响人们的行为模式，因此会出现“来自不同文化背景的人对同样的事情有不同的理解，从而会做出不同的选择”③，而这种选择由不同的关于人类自组织的知识所构建的文化传统所决定，因此，如何发展出对自组织知识这部分知识分布状况及确定性的理解，就成为经济实现长期增长的根本性问题。

第二节　知识分布对经济制度的影响

我们所指称的知识分布是依据一定规律形成的人群知识分布状况，而人均知识分布则体现了人群知识的平均水平状况。在进行论述时可以设定，对于某一个体来说以其最初所获得一定的关于人类自组织知识的存量，作为分析的基点。进行这样的分析是因为“分析人们将做什么只能从他们所

---

① 索洛 R M. 经济增长因素分析. 史清琪译. 北京：商务印书馆，1991.

② 诺思 D C. 经济史中的结构与变迁. 陈郁，罗华平译. 上海：上海人民出版社，1991.

③ 诺思 D C. 理解经济变迁过程. 钟正生，邢华译. 北京：中国人民大学出版社，2013.

知的问题开始”[①]，而不是简单地把分析建构在一个群体性的行动假设上，从而使分析的基础更接近于经济增长源于每个人的具体认知到的行为方式，并且不同的认知在群体行为上实现耦合这个事实。因此，关于知识对经济制度影响的分析就应建立在这个基础上，这点也正如诺思所指出的那样“制度是人类的创造物，它们演化着，并为人类所改变，因而，我们的理论必须从分析个人开始”[②]。在进一步的研究中可以设定一个经济体具有足够的人群数量，通过对个体知识存量的设定可以知道，对于具有足够个体数量的经济体来说，其所具有的知识总量为所有个体知识存量的矢量和。之所以提出这点是因为对于经济增长来说，人群数量起着非常重要的作用。经济增长必须建立在人群具有足够个体数量的基础上，简单的个体组成的小的群体是无法实现现代意义上的经济增长目标的。所以，可以将具备经济增长可能性的群体设定为某一经济体中人群数量达到足够大，并且由于在这样一个经济体内的不同个体具有不同的知识结构，人群的自组织知识分布状况就应该建立在这个基础上。这里，我们的研究着眼于人群知识结构对制度的影响,这是因为就仅仅存在一个个体所拥有的知识来说，不存在制度问题，单独的个体最多只能是适应制度的安排而不能内生地创造出一个制度。对于这点在经济研究中虽然存在诸多的争论，但是，就内生性的制度的形成来说始终归因于人群数量及其知识分布状况。我们赞成梅纳德·史密斯的观点“个体选择并不必然导致最优或者次优的社会结果”[③]，而取决于群体选择的结果，因为在制度结构与制度环境确定的情况下才能实现制度下的最优，而这个最优只能是个体所选择的最优，也就是个体在既定制度结构的情况下，由其所拥有的自组织知识所能够实现的最优的选择。那么，对于群体层面的制度来说，即梅纳德·史密斯所指出的选择从群体所处的制度环境来看,取决于人群对自组织知识的掌握水平，

① 哈耶克 F A. 个人主义与经济秩序. 邓正来译. 北京：北京经济学院出版社，1989.

② 诺思 D C. 制度、制度变迁与经济绩效. 杭行译. 上海：上海人民出版社，2014.

③ Smith M J. Evolution and the Theory of Game. Cambridge：Cambridge University Press，1982.

而这种水平不能简单求取平均值，取决于人均知识分布。做出这样的判断后，我们可以有效地解决前面所指明的在经济学中关于理性或有限理性的选择问题，所谓的有限理性只不过是知识积累的有限度而已，因而对一些问题的判断出现误差。但是，从长远来看通过知识积累的增长则可以符合理性的原则，实现制度结构条件下的最优，这正如贝克尔所指出的那样，“被经济学家认为是给予给定的偏好，以及被模糊地归于人类本性或者其他某些类似物——对自私、亲属间的利他主义和社会差别，以及偏好的其他方面的持久的重视——可以大部分地通过对随着时间的推移证明具有更大的基因适应性的生存价值的选择加以解释”[①]。这是因为从长远来看，与假设的自私理性行为相反的利他行为在所获得的知识存量能够对事件做出长远有利的基础上形成，最终一个经济体的人群能够在一定程度上满足完全理性的假设，使利他问题最终归结为长期可能实现的利己行为。

我们还要看到的一个情况就是，人群虽然都是由个体组成的，但是当人群达到一定数量时可以近似地看做连续的函数系列，因此可以假设人群知识分布是连续的。从数理统计相关原理可以知道，对于任意总体只要样本数量足够大，样本近似服从正态分布，其均值也近似服从正态分布。因此，在分析知识在人群中的分布状况时，我们也可以用正态分布进行研究，并从中确定由知识所映射的制度状况。对于前面我们的设定来说，这个经济体所体现出来的知识平均水平，即样本均值的经济意义体现为经济体系所能达到的人均知识分布存量水平。由于从逻辑上来说，人们对未来的决策取决于对过去的把握，以及对其中逻辑规则的把握程度，而这种把握程度体现在人群水平上就是一个经济体中人均知识存量水平，这个人均知识存量水平也就是对人群自组织的确定性把握的水平，并由此确定出可能的制度优化水平，最终体现为这个经济体中人群对经济增长问题所具有的平

① Becker G S. Altruism, egoism, and genetic fitness: economics and sociobiology. Journal of Economic Literature, 1976, 14 (3): 817-826.

均预见水平。

我们所需要得到的就是一个经济体中人均知识状况所能体现的人群知识水平，进而得到由人均知识分布状况所决定的知识传统性约束，最终这个约束体现为制度规则。并且，随着人群知识存量的增加，会不断改变人均知识存量，而人均知识存量的变化会引致制度演化，从而使“知识存量的累积对政治和经济制度的长期变迁起了潜移默化的作用”①。这种潜移默化作用不仅体现为随着这方面知识的增长，形成了具有共性的知识累积的强度，而且还强化了由知识所决定的价值方向，而价值方向将对在这个经济体内的个体形成知识传统性的潜在制度安排，从而使制度演进具备了条件。这里，应该指出的一点是，当经济体人群数量足够大的情况下，个体获得一定的知识增量时，不论这个增量的矢量和取值为正或负，随机个体的知识存量的变化并不必然导致人均知识分布水平的变化，因此，按照伯克利定理只为制度演进提供了可能性，而不会必然地引致制度的演进②。也正因此，在现实的经济活动中所观察到的个体，往往存在着与现实的制度结构不相称的自组织知识水平，当自组织知识水平在人均水平上发生变化，就有可能实现制度的演进。也就是说，当人群总的知识水平发生新的变化，则相应地引致人均知识分布状况发生变化时，相应地会改变该经济体的人均知识分布的水平，从而使制度实现具有大概率事件的演化。当这种情况发生时，知识的人均分布状况将影响到制度的演化，进而形成影响经济增长的制度安排和制度环境。

第三节　人均知识分布表征制度水平

在这部分的论述中，我们开始引进负知识这个概念。前面，已经确定

① 诺思 D C. 理解经济变迁过程. 钟正生，邢华译. 北京：中国人民大学出版社，2013.

② 张尚毅. 人群知识分布与经济增长分析. 探索，2014，（5）：98-103.

自组织知识是矢量性知识，因此，当一部分自组织知识在推进经济制度演进方面起着相反作用时，那么，这些自组织知识就是负知识。福利经济学有关理论表明，并不是所有制度的演变都有利于改进人群福利状况，即使如希克斯等所指出的弱化的福利改善在一些国家或地区也不能实现，其原因是什么？这是因为从知识分布状况来看，一些经济体中自组织知识演进与制度优化方向相反，当这些自组织知识在整个自组织知识体系中占有相当的份额时，可能会引致经济制度朝向相反方向演变，进而形成制度的退化效应。自组织知识既可能出现与制度演进方向相同的特征，也可能出现与制度演进方向相反的特性，也进一步说明所给出的关于自组织知识是矢量性知识的基本判断是正确的。当自组织知识累积起来存在负知识的情况下，就会出现制度退化，关于这点也可以从实践中得到理解，如为什么一些国家或地区在经济发展上会出现反方向演变,即出现经济大幅度的衰退。在现实中我们可以观察到确实存在一些经济制度不利于经济增长的事实，这是因为在经济制度的后面，存在着相对经济增长的制度结构来说的自组织知识为负值，从而经济制度阻碍了经济增长。

这里，必须解决的问题是为什么自组织知识分布会发生变化。从人类制度演进的历史来看,由于自然资源短缺可能引致关于自组织知识的变化。为了说明这点，可以引用近代工业革命作为例证，工业革命之所以在欧洲出现，在一定程度上就在于人力资源的短缺，从而演进出新制度模式，使人们不得不思考与之相适应的自组织知识，而自组织知识的演进导致了新制度的出现，正如赫拉利所指出的那样，“想象建构的秩序并非个人主观的理解，而是存在于主体之间，存在于千千万万人共同的想象之中”[①]。而他所指出的想象实际上就是认知革命的结果，他将之归结为“文化正是认知革命的主要成就”[①]。这里所指出的文化，实际上就是维系人群秩序存在的由知识所构建的制度。虽然，赫拉利没有明确指出这点，但他在纵

① 赫拉利 Y. 人类简史——从动物到上帝. 林俊宏译. 北京：中信出版社，2014.

论人类历史过程中人群能够合作发展的原因时，暗示了人群中存在着区别于人类个体生物性的群体性知识所决定的制度安排。这种存在于千千万万人中的共同的知识，既是哈耶克所意指的知识传统，也是本章中所指明的人均知识水平。同时，从数理统计理论中可以知道，人均知识水平取决于人群知识分布状况和人群数量，由此，可以得出人均知识分布状况决定制度优化水平的论断。基于此，我们认为只要自组织知识朝向制度的方向积累，就有可能推进制度的演变。当然，这里存在的一个前提是原有的经济制度有利于经济增长而不是相反，在这样的条件下的自组织知识积累的过程就是制度演进的过程，反之亦然。由此可见，自组织知识的演变对经济制度的演进起着非常重要的作用，由此，而间接与经济增长相关联。

那么，人群知识状况又是如何促进制度的演进的？结论是由于人群中各个不同群体关于自组织知识的差异性，这种差异性的存在使经济体自组织知识演变成为可能。诺思就明确指出，“知识的变化是经济演化的关键”[①]。当然，在这里诺思并没有对知识进行价值性区分，而这也是阻碍诺思新制度理论进一步深化的主要原因，但是，我们认为诺思至少开始意识到这点，他认为经济演化中“参与者的意向性通过他们逐渐形成的制度反映出来”[①]。诺思的意向性实质上就是一种知识的价值判断表现形式。这里，虽然诺思没有指明意向性与知识之间的关系，但是通过我们对知识作两个方面的划分就可以较好地进行理解，因为制度反映了自组织知识，所以当意向性发生变化时必然会促进制度的演进。这里，还必须回答的问题是意向性是如何演变的，这是由于在任何一个经济制度下都存在着处于不利地位的群体，而这个群体对经济制度有着改进的要求[②]，而且，这种要求的度是由这个群体中所处的不利度而决定的。考虑到经济制度由人均知识分布状况决定，那么，对制度演进有着不同度要求的群体的差异性本

① 诺思 D C. 理解经济变迁过程. 钟正生，邢华译. 北京：中国人民大学出版社，2013.

② 张尚毅. 人群知识分布与经济增长分析. 探索，2014，（5）：98-103.

身，就体现为在一个经济体内不同的群体关于自组织知识人均值的不同。当不同群体关于人均自组织知识相差越大时，经济制度演进的可能性越大。从泛函分析的一些基础的理论可以做些推论。对于一个经济体来说其经济制度优化水平取决于人均自组织知识的状况，可以写作 $\bar{x}\left(\overline{a_1},\overline{a_2},\cdots,\overline{a_n}\right)$，这个经济体经济制度的优化度即为人均自组织知识 $\bar{x}$ 所映射的水平。那么，对于任意的个体 i 来说，其对于制度的认识度存在着一定的差距，这个差距可以写作 d。这个个体 i 所具有的自组织知识可以写作 $x_i(a_1,a_2,\cdots,a_n)$。需要说明的是，不论人均知识中的自组织知识还是对于任意个体中的自组织知识，理论上都可取值为 $(-\infty,+\infty)$，当然也包括取值为零的状况，但并不影响对于人均自组织知识和任意个体自组织知识结构的描述。在做出这样的设定以后，可以得出一个等式 $d_i=\sqrt{\sum_i^n(a_i-\overline{a}_i)^2}$。这意味着任意个体 i 其对于既定经济制度的态度即由 d_i 所决定，因此，d_i 即是任意个体可能推进经济制度演进的动力所在。那么，对于这个经济体来说，现有的经济制度是否能够实现演变，就不仅取决于现有的自组织知识存量水平，而且也取决于每个个体对现有经济制度的认可度，可以设定这个经济体具有的个体数量为 n，那么就可以给出一个值 $D=\sum_1^n d_i$，这里 D 即为这个经济体对现有经济制度的总的认可度。

新近的一些研究也表明，当经济技术成为通用性后，必然导致增长的逐渐回落，解决这个问题的办法在于需要“制度和知识部门这两个环节改进”[①]。事实上，当我们将视点落脚到关于自组织知识决定制度的演进方向时，真正需要改革的重要环节就成为一个，这就是制度。从诺思的相关论述中可以看到，虽然将制度与知识相混同，但是，已经开始从这些方面找出原因。而当我们将经济制度的原因归结于人均自组织知识水平时，那

---

① 张平，刘霞辉，袁富华等. 突破经济增长减速的新要素供给理论、体制与政策选择. 经济研究，2015，（11）：4-19.

么在一个经济体内的具有差异性的人均自组织知识分布状况的不同群体，就成为经济演进的推动力量，这点也正能说明“我们必须加以考虑的第一个普遍论点是：有些政府活动比没有这些活动更能使竞争有效有益”[①]。这是因为，当一个经济体的发展更大程度依赖于小的自组织时，在一个经济体内会形成更多的具有区别的内生性自组织知识结构和制度模式，而这些具有相对差异性的自组织知识结构会有着对制度演进的要求，进而一个社会出现制度演进的可能性变大。这种情况也可以用以解释防止垄断出现的必要性，因为，垄断将导致一个经济体自组织知识固化，从而制约了行业相关制度的演进，这个结论与普雷斯科特等的研究是一致的，也与我们对现实经济的观察是一致的。

我们还将面临着“由于在历史上或在当今的世界，无不同时存在着成长的、停滞的或衰落的经济体……如果说穷国之所以穷是因为它们是阻碍成长的制度结构的牺牲品，那么制度结构是外部强加的？还是内生的？还是二者结合”[②]？对此，不少学者都存在着疑问。通过对人均自组织知识分布及其所映射的制度演进情况的分析，可以这样认为，制度既可以是内生的也与外部强加相关。这是因为通过对知识积累的分析可以看到，制度的演进与一个经济体内人均自组织知识分布状况相关，而人均自组织知识分布状况最终取决于个体的自组织知识积累的总体水平。内生的制度来源于人均自组织知识分布状况，而外部强加的制度则以对自组织知识积累的方式影响到人均自组织知识分布水平，这点十分容易掩盖问题的真相，学者们往往将外部强加的方式导致制度演进视为当然，而没有注意到由于外部性自组织知识的影响使一个经济体内部自组织知识结构出现变化。同时，因为构成制度的自组织知识对经济体内部个体的自组织知识形成矢量和效应，从而在一种渐进的过程中影响到制度安排与制度环境，这也就能解释

---

① 哈耶克 F A. 个人主义与经济秩序. 邓正来译. 北京：北京经济学院出版社，1989.

② 奥斯特罗姆 E. 集体行动与社会规范的演进. 王宇锋译. 经济社会体制比较，2012，(5)：1-13.

为什么强加的外部制度总是通过渐进的方式影响着人们的行为规范，并逐渐成为可以适用的制度结构。因此，当我们将着眼点放在自组织知识的分布上时，通过自组织知识对制度的演进作用，也就可以对外部性强加制度对一个经济体的制度结构的影响做出解释。我们还需要进一步阐明的是人类的知识不可能是完全的，因此需要一种不断交流和获得知识的途径，但是，更为重要的是如何在这个交流过程中使不同群体及个体的知识保持差异，作为后者可能在促进制度的演进上更为重要。但是，在现实经济活动中人们往往忽视这点，倾向于对一种有利于经济增长的制度在不同区域的应用，或者倾向于对于在当前制度环境下有利的个体的福利程度的保持或提高的制度的应用，而不能认识到制度的演进对经济的作用在于差异性的存在。并且，正因为这种差异性的存在，制度演变成为可能，进而为经济增长提供可能性。

第四节　从制度到经济增长的路径

一个经济体的制度的演进取决于人均自组织知识分布状况，也就是说，当人均自组织知识分布水平提高时，会促进经济制度的演进；反之，当自组织知识水平下降时，会导致经济制度退化，对此在前面我们已经做了论证。而对于制度在经济增长中的作用已经作为经济绩效并被包括诺思在内的学者们所解决，认为“激励是经济绩效的根本决定因素”①，也即将制度与经济增长本身直接联系起来，尽管如此，我们仍然面临着制度到底如何引致增长。虽然，诺思已经指出了“制度通过其对交换与生产成本的影响来影响经济绩效”①，然而，他又同时认为“制度未必或者通常不会是为了实现社会效率而被创造出来，相反它们被创立，是为了服务于那些有制定新规则的谈判能力的人的利益的”①。也正因此，虽然制度的演进引致经

① 诺思 D C. 制度、制度变迁与经济绩效. 杭行译. 上海：格致出版社，2014.

济增长，但是究竟沿着怎样的路径却不很清晰，对此诺思也明确提出从制度到经济增长的路径并不十分清楚，并指出“厘清到底是哪些制度特征型塑了绩效，将是十分有价值的”[①]。这部分的重点就是探索解决这个问题，以便构建起从制度到经济增长率的清晰路径，这也是本书的一个重点。

从制度到经济增长必然存在一个中间部分，而不是如新制度经济学派所分析的制度改变与经济增长的直接关系问题。虽然，诺思等通过对经济史的检验，提出了即使在经济领域应用的技术不进步的情况下，制度的演进也会推进经济增长的结论，但是，进一步的研究中我们将会发现，两者之间并没有必然的直接逻辑关系。要解决制度与经济增长逻辑路径这个问题，还必须从我们所分析的个人知识的构成出发。个人的知识分为关于人的自组织的知识与关于自然的知识，前者决定了制度的演变，后者构成并可以深化为技术的进步，而经济的增长很大程度上应归结为技术进步的结果。如果是这样，那么，制度又是如何引致经济增长呢？以中国的情况为例，几千年的文明史中相当一部分时间都在人口扩张与社会动荡中徘徊，其中一个很重要的原因就是技术所提供经济增长的可能无法满足人口增长的需要，进而引致了社会动乱和人口的急剧减少，直到明清以来技术进步才实现了真正意义上的经济增长,从而使这个问题在一定程度上得到解决，这点也可以从其他相关文献得到论证。新近的研究通过数量分析也指出，“发展中国家若想超过发达国家，只能通过改善研发部门的外部环境，提高人力资本水平，进而提升知识生产率”[②]。如果制度是影响经济绩效的原因，而技术又在经济增长中起到十分重要的作用，那么，制度与经济增长之间的路径就可能是制度通过技术而起作用，因而在人类两类知识中就形成了这样一个逻辑关系，关于人类自组织的知识决定了制度的演进，而制度的演进促进了关于自然知识的积累，自然知识的积累决定了技术的进

---

① 诺思 D C. 制度、制度变迁与经济绩效. 杭行译. 上海：格致出版社，2014.

② 苏志庆，陈银娥. 知识贸易、技术进步与经济增长. 经济研究，2014，（8）：133-145.

步，进而推动了经济增长。对此，我们可以从人类关于科学知识演变的历史中找到答案。科学知识发展的历程是艰难的，每一次重大的科学知识取得，都与一个时期人们关于自身的知识的重大演进相关，其中与各个时期的制度选择密切相关，而能够容纳自组织知识积累的经济体，就将实现经济增长的可能，正如经济学家迪顿在新近的研究中指出："可持续发展出现在欧洲的一个原因是，欧洲的政治分裂状态让那些不受欢迎的观点逃离某个国家的政治管辖范围，并在别处发展起来。"[①]在欧洲如此，在其他国家或地区也是如此，能够容纳自组织知识正向累积的经济体，将实现经济的持续增长。反之，不论是从经济体内生因素的角度还是外生因素的角度来看，不能容纳自组织知识正向累积的经济体，将会出现我们其他章节所指出的只能维持制度增长率，甚至于使经济出现衰退的情况。

当然，除了从科学知识演进的历史中发现答案，也可以从逻辑上进行进一步的论证，以更为清晰地阐明其间的逻辑关系。这里，可以考虑技术与经济增长存在着函数关系人均自组织知识与制度相互映射，制度确定了应用于经济增长的技术上限水平，进而推论出在自组织知识的人均分布状态下可能自发产生的以及能够吸收的技术水平，而由于制度演进取决于人均自组织知识分布状况，当人均自组织知识分布状况没有发生大的变化的情况下，一个既定的经济制度既不可能演进也不易于退化，进而维持一个相对稳定的状态。对于这点如果要提出相应的例证的话，可以从中国古代的历史发展过程进行简要论证。从中国古代历史发展实践分析来看，全民几乎具有相类似的对行为的标准，甚至于在中国古代数千年的历史中，人均自组织知识存量几乎没有发生大的变化，如自汉代以来各个朝代几乎都以儒家思想作为正统的治国理政的思想，并且在这个过程中没有发生过比较大的改变，如果说有些例外，如其他章节所指明的情况，大多是在多民族统治的情况下不同的自组织知识的相互影响的结果。我们可以认为，在

① 迪顿 A. 贫富差距会更大吗？环球科技，2016，（10）：43.

中国古代这样一个相当长的时间段内的人均自组织知识方差相对较小，而在方差相对较小的情况下，根据前面我们做出的推论，这样的经济体内生制度演进是难以实现的，同时，制度演进难以实现而制约了应用于经济增长的技术进步，从而使技术进步难以从根本上形成推进经济增长的力量。对此，可以顺便提及一个不同的观点，我们认为中国古代经济问题并不在于不重视商业经济的发展，而在于自组织知识方差较小，进而使应用于经济的技术增长有限，也就使中国古代经济增长极为有限，这类情况直到近代才有所改变，其中的原因当然与近代欧洲等其他民族相关自组织知识的渗入有关，这点也与安格斯·迪顿所指明的情况相类似，不同点在于清代的中国只是不得不接受而已，并且是一个非常漫长的过程。

关于人类自组织的知识直接影响人类行为和对问题的判断，从而影响一个经济体制度的演进，正如诺思所指出的“行为人的观念在制度中所发挥的作用，要比其在技术变迁中所发挥的作用更为重要，因为意识形态信念影响着决定选择的主观构念模型”[①]，而这种主观构念模型说到底就是我们所指出的关于人类自组织的知识，并且由此形成了一个经济体的制度和执行制度约束的基础。这方面的演进使一个经济体能够自发地产生出新的技术以及可能引入新的技术，进而如罗默等所提出的知识递增效应，从而解决经济增长满足与人口需要的问题。虽然，诺思也提出了“制度与所用技术一起决定交易费用”[①]，但仍然没有说明它们之间的逻辑关系，因此，他也只能从定性的角度一再提出把制度作为极其重要的因变量而纳入增长函数之中，但也不得不承认“规则与绩效之间事实上不存在严格的一一对应关系”[①]。究其根本原因，是没有真正找出制度由关于人类自组织知识人均分布状态所决定的根源。巴罗在论述教育对经济增长的作用时曾指出，“教育对于经济体吸收新技术的能力具有积极效应的理论”[②]，对

① 诺思 D C. 制度、制度变迁与经济绩效. 杭行译. 上海：格致出版社，2014.

② 巴罗 R J. 经济增长的决定因素. 李剑译. 北京：中国人民大学出版社，2004.

此，我们认为其原因是教育既传播了关于自然的知识，也传授关于人类自组织的知识，而关于人类自组织知识的分布状况决定了经济体制度演进的可能，进而使内生技术进步与引进技术成为可能。这些情况也进一步证明了我们所提出的从关于人类自身知识人均分布开始的经济增长的逻辑证明。

由于真正意义上的经济增长发生在近代，因此，可以以此作进一步论证。汪丁丁曾经指出“对人类社会至关重要的那些问题，如经济学问题……首先存在的是一些观念，其次才是有一些人来阐述这些观念”[①]。回顾 20 世纪的经济增长也可以清楚地证明这点，在中国由于人们思想观念转变到市场经济的轨道上来，才实现了快速的增长，因此，作为观念的自组织知识在经济增长中起着十分重要的作用。诺思就明确指出：“中古盛世时技术确有进展，虽则由于社会风尚冷淡，其进程受到阻碍。由于没有制度上的保证，以致发明家个人收益率与社会收益率相等。”[②]正因为在制度层面没有形成对技术收益的有利制度环境，因而技术创新即使出现也无法在全社会形成有效的生产力，“这样一来，构成经济发展的生产率的提高也就减弱或延迟了”[③]。也正因此，缺乏对技术创新以及对技术引进的制度环境便阻碍了技术的演进，“由于制度结构的不同，资源禀赋相似的国家可能具有不同的发展路径。因为制度影响一国改进和开发新技术的动力”[④]。温加斯特在相关研究中就明确指出：“地方政府对经济事务的独立权力——事实上的联邦制——对工业革命的出现起到关键性的作用。”[⑤]并确切地指出这是因为在几乎所有的商业中心，行会的管理限制了竞争、定价、进入和培训，因而也就不可能使行业发生新知识积累，进而阻碍了制度的演进，这也就是为什么“工业化没有在既有的商业中心出现”[⑤]的原因。而我们知道，真正意义上的现代经济增长发源于工业革命引致的技

① 汪丁丁. 经济学思想史进阶讲义. 上海：上海人民出版社，2015.

② 诺思 D C. 制度、制度变迁与经济绩效. 杭行译. 上海：格致出版社，2014.

③ 诺思 D C，托马斯 R. 西方世界的兴起. 厉以平，蔡磊译. 北京：华夏出版社，1989.

④ 赫尔普曼 E. 经济增长的秘密. 王世华，吴筱译. 北京：中国人民大学出版社，2002.

⑤ 温加斯特 B R. 交易费用政治学. 刘亚平译. 北京：中国人民大学出版社，2013.

术进步，并由此彻底改变了经济由外延式增长导致人口扩张，最终使经济无法支持人口扩张的需要而引发社会混乱的模式，使人类社会经济增长能够支持人口扩张的需要。技术支持的经济增长，说到底也还是由于人类对自然知识把握程度的提高所致，这点也可以从自然科学发展的历程中观察到。自然科学知识的丰富程度在时间上几乎与出现现代经济增长相一致，可以说两者关系密切，近代经济增长可以追溯到蒸汽机的发明，而这又与经典力学的发现相关联,而所有这些都与新的经济制度模式的出现相联系。新经济制度模式的出现，又与人们对人类自组织知识的丰富度相关联，因此，可以说经济增长的原因归结起来都起因于自组织知识的演进的结果。

通过前面的分析我们已经能够比较清楚地看到，当以知识作为经济分析的基础，并且能够恰当地把知识分为关于自然的知识和关于人类自组织的知识时，就可以较好地追溯经济增长的原因。这点也可以从生物学的进展得到证明，从而可以使经济学中面临的一些问题得到比较好的解决，这也与人类文明的进展相适应。人类发展的历史总体上就是如何适应和改造自然，使自然演变的不确定性通过技术的手段逐步实现确定性把握，而在这个过程中发展起来的各种人类自组织对确定性的要求越来越高，如果没有对人类自组织的确定性把握，最终使对技术的确定性把握特别是对运用技术推进经济增长成为不可能，关于这点可以从各个国家或地区的历史及正在进行的事情得到证明，因此，对群体活动的确定性把握应该成为经济增长的最终决定性因素。

同时，我们发现推进对人类自组织的确定化与人类价值性选择密切相关，而这种价值性选择根源于人类自组织的知识，这种知识的进展是人类自组织确定的基础。通过相关研究我们发现推进人类自组织知识的进展主要取决于两个方面：一是在经济社会区域内存在着不同群体之间人均知识水平的差异性，二是人群数量大小，并且人均知识进展与人群数量呈负相关。这两个问题得以明晰，在一定程度上使制度黑箱问题得到解决。在此基础上，我们推论出经济制度与技术进展存在正相关，而技术进步与经济增长具有明显作用，因而可以构建出知识进展、制度演进、技术发展和经济增长的逻辑顺序，从而可以更为清楚地认识到决定经济增长的最终因素在于人类自组织相关知识的进展，而这也能够解决困扰经济学家对发展中国家经济增长的解释问题，从而使经济理论能够更为一致地适应于不同的国家或地区。这里，还不能准确得出的是三者之间的量化关系，这也是下一步将要继续研究的方向。

第十章
制度的性质及其运行机制

第一节　回归知识的制度的本质

制度虽然已经被纳入经济增长分析之中，但是，制度是如何发挥作用的却语焉不详，特别是制度如何通过推进技术进步，进而推动经济增长更少有论及。在经济增长分析中制度的作用基本上是一个黑箱，制度推动经济增长的具体路径并不清楚。这一章我们将通过对制度进行分析，弄清楚制度到底是怎么形成的，并归结于是由人类的自组织知识构建而成。就是说有什么样的自组织知识就会有什么样的制度，进而将制度回归到知识，并对知识进行分类以揭开制度黑箱。通过将自组织知识引入制度的成因，指明制度通过推进技术进步促进经济增长的机制。

我们将制度的本质确定为知识，这是因为建立一个制度从根本上来说还在于人们知道如何建立制度，想建立什么样的制度，以及这个制度可能达到的效果。就此而言，制度问题从本质上来说就是知识的集合以及知识如何运用的问题。新制度经济学代表人物诺思就明确提出："个人拥有的知识存量是经济、社会绩效的潜在因素，知识的变化是经济演化的关键。"[①]"知识整合的成败是经济发展的核心问题"[②]。德姆塞茨在《关于产权的一种理论》一文中也这样认为，"知识的变化导致生产

① 诺思 D C. 理解经济变迁过程. 钟正生，邢华译. 北京：中国人民大学出版社，2013.

② 诺思 D C. 经济史中的结构与变迁. 陈郁，罗华平译. 上海：上海人民出版社，1991.

函数、市场价值和市场预期的变化”[①]。从新制度经济学的这些观点来看，虽然没有直接将制度与知识衔接起来，但是从新制度经济理论中强调制度是经济增长的最根本因素来看，将知识作为经济增长的关键，实际上就是将经济增长的制度归结于知识。对此，我们还要讲的就是新制度经济理论中虽然强调制度的作用，但在一定程度上将制度与知识相并立，虽然意识到知识的根本性作用，而没有将制度本身归结于知识。分析其原因在于，新制度经济理论中并没有对知识进行区分，而是无区别地作为人类的知识总体。人类文明史记载的各种经济制度虽然并不相同，而且不同的时期具有不同的特点，但都是以一个时期人类对自组织的认识为局限的，而形成的制度模式应该是当时人们所能认知到的相对较好的经济制度。这个意思实际上就意指了经济制度是人们所能认知的以及能够把握的相关自组织知识所能达到的阈限，而人类认知的结果体现出知识的积累，从这点来说人类所建立的制度及其演进在本质上就是人类自组织知识的积累，“知识累积对政策和经济制度的长期变迁起了潜移默化的作用”[②]。因此，研究经济制度的性质及其运行机制如何在推进经济增长中发挥作用这个问题，可以从知识角度来论证，进而剖析出经济制度运行的机制，以及经济制度演进的路径。

知识存在于每一个个体之中，而制度是针对人群而言的，个体无所谓制度。关于这点德姆塞茨就说过，“在鲁宾逊的世界里，产权是不起作用的”[①]。张五常也很明确地指出：“一人世界没有社会，也没有经济制度。”[③]确实如张五常所指出的那样，由于人群的数量的扩张而产生秩序，进而形成对经济体所有个体进行限制的制度。也正因此，在一个经济体中所有个体的知识共同形成了作为行为方式所依赖的制度。而这些个体知识共同作

① 德姆塞茨 H. 关于产权的一种理论//科斯 R，阿尔钦 A，诺思 D等. 财产权利与制度变迁. 刘守英译. 上海：上海人民出版社，1994.

② 诺思 D C. 经济史中的结构与变迁. 陈郁，罗华平译. 上海：上海人民出版社，1991.

③ 张五常. 制度的选择. 北京：中信出版社，2014.

用的结果形成的制度，使整个经济体体现出增长的模式，“人类表现出智力的提高，更主要的原因不是个人私有知识的增加，而是收集各种不同的分散信息方式，这反过来又产生了秩序并提高了生产力”[①]。也就是说，一个经济体中的所有个体的知识，最终形成了对经济增长有着最终影响的制度，而这个制度才是经济增长的更为根本的原因。所以，在研究把制度回归于知识问题时应放在一个相对较大的人群范围。这里需要解决的问题是，分散在个体中的知识是如何形成制度的。正如前面所指出的那样，制度是群体认知的结果。哈耶克这样认为，“解释整个经济活动的秩序是如何实现的，这个过程运用了大量的知识，但这些知识并不是集中在任何个人头脑中的知识，而仅仅是作为不计其数的不同的个人的分立的知识而存在的”[②]。但是，这些分散的知识如何形成具有一致性的制度，哈耶克仅以自生自发秩序来表达，认为“当一种秩序的要素乃是有智识的人的时候，这种秩序得以型构的主要条件就是每个人都知道在他的环境中有哪些境况是其所能依凭的”[③]。但是，哈耶克并没有指明由知识到秩序或者制度实现的途径，因此，他也只能以自发的秩序来解释，从而避免了说明知识到制度的过程。诺思的相关理论在哈耶克的这个基础有了新的进展，他认为“制度必须从人类的意向性等方面进行解释”[④]，并且做出这样的论断“反映共同信念体系的共享心智模型转化为公认合法的一套制度”[④]。从诺思的相关论著所阐明的这些基本观点来看，所谓制度应该是人群中个体知识的共同部分，而这也与哈耶克所主张的知识传统相类似，只是哈耶克相对简单地将这些比较复杂的构建过程用一个基本概念进行代替。然而，当我们将视野转到在任何一个经济制度中都存在被

---

① 哈耶克 F A. 致命的自负. 冯克利等译. 北京：中国社会科学出版社，2000.

② Hayek F A. Studies in philosophy，politics and economics. Routledge & Kegan Paul，1967，13（2）：92.

③ 哈耶克 F A. 自由秩序原理. 邓正来译. 上海：上海三联书店，1997.

④ 诺思 D C. 理解经济变迁过程. 钟正生，邢华译. 北京：中国人民大学出版社，2013.

动接受制度的个体时[①]，这个共享心智就不大可能是每个个体所具有的知识的共同部分，也就是说，即使在同一个经济体内也有部分个体可能并不具有这样共同的心智。这是因为在一个经济体内建立起一个制度并不一定被所有的个体所共同认可，可能在更大程度上符合一种统计学意义上的概率分布，并在这个基础上形成具有平均值意义上的认可。以选举为例，不管在何种选择体系中，都不大可能得出真实的一致性。这里还可以以一个经济体为例进行论证，我们将发现在这个经济体中所进行的关于制度的选择，并不是完全一致同意的结果，而只是以多数原则进行的。也就是说，尽管这个制度是更为优化的制度，但也并不是所有个体都同意，因而不大可能形成一个所有个体都具有完全相同的知识存量，并由这部分知识存量演进成为制度。

我们认为一个经济体中的制度结构优化水平，应该是前面论证过的结论，即这个经济体中所有个体自组织知识的人均水平的期望值，这是制度结构形成的基础。即使具体到经济体中更为基层的群体的亚层面，仍然是在这个亚层面人均期望的结果。基于这种认识，我们可以通过对人类自组织知识构成来分析经济制度形成的模式,在这个基础上渐次揭开制度黑箱，进而认识到制度的本质。事实上，回归于人的生物学层面也可以得出类似的结论。人类在更大程度上是按模式的方式进行认知的，关于这点在前面的章节中我们作过一些论述。生物学家埃德尔曼认为："作为选择性系统，大脑的运作显然不是基于逻辑，而是基于模式识别。"[②]从大量的实证情况来看，这种模式化的识别应该是基于规则化知识累积的结果，所以西蒙认为"人类不仅是一个学习的动物，也是一个模式发现和概念形成的动物"[③]。新近的一些研究也进一步证明了这点，"人类的认知和行为依赖

---

① 张尚毅. 非均衡经济主体论. 渝州大学学报（社会科学版），1998，（1）：57-62.

② 埃德尔曼 G M. 第二自然. 唐璐译. 长沙：湖南科学技术出版社，2010.

③ Simon H A. Theories of decision-making in economics and behavioral science. American Economic Review，1959，49：253-283.

的是已有的规则，而不是理性的思考”[①]。所以，哈耶克以为“从科学解释的角度说，并不是我们所谓的理智发展出了文明，更不用说指导进化的方向了，而是理智和文明的同时发展或进化。我们所谓的理智，并非像人生来就有大脑一样，是他生来便有的东西或是由大脑产生的东西，而是他的遗传组织在他成长的过程中，帮助他从自己的家庭的成年同胞那里吸收不是由遗传的传统成果而获得的”[②]。另外，2016 年 AlphaGo 与人进行的人机围棋比赛也印证了这个结果，历史上曾经认为机器永远不可能在围棋这个项目中战胜人类，从逻辑角度来看，过于复杂的计算使机器不可能在有限的时间得出正确的计算结果，而真实的比赛却反证了这点。分析其原因也在于人们认识到人的思维是按模式化的方式进行的，对各类判断更多的是运用模式化的思维的结果。新近的研究认为，“人类的右背外侧前额叶皮层负责解读来自杏仁核的负面情绪信息，包括焦虑感、恐惧感和厌恶感等，而左背外侧前额叶皮层则负责解读一般的功利性计算信息；解读以后的信息则由整个背外侧前额皮层整合、编码为一个统一的行为意图，进而使人们做出相应的风险决策”[③]。因此，将制度归结于认知中的自组织知识的积累，进而形成模式化的思维，这些具有生物学基础。人类关于制度问题的认知，在很大程度上就在于这种模式化的思维本身，因而形成了人们所遵循的制度模式。这里也顺便可以对人工智能提出一点意见，如果能够将输入人工智的知识划分为两个部分，即具有构建价值判断的自组织知识和具有技能性的自然知识，而较少地输入或有方向性地输入自组织知识，那么，人类可能会避免未来的人与人工智能的冲突。当然，这是题外话，但也进一步说明了自组织知识对于模式化的价值判断形成的重要作用。

人群具有的自组织知识的平均水平，是一个制度结构优化度的映射

---

① 刘文超. 演化经济学的人类行为理论. 学术月刊，2015，（2）：73-83.

② 哈耶克 F A. 致命的自负. 冯克利等译. 北京：中国社会科学出版社，2000.

③ 贾拥民，黄达强，郑昊力等. 偏好的异质性与一致性. 南方经济，2015，（5）：97-119.

值[①]，这与演化经济理论所指出的，知识主导着行为者的认知和行为相一致，也是在哈耶克的相关论述基础上的演进。因为哈耶克所提出的知识传统是一种具有共性的关于制度的知识，而我们所指出的人均自组织知识是在数学意义上的人均期望值，并且是一个可以演进的动态性结构。那么，就如前面所指出的那样，在个体基础上的人均自组织知识就是一个有效样本。这里，还必须重申的是个体具有的知识从总体上可以分为两大类。一类是关于人类自组织的知识，这类知识最终成为制度知识；另一类是关于自然的知识，这类知识最终成为技术知识[①]。对知识进行这种分类现在已经越来越多地体现在文献中,赫拉利在他的相关论著中就明确指出了一点，他认为"想象建构的秩序并非个人主观的想象，而是存在于主体之间，存在于千千万万人共同的想象之中"[②]，这种想象建构的秩序来源于人类对自组织的认识。尽管赫拉利没有明确指出来，但已经将之与来源于自然的知识区别开来，人类的知识除来源于自然知识之外还存在自组织知识，而这种自组织知识对于赫拉利就是其所反复提及的想象，这种想象即是由人类的自组织知识所构建而成的结果。对此，诺思有更为明确的表述，他认为"人造结构是我们的文化遗产，……决定经济绩效的人造结构由相互依赖的制度组成"[③]。因此，当我们将经济制度回归到知识上时，实际上将之回归为关于自组织的知识，而做了这样的回归就能够较好地解决制度结构是通过什么样的途径推进经济增长的。因此，这里还有一个值得研究的问题是制度演进如何对应用于经济增长的技术进步发挥作用，是否一个确定的制度就必然产生相应的技术，从而使依赖技术进步的经济增长成为确定值。显然，现实的经济增长情况并不完全支持这点。我们认为经济制度演进只是为技术进步提供了条件，技术的进步是经济制度演进的条件下可能出现的情况，也就是说，出现技术进步是一个条件性的概率事件。

---

① 张尚毅. 人群知识分布与经济增长分析. 探索，2014，（5）：98-103.

② 赫拉利 Y. 人类简史——从动物到上帝. 林俊宏译. 北京：中信出版社，2014.

③ 诺思 D C. 理解经济变迁过程. 钟正生，邢华译. 北京：中国人民大学出版社，2013.

为了解决这个问题，可以通过概率与统计的方法进行。由于在一定区域范围内人群数量是十分广大的，因此可以认为样本数量足够大。而我们知道当样本数足够大时对于任意总体将近似服从正态分布。此外，从随机变量正态分布相关性质可以知道，当一个随机变量服从正态分布时其均值也服从正态分布。指出这点的经济意义是，考虑到每个个体所具有的知识量为一个样本，对于任意个体即为一个随机变量，那么，当人群数量足够大时也即样本数量足够大时人群知识状况服从正态分布。在此基础上这个人群的人均知识状况，从统计意义上也服从正态分布。可以令一个随机个体的自组织知识存量为一随机变量 z_i，意指了某一个个体具有的关于自组织的知识存量为 z_i。那么，对于随机变量 z_i，总存在一个期限望值 μ 和方差 σ，而来自这样一个群体的人均知识水平 $\overline{z}=\frac{1}{n}\sum_{1}^{n}z_i$。根据正态分布性质，一个随机样本符合正态分布的情况下其均值也近似服从正态分布，并且这个平均值有着相应的期望与方差。因此，根据正态分布性质，对于自组织知识存量为 z_i 的样本，人均自组织知识变量样本 $\overline{z}$ 具有期望值 μ 和方差 $\frac{\sigma^2}{n}$，因此，$\overline{z}$ 应该服从于正态分布 $\mathrm{N}\left(\mu,\frac{\sigma^2}{n}\right)$。由于人类关于自组织知识的状况决定了其制度模式，同时，在前面的章节中我们已经论证出不管个体在经济体中处于什么状况，其在一个制度中的重要性并不影响分布状况，因此，这个制度取决于由人均知识分布所对应的变量状况，这也是大部分直接选举所体现出来的意思，但实际上在制度产生过程中时刻都在进行着这样的选择过程。大量事实证明，当没有外界影响时人群会自发地产生制度以维持群体秩序，所以希克斯认为最早出现的经济模式是习俗经济，即“最早的非市场经济模型”[①]，这应该就是一种自发产生的经济制度。对此，哈耶克也有大量的论述，然而比较有趣的是哈耶克并不认为自发产生的秩序与非市场经济模式相关，但是回归到习俗这点上来说，两者应该是

① 希克斯 J R. 经济史理论. 厉以平译. 北京：商务印书馆，2010.

一致的。由于各类制度模式都有着很大的不同，对这些制度模式进行检验，可以从一个制度所肯定的价值判断得到认知，而这些价值判断说到底应该归因于自组织知识的方向性选择。当然，正如前面我们所指出的那样，具有价值判断的自组织知识是矢量，而价值判断实际上包括两个方面，既包括其绝对值的大小也包括方向性。对于这点，新近的一些研究也做了论证，认为“认知神经科学的发展，使得经济理性的理论预设可以在精确化的道路上更进一步，可以降低古典经济学的规范命题在操作中的不确定性……在一定程度上甚至可以物化处理以往无法解决的价值问题”[①]。事实上，从一些史料中也可得出相应的论证结果，正如赫拉利所指出的那样，在汉谟拉法典时期所明确的价值判断，与现代所持有的价值判断存在很大的差异[②]，如汉谟拉法典明确记载着一个人如果杀死另一家人的女儿时，那么通过处死另一家人的女儿，就是符合当时价值取向的非常正义的办法。但是，这种汉谟拉法典所体现出的法制思想在现在的社会制度体系中，既不可能实施也令人难以想象。

在现在的法律体系中，女儿并不属于家长，而是一个法律所认可的独立的个体，家长的行为并不导致女儿应该受到处罚。比较两者，我们会发现人们对正义的认知相差非常大。对此，还可以从历史史料中引证更多的论证，但通过分析这种差异，我们可以认为其原因就在于不同的时代，在经济体中体现群体性认知的人均自组织知识存在差异，在差异性的自组织知识作用下价值判断出现区别，因而产生的以法律制度所体现的制度模式也就有着很大的不同。但是有一点可以肯定，即经济体的人均知识分布状况决定制度结构的差异，因而也就决定了制度优化水平。在后面的章节我们将给出如何检验制度结构优化度的指标。这里，我们的着眼点主要是与经济增长相关的经济制度水平，而且把越有利于经济增长的经济制度视为

① 郭春镇. 经济理性的完善及其与道义理性的对接. 厦门大学学报（哲学社会科学版），2014，（5）：7-14.

② 赫拉利 Y. 人类简史——从动物到上帝. 林俊宏译. 北京：中信出版社，2014.

优化度越高的制度模式。从这个出发点来看，经济制度演进可以锁定在有利于经济增长上，其间的桥梁性作用则为技术演进水平。这是因为经济增长的大量的事实以及理论，都指向了技术的进步是经济增长的重要原因，特别是近代以来的各国各地区经济增长的事实也直接证明了这点，这也是为什么现代不少国家或地区都把采用先进技术或者推进技术进步作为经济增长的不二法宝。但是，这些国家或地区忽视了一点，如果没有能够容纳技术的制度结构，那么也就不可能持续性地有先进技术在经济中的应用。弗农·拉坦非常明确地指出，“导致技术变迁的新知识的产生是制度发展过程的结果”[①]。但是，拉坦所没有指明的正如前面我们强调的是，知识可以分为两个方面，而自组织知识才是决定制度演进的知识，对此，拉坦也意识到了但没有进行概括，他认为，“对制度变迁供给的转变是由社会科学知识及法律、商业、社会服务和计划领域的进步所致”[①]。这些观点，正强调了自组织知识在制度演进中起着重要的作用，而制度所提供的技术应用于经济增长的可能，成为经济增长的关键，这也从另一个方面使技术对经济的重要作用弱化。但是，为什么现代各国各地区的政府都特别重视技术对经济的重要作用？因为对于当前的政府来说，推进制度的演变可能带来更大的风险，同时，推进技术的演进可能会带来更为短期的效果，而现代政府的任期都相对较短，因此，推进技术进步只是一个短期的办法而已。

技术的演进与人类所掌握的自然知识相关。如果人类关于自组织知识的状况决定着对自然知识的掌握，那么就可以认为经济制度演进对技术起着决定性作用。关于这点可以从大量的经济发展事实得到论证。在不同的经济制度下经济增长实绩具有明显的不同，因此制度应该是技术演进的条件函数。但是，我们也认可制度并不必然地产生相应的技术和推进技术演进，而是在一种概率性的水平上体现出推进技术演进的可能性。当制度是

---

① 拉坦 V W. 诱致性制度变迁理论. 载科斯 R，阿尔钦 A，诺思 D 等. 财产权利与制度变迁. 刘守英译. 上海：上海人民出版社，1994.

技术发展的条件时，那么技术在经济中的应用及其进步当然就与制度的演进相关。

第二节 知识条件下的制度演进

由于制度最终决定了技术在经济中的应用，因此，就经济技术的发展来说制度是条件。而当我们将人类的知识分解为关于自组织的知识和关于自然的知识两个部分时，可以设定个体具有的知识存量为 $z = x+y$。其中，z 表示人类的知识存量，x 表示人类自组织知识的存量，y 表示自然知识的存量。当给出任意一个自组织知识的权数 a_i，即自组织知识存量占知识存量的比重，那么，有 $x=a_iz$，$y=(1-a_i)z$。由此，对于任何一个总体不管服从什么分布，当其数量达到足够大时都近似服从正态分布，同时，可以推论出样本的均值也近似服从正态分布。那么，对于一个国家或地区的人群作为样本来说，其样本数量应该达到充分的大，其知识存量样本的均值也应该近似服从正态分布，而对于设定具有一定权重的关于自组织知识的样本存量 x 和自然知识 y 来说也分别近似服从正态分布。由此，我们可以得出这样一个结论，即对于一个国家或地区的人群来说，其知识的两个组成部分均服从正态分布。

根据正态分布函数的性质，当样本服从正态分布时，设定 x 具有期望值 μ_1 和方差 σ_1，y 具有期望值 μ_2 和方差 σ_2，由此可以得 x 的密度函数 $f(x)=\frac{1}{\sqrt{2\pi}\sigma_1}\exp\left[-\frac{(x-\mu_1)^2}{\sigma_1^{\ 2}}\right]$，$y$ 的密度函数 $f(y)=\frac{1}{\sqrt{2\pi}\sigma_2}\exp\left[-\frac{(y-\mu_2)^2}{\sigma_2^{\ 2}}\right]$。对于任意总体当其服从正态分布时，其均值也服从正态分布，这里可以先研究自组织知识 x 的状况。设定一个经济体中人群数量为 n，那么，对于这个具有人群数为 n 的任意总体来说，人类关于自组织知识的人均分布函数服从正态分布 $\left(\mu_1,\frac{\sigma_1^{\ 2}}{n}\right)$，有 $f(\bar{x})=\frac{\sqrt{n}}{\sqrt{2\pi}\sigma_1}\exp\left[-\frac{n(\bar{x}-\mu_1)^2}{\sigma_1^{\ 2}}\right]$。由这个概率

密度可以计算出 $\bar{x}$ 的分布函数，这个分布函数可以写为 $F(\bar{x})=\int_{-\infty}^{+\infty}\frac{\sqrt{n}}{\sqrt{2\pi}\sigma_1}\exp\left[-\frac{n(\bar{x}-u_1)^2}{\sigma_1^2}\right]\mathrm{d}\bar{x}$。这里，我们需要对 x 的定义域作进一步说明。我们之所以将取值变量的下限设定为负的无穷大，而对其取值变量的上限设定为无穷大，这是因为人类关于自组织的知识在一定概率水平下所映射的制度，对经济增长起着巨大的推进作用，也可能起着巨大的阻碍作用，而这种作用的不同体现为正向或负向的作用，如由于人的自组织知识的原因，使经济制度导致人类经济的崩溃，出现可能已经无法供给经济体内的人口增长甚至人口存续的情况；或由于自组织知识所导致的制度对技术的进步的无限扩大，如罗默研究所得出的结论，或者如赫拉利所说的那样“显然，这世界缺的不是能源，而是能够驾驭并转换为我们所需的知识”，致使经济增长可以没有限制，因而可供养的人口数量也是无限的。一般认为，不论出现什么样的经济制度其存在的依据是为了提高人们的福利水平，这样任意一个经济制度的优化度就可以用福利改善情况进行衡量。为了论证这点，我们可以对福利经济理论进行一个简要回顾。福利经济理论自庇古提出以来，经过了多次演变，然而不管怎样演变基本上都是在福利的标准上进行论证，即便按照希克斯退化的标准，人群总体的福利水平提高应该视为一定程度上福利状况得到改善，而这点所体现的实际状况就是经济增长。只有在促进经济增长的情况下，一个经济制度才可能实现优化。那么，对于不能推进甚至阻碍经济增长的经济制度，则可以认为对经济增长起着无效作用或负面作用的制度，与这种经济制度相对应的自组织知识，也就可以定义为负知识，后面我们将对此作进一步研究，这点也与前面所指明的关于自组织的知识是矢量性的知识相一致。与此相反，能够提高人群总的福利水平的制度及其相对应的自组织知识就是正知识。那么，对于自组织知识的取值范围就可以定义为 $(-\infty,+\infty)$。然而，对于自然知识的状况就有着不同，因为对经济增长来说，应用于经济的技术的演进总是能推动经济增长，因此，可以将自然知识的取值范围定义为$(0,+\infty)$，这点也与前面所确定的人类关于自然的知识是标量相一致。

回到前面关于自然知识的分布函数上，事实上可以得出一个与自组织知识的出现相适应的一个概率水平，因此，对于人均自组织知识分布函数$F(\bar{x})$在经济上的意义是在人类关于自组织知识人均水平为$\bar{x}$的情况下，可能出现的相对应的制度水平的概率。从世界各国或地区的情况来看，具有较高知识水平的地方往往也具有相对应的比较有利于经济增长的制度，但是也并非绝对如此，只是出现的可能性较大，这点也论证出提高人均自组织知识对于制度演进统计上的意义所在。而从数理统计相关定理可以知道，在可取值的区间内可以求出$F(\bar{x})$的值。根据定积分的相关性质，我们可以对取值区间为$(-\infty,+\infty)$的$\bar{x}$的正态分布，得出这样一个等式，有$F(\bar{x})=\frac{\sqrt{n}}{\sqrt{2\pi}\sigma_1}\cdot\frac{\sqrt{\pi}}{\sqrt{n/\sigma_1^2}}$，可求出$F(\bar{x})$的值为$\frac{1}{\sqrt{2}}$。这里，我们可以设定任意一个经济制度的出现都是由人类关于自组织知识的相关水平所决定，即人类对自组织的认识程度，决定了经济制度优化度。那么，对于任意一个群体，当群体数量n足够大时，就有人均关于自组织知识的$\bar{x}$在取值为$(-\infty,+\infty)$概率水平下所映射出的制度水平。设定该制度为ξ，那么有$\xi=\frac{1}{\sqrt{2}}\cdot\bar{x}$，又由于$\bar{x}=\frac{\sum_1^n x_i}{n}$，那么，就有$\xi=\frac{\sum_1^n x_i}{\sqrt{2}n}$。从这个等式可以看到，$\xi$与$\sum_1^n x_i$成正比，与$n$成反比。这里的经济意义是，一个经济制度的优化水平与人群知识总量水平成正式，而与人群数量成反比，说明人类自组织知识总量越高的经济体越容易引致经济制度进化，而人群数量越大越不容易出现制度进化，这点从经济发展史中也可以观察到。通过这个等式，我们可以以数量的方式对一个经济区域能否实现制度进化进行测量。具体可以从这样一些方面着手，如果能够比较详细地考察出一个经济体内的人群数量，以及相关的自组织知识水平状况，那么，就可以得出相应的一个经济制度的优化水平。

这里必须指出的一点是，由于在一个国家或地区的人群中，对于自组织知识和自然知识并不是一个恒定的按比例的量值，也即其中关于人类自组织的知识的权重 a_i 是一个变量，但是，在一定的时期又是一个相对稳定的数值。这应该取决于两个方面，一方面是父母对子女在这方面的教育有一个阈值，父母的自组织知识状况直接决定了子女对自组织知识的掌握程度，当然还与子女生存所在的相关人群自组织知识状况有关。同时，在子女接受正规教育后，父母自组织知识的演进仍然对在一起生活的子女具有重要影响，关于这点可以接受巴罗的关于民主知识得益于学龄前的推测，巴罗认为："对民主化起作用的看来是早期教育。"[①]通过对教育过程的观察，我们也可以明白早期教育更多的是关于自组织知识的教育，而相对较少地进行着关于自然知识的教育，这可能是对关于人类自组织知识决定制度演进的一个最接近的论证。事实上只要考察一下现代的教育内容也可以得出相应的结论，爱因·兰德就注意到这种情况，"人文学科领域，已经发生了这种破产，并已进入萧条时代"[②]，这种状况说明在一定程度上获取自组织知识受到限制，而这种现象是一个全球性的问题，这也许可以解释为什么在全球范围内自组织知识演进缓慢特别是具有思辨作用的哲学更是衰微。哲学等的重要性在于，"哲学的使命是界定和规范指导一般意义上的人的知识、个别意义上的具体科学的认识标准"[②]。因此，人文科学特别是哲学在丰富人的自组织知识上具有非常重要的作用，现代教育的这种状况也直接导致了自组织知识的匮乏，"哲学在19世纪的解体与其在20世纪的崩溃，已经在现代科学中导致了同样的过程。尽管更加慢，更不容易看到"[②]。另一方面，正规学校教育中自组织知识在个体接受教育内容中的占比，而且当教育体系确定以后，对自组织知识的教育是相对稳定

① 巴罗 R J. 经济增长的决定因素. 李剑译. 北京：中国人民大学出版社，2004.

② 哈耶克 F A. 知识分子为什么反对市场. 秋风译. 长春：吉林人民出版社，2011.

的。基于这两方面的原因，在一个时期自组织知识在个体知识中的占比会出现一个相对稳定状态，也就是可以认为关于自组织知识的人均知识水平是个相对固定值。如果考虑到人群的数量在一定时期也是一个相对稳定值时，那么，相应的在一定时期人群的自组织知识总量会保持稳定，由此相对应的制度水平也会保持一定的稳定性。

但是，从相对长期来看，由于获取这两个方面的知识会出现一定的侧重，这样就必然会引起权重 a_i 的变化，而变化的 a_i 将会在保持 z_i 相对稳定的前提下，随着 a_i 的增长在一定时期可能会出现人均自组织知识存量的比重更高的状况。这里，还可以看到另一个情况就是当一个个体的知识总量相对稳定的情况下，a_i 增长的同时自组织知识比重会增大，这也就是与自组织知识增长相关的哲学等学科重要性的原因，而这点已经被现代的政府及世人所忽略了。与之相反，在该个体中自然知识会相对减少，这点也可以解释为什么中国在宋代以后科学技术几乎忽然停滞不前，以至于在近代落后于西方社会。这是因为在宋代以后从教育体系来看更多地偏重于对自组织知识的学习，如过于强调经学并且将经学局限于一个非常狭窄的范围内，这既增长了自组织知识在整个知识中的比重，同时又使整个知识总量相对较小。在这里似乎与前面所提出的人均知识分布状况决定制度优化水平，而制度优化水平决定自然知识的演进的观点相矛盾，其实不然。这是因为在这样一个时期，虽然偏重于对自组织知识的学习，但是，自组织知识是局限在一个相对狭窄的范围内，这种情况的拓展使人均知识水平整体下降。一方面，在知识权重上使自然知识在个体中减少，另一方面又使自然知识总量在群体中减少。推而广之，在整个人群中自然知识不仅权重较低，而且存量减少。这种情况展现给我们的图景是，不仅经济制度没有得到有效的演进，而且科技水平也没有得到大的进步。因此，需要解决的问题是，当自组织知识增长时如何通过经济制度的进化推进自然知识的演进。

第三节　制度演进条件下的技术进步

我们最终还是要将视点转移到经济增长上来，因为经济制度演进的目的就通过经济增长改进人们的福利状况。自从哈罗德等推演出经济增长的模式以后，对经济增长的探索不断进步，最终落脚到制度对经济增长的影响上来，“制度影响一国改进和开发新技术的动力，影响一国为了获得新机遇重组生产和重新分配的动力，也影响一国积累物质和人力资本的动力”[①]。新近的一些标志性研究成果，如罗默将知识内生化后，使经济增长按照递增效应没有增长极限，从而为经济增长提供了广阔的空间，他认为“马尔萨斯和李嘉图等古典经济学家对经济增长的前景得出了完全错误的结论。随着时间的推移，增长率是不断增加，而不是逐渐降低的”[②]。这是因为关于自然知识的增长是无限的，而技术知识依赖于自然知识的进展，因而依赖于技术进步的增长也就是无限的。但是，在现实中经济为什么会出现长期的停滞甚至于后退，在经济理论上有各种解释，涉及的因素也相对较多，其中一个重要的因素就是制度。这点与我们所研究的制度制约了人类关于自然知识的演进相关。这种影响进而关系到技术的发展，进一步的逻辑推理过程中阻碍了经济增长。在这里引入对自然知识性质的分析，正如我们在之前所指出的那样，人类所获得的关于自然的知识是标量，个体在这方面的知识最多只是为零，不可能取负值。因此，关于自然的知识的取值范围只能定义为$(0,+\infty)$，这还因为关于自然的知识最终体现为技术性知识而运用于经济增长，技术的进步对经济增长的作用不可取负值。

因此，$F(\overline{y})$在经济上的意义是在人类关于自然知识人均水平为$\overline{y}$的情况下，可能出现的相对应的技术演进水平。由于技术演进水平是在制度演进水平的条件下产生的，对于这点相关的论述非常多，在这里我们就不多赘述。

---

① 赫尔普曼 E. 经济增长的秘密. 王世华，吴筱译. 北京：中国人民大学出版社，2007.

② Romer P M. The origins of endogenous growth. Journal of Economic Perspective，1994，8（1）：3-22.

那么，根据条件分布函数的性质，有 $F(\overline{y})=\dfrac{F(\overline{x},\overline{y})}{F(\overline{x})}$。人类关于自然知识的人均分布函数服从正态分布 $\left(\mu_2,\dfrac{\sigma_2{}^2}{n}\right)$，$f(\overline{y})=\dfrac{\sqrt{n}}{\sqrt{2\pi}\sigma_2}\exp\left[-\dfrac{n(y-\mu_2)^2}{\sigma_2{}^2}\right]$，$y$ 的密度函数 $f(y)=\dfrac{1}{\sqrt{2\pi}\sigma_2}\exp\left[-\dfrac{(y-\mu_2)^2}{\sigma_2{}^2}\right]$。同理，经过对数理统计相关原理的应用，我们可以得出人均关于自然知识的分布函数 $F(\overline{y})=\int_0^{+\infty}\dfrac{\sqrt{n}}{\sqrt{2\pi}\sigma_2}\exp\left[-\dfrac{n(\overline{y}-u_2)^2}{\sigma_2{}^2}\right]\mathrm{d}\overline{y}$，这个表达式所体现出来的经济意义是自然知识可能出现的概率，正如布坎南所指出的："文化进化形成的规则对制度是明显地有约束的，但它们并不必然地只规定一个唯一的和特定的制度结构。"[①]通过对正态分布定积分的相关分析，可以得到这样一个结论，即 $F(\overline{y})=\dfrac{\sqrt{2}}{4}$。如果自然知识所对应的经济增长中运用的技术知识为一个映射并设定为 $\hbar$，那么，可以得出 $\hbar=\overline{y}\cdot F(\overline{y})$，这是因为当 $\overline{y}$ 表征为人群技术知识的均值时，那么在这个均值以及概率水平下，可能得到支持经济发展的长期平滑水平，由此可以得到运用于经济增长的技术水平 $\hbar=\dfrac{\sqrt{2}}{4n}\overline{y}$，而由于 $\overline{y}=\sum_1^n y_i$，那么就可以得出 $\hbar=\dfrac{\sqrt{2}}{4n}\sum_1^n y_i$。当不考虑自组织知识的矢量意义时，每一个个体的所有知识就由关于自组织知识与关于自然的知识组成。利用前面所设定的个体的知识量，那么，有 $y_i=z_i-x_i$。在这种情况下，我们可以考虑将关于自组织的知识与关于自然的知识作为一个总体存在于个体之中，且两者具有不同的权数，这个权数的定义域为（0，1）。这样可以继续沿袭前面的设定，令自组织知识在整个知识中的权数为 a_i。那么，对于任一个体 i 当其知识总量为 z_i 时，有 $x_i=a_iz_i$，$y_i=(1-a_i)z_i$，那么，人均知识分布就可以进行新的表达，并且对该自组织知识相映射的经济制度为 $\xi=\dfrac{\sqrt{2}}{2n}\sum_1^n a_iz_i$，

① 布坎南 J M. 自由、市场与国家. 平新乔，莫扶民译. 上海：上海三联书店，1989.

而相对应的经济增长所支持的技术 $\hbar=\frac{\sqrt{2}}{4n}\sum_{1}^{n}(1-a_i)z_i$ 。这两个等式说明，不论是经济制度的演进还是应用于经济增长的技术的进步，都与人群规模 n 成反比例，这也与劳动和技术相互替代的相关理论一致。从等式 $\hbar=\frac{\sqrt{2}}{4n}\sum_{1}^{n}(1-a_i)z_i$ 可以看出，当 a_i 越大时相应的 $(1-a_i)$ 就越小，这应该表明当人群中关于自组织的知识权重越大时自然知识相对越小，那么相对应的经济增长所能依赖的技术水平就相对较低，这点也许可以解释李约瑟的疑问，为什么中国在宋代以后科学技术发展逐步滞后，其原因应该是在宋代以后已经不注意对自然知识包括技术知识的掌握，包括在国家层面已经不像宋代那样对自然知识包括技术知识有要求了，这必然影响到整个社会人群对相关知识的学习，因此，在宋代以后中国人关于自然的知识逐步落后于西方世界，也就在逻辑推理与事实证明之中了。当然，这样所作的分析仅仅是静态的，还有必要回答当 a_i 足够大时，a_iz_i 也应该相对较大。但为什么在宋代以后中国的经济制度并没有得到较大的进步，这是因为 a_iz_i 引致的总量并没有得到足够的增长，甚至于在自组织知识中有负的自组织知识，对此前面我们已经做了解释。

那么，这里我们必须回答的问题是，人类自组织知识如何促进自然知识的增长，这应该从动态来进行解析。即当 a_i、z_i 和 n 都在变化的情况下，自组织知识如何促进自然知识的增长。设 $\xi=\frac{\sqrt{2}}{2n}\sum_{1}^{n}a_iz_i$ ，可以得到 $\sum_{1}^{n}a_iz_i=\frac{2n\xi}{\sqrt{2}}$，而由 $\hbar=\frac{\sqrt{2}}{4n}\sum_{1}^{n}(1-a_i)z_i$ ，可以得到 $\sum_{1}^{n}a_iz_i=\sum_{1}^{n}z_i-\frac{4n\hbar}{\sqrt{2}}$，根据 $\sum_{1}^{n}a_iz_i$ 取值的两个等式，可以得出 $\hbar=\frac{\sqrt{2}}{4n}\sum_{i}^{n}z_i-\frac{\xi}{2}$，这样就形成了与经济增长相关的技术水平 $\hbar$ 与自组织知识相对应的制度水平 ξ 两者之间的相互关系式。由于 $\sum_{1}^{n}z_i$ 既包含了自组织知识也包含自然知识，因此，从 $\hbar=\frac{\sqrt{2}}{4n}\sum_{i}^{n}z_i-\frac{\xi}{2}$ 中我们并不能得出经济技术水平 $\hbar$ 与经济制度水平 ξ 之间

的确定性关系。然而，在不考虑经济制度演进的静态情况下，当ξ保持不变时，经济技术水平$\hbar$与人群总的知识水平呈现负相关且成反比例。进一步的分析中，可以在不失一般性的情况下，设定 a_i 为常量，那么通过 $\xi=\frac{\sqrt{2}}{2n}\sum_{1}^{n}a_i z_i$，可以得到 $\sum_{1}^{n}z_i=\frac{2n\xi}{\sqrt{2}a_i}$，因而有 $\hbar=\frac{(1-a_i)\xi}{2}$。对 $\hbar=\frac{(1-a_i)\xi}{2}$ 这个关系式的解读可以认为，能够为经济增长提供的技术与相对应的制度成正比例关系。同时，还可以看到虽然$\hbar$与ξ成正比例关系，但是仍与自组织知识所占权数相反，即与 a_i 相反方向变化。这点也可以看出虽然将 a_i 设定为常数，但与前面所得到的结果相一致，说明 a_i 虽然设定为常数但并不影响结论的性质。那么，从这个等式可以得到的经济意义是，经济制度与经济技术相关联且经济技术决定于制度水平，相应的经济技术的推进也会对经济制度的演进起着正向作用。同时，从等式 $\hbar=\frac{(1-a_i)\xi}{2}$ 也可以看到，在人群数足够大的前提下，经济技术进步的水平仅与经济制度水平相关，而与人群的数量没有直接的关系，而经济技术对经济增长特别是现代意义上的经济增长来说起着非常大的作用，那么，从这个等式就可以看出经济增长与经济制度演进水平直接相关联且呈正向增长。

第四节 自组织知识下的经济增长

制度对经济增长起着重要作用，对此新制度经济理论做了大量的论述，如诺思就认为“当经济为从事能够提高生产率的活动提供制度激励的时候，就会产生经济增长”[①]。在前面的论述中我们将之回归到自组织知识，实际上就是把经济增长视为自组织知识下的增长。对此，哈耶克等也做了相类似的定性描述，认为“所谓社会秩序，在本质上便意味着个人的行动是由成功的预见所指导的，这也就是说，人们不仅可以有效地使用他们的知

① 诺思 D C. 理解经济变迁过程. 钟正生，邢华译. 北京：中国人民大学出版社，2013.

识，而且还能够极有信心地预见到他们能从其他人那里所获得的合作”[1]。我们知道秩序在一定意义上就是制度，哈耶克事实上把制度归结为知识。这里，可以运用既有的相对成熟的经济增长模式，推论出经济增长与自组织知识存在怎样的关系。前面，我们已经得出了$\hbar=\frac{(1-a_i)\xi}{2}$，并且给出了$\hbar$就是为经济增长提供的可能性技术水平，那么技术与经济增长存在怎样的关系？这里可以借用将技术纳入经济增长的相关模型来分析。我们知道，索洛模型经米德等的改造后，已经将技术看做一个因变量纳入经济分析之中，按照索洛-米德模型可以得出这样的等式，即$G=a\Delta K/K+(1-a)\Delta L/L+\Delta T/T$，其中$G$代表经济增长，$K$代表资本水平，$L$代表劳动水平，$T$代表技术水平。由于，前面已经给出了技术水平与制度优化度的等式，即$T=\hbar$，$\Delta T=\Delta\hbar$，由于$\hbar=\frac{(1-a_i)\xi}{2}$，那么，可以推论出$\Delta\hbar=\frac{(1-a_i)\Delta\xi}{2}$，并且，$\Delta T/T$可以表达为$\Delta\hbar/\hbar$，且当$a_i$为常量的情况下，即当人类关于自组织知识与自然知识保持一个确定权重的情况下，有$\Delta\hbar/\hbar=\Delta\xi/\xi$，也就是技术进步的弹性与制度演进的弹性相同，这也为制度演进决定经济增长中引进先进技术提供了量化的论证。但是，我们知道只要人类在获取知识，那么就不大可能使这两类知识保持一个确定的权重，这样a_i就会随着知识的演进而变化，也就是说a_i是个因变量。当考虑到a_i是个变量的情况下，技术进步的弹性就不会与制度进步的弹性完全相同，两者之间存在这样的关系，$\Delta T=\Delta\hbar=\frac{(1-a_i)}{2}\Delta\xi-\frac{\xi}{2}\Delta a_i$。将等式$\Delta T=\Delta\hbar=\frac{(1-a_i)}{2}\Delta\xi-\frac{\xi}{2}\Delta a_i$代入索洛-米德增长模型，可以得出经济增长$G=a\Delta K/K+(1-a)\Delta L/L+\left[\frac{(1-a_i)}{2}\Delta\xi-\frac{\xi}{2}\Delta a_i\right]/T$。从这个等式可以看出，经济增长不仅与当前资本$K$、劳动$L$及其可能的变量有关，而且

① Hayek F A. The Constitution of Liberty. London and Chicago：University of Chicago Press，1960.

与当前的技术水平及制度水平有关，同时，考虑到构成人类知识总量的两类知识的权重是个变量，那么，经济增长也就既与当前的人类自组织知识所占权重相关，同时又与这个权重的变量相关。

由于本章重点是研究经济制度的运行机制，因此为了简便考虑可以设定 $\Omega = a\Delta K/K + (1-a)\Delta L/L$，那么，就可以得出经济增长的简约模型，即 $G = \Omega + \frac{(1-a_i)}{2T}\Delta\xi - \frac{\xi}{2T}\Delta a_i$，从这个等式中可以看出，在不考虑 Ω 的情况下，经济增长与制度的演进，即制度的变量成正相关，而与当前的制度状况成负相关，同时，关于自组织知识的不论是当前的权重还是其现存部分都与经济增长成负相关，说明在一个既定的经济体内，制度知识的权重越大越不利于经济增长，同时，权重增长也会对经济增长起着负面作用。同时，还可以看到在整个等式中，除了 Ω 外，对经济增长起正向作用的只有 $\Delta\xi$，这也进一步说明自组织知识演进所导致的经济制度的优化，对经济增长起着重要作用，那么 $\Delta\xi$ 对经济增长的重要性就更应该引起足够的重视。这里还可以看到的一点是，当令 $\Delta\xi=0$ 时，即经济制度不进行演进时，那么，就可以得出这样一个简化等式，即 $G = \Omega - \frac{\xi}{2T}\Delta a_i$，从这个等式可以看到 ξ 必定为一个常数，其原因是 ξ 没有变化。那么，在 Δa_i 不发生变化的情况下，经济增长 G 将受限于经济制度。而将 $T = \frac{(1-a_i)\xi}{2}$ 代入 $G = \Omega + \frac{(1-a_i)}{2T}\Delta\xi - \frac{\xi}{2T}\Delta a_i$，将得到一个经济增长与经济制度更加密切的关系式，即 $G = \Omega + \frac{\Delta\xi}{\xi} - \frac{\Delta a_i}{(1-a_i)}$。分析 $G = \Omega + \frac{\Delta\xi}{\xi} - \frac{\Delta a_i}{(1-a_i)}$ 这个等式，也可以得出与前面相类似的结论，而且与前面相比更为直观，经济增长与经济制度同向演进，同时与现有的制度呈现出反比例关系。这种情况说明，任何一个经济制度一旦形成以后，都将使经济增长受限，关于这点我们在前面的相关章节中就制度性锁定效应进行了论述。如果设定人类关于自组织知识与自然知识的权重没有变化，那么有 $\frac{\Delta a_i}{(1-a_i)} = 0$，可以得到简化的等式

$G=\Omega+\frac{\Delta\xi}{\xi}$，这个等式就是短期的经济增长与制度关系的模型，这是因为考虑到知识演进在短期内不太可能使自组织知识与自然知识这两类知识比重发生大的变化，同时引入索洛的实证分析论证出“有理由认为在产出总增长中……7/8是技术变化的结果”[①]，Ω对经济增长的贡献大致为20%，那么$\frac{\Delta\xi}{\xi}$对经济的贡献将增大至80%。而如果将经济制度演进视为制度性变革，那么，从短期来看对经济制度进行变革将极大地推动经济增长，这种情况与中国改革开放以来的情况以及一些国家或地区进行宏观调控的情况相适应。但从长期来看，由于a_i是个变量，因此不大可能出现$\frac{\Delta a_i}{(1-a_i)}=0$的情况，在这种情况下经济增长就不仅大权重地取决于$\frac{\Delta\xi}{\xi}$，而且受到$\frac{\Delta a_i}{(1-a_i)}$的影响，这也可以从现实的经济宏观调控及制度性经济改革在长期的情况下会失效得到验证。通过分析可以得出其原因是，制度性经济变革往往是在技术供给无法实现经济增长的情况下实施的，因此，无疑会增加自组织知识的比重，Δa_i成为一个正向增加值，与此同时$(1-a_i)$为减少的值。这两者共同作用的结果必然使$\frac{\Delta a_i}{(1-a_i)}$加速增大，从而使长期的经济增长受到限制。

因此，通过分析$G=\Omega+\frac{\Delta\xi}{\xi}-\frac{\Delta a_i}{(1-a_i)}$这个等式，我们可以给出的经济增长的政策意见是：在一个既定的经济体内，要实现经济增长应该相应地减少自组织知识在知识总量中的权重，这点完全与现代政府所强调的经济增长中的技术作用高度一致。但是，由于自组织知识的演进对经济增长起着正向作用，因此必须不断地推进自组织知识的演进，从这点来说应该不断促进自组织知识的演进。同时，因为现有的技术对经济增长起着锁定作

① 索洛 R M. 经济增长因素分析. 史清琪译. 北京：商务印书馆，1991.

用，所以必须相应地推进技术的进步，特别是通过制度的演进将新的技术引入经济增长。而从$\Delta T = \frac{(1-a_i)}{2}\Delta \xi - \frac{\xi}{2}\Delta a_i$可以给出的政策意见是：在一个既定经济社会区域内，要推进技术进步应该减少自组织知识占整个知识总量的权重 a_i,减少制度知识的总量水平 ξ ,但又应该增长其增量水平 $\Delta \xi$。这后一个结论与关于自组织的知识的政策意见似乎相矛盾，即既要减少现有的存量又要增长其增量，对此可以理解为减少现有的存量本身实际上就是减少其在当前知识总量中的权重，而增加其增量为推进自组织知识的演进，而这点实际上可以视为推进经济制度的演进。

通过这样一些分析，使制度这个变量与经济增长联系起来，初步解决了诺思等所提出的制度到底通过哪种路径推进经济增长的问题，在一定程度上弄清楚了制度黑箱。通过将自组织知识纳入经济增长的模型之中，阐明了这样一个事实，即人类所能实现的经济增长，更大程度上取决于制度的作用，而经济制度的演进都与人类的认知水平相关。人类在生物特征基础上的认知，取决于所获得的知识水平特别是自组织知识水平，简言之，可以概括为人类关于自组织的知识与自然的知识两者共同对经济增长起着作用。但是，两者间的演进及进步的相互关系使经济增长更为密切地与制度知识的演进相关，从而使制度在本质上归结为自组织知识的演进，而这种演进又进一步推进了技术的进步，并通过技术进步推动了经济增长。而所有的这些都可以归结于自组织知识的演进上来，从而达到我们所希望实现的目标。

第十一章
负知识下制度演进的成本

第一节　知识的作用及反思

用知识来解释经济增长问题，这方面的文献相对较多，如果要举证一二，可以从舒尔茨、罗默等入手，甚至可以追溯到更远。在舒尔茨的相关理论中强调了教育对经济增长的作用，教育对于人的作用就是传递知识，而如果教育对经济增长起着重要作用，那么知识对经济的作用也就毋庸置疑了。我们是否可以这样认为，教育对经济增长具有正向的推进作用，如果承认这点就可能面临着另一个问题。从历史发展的角度来看，知识的总量是在不断增加的，但是在人类文明的整个过程中经济并不总是增长的，有时甚至于还会衰退甚至崩溃。在中国历史上就经常性地记载着由于天灾人祸，甚至出现人吃人的现象，这肯定不能说是经济增长，对此可以说出现了经济增长的负效应。因此，简单地认为知识可以推进经济增长，就很难解释为什么会出现经济增长的负效益，甚至于出现经济严重衰退，即使如罗默所推导的企业家的知识对经济增长具有递增效益，但是放在制度的框架内来看也不尽然，关于这点可以从不少国家或地区实际经济增长得到证明。

知识对经济增长起着正向作用，这已经成为大多数经济学者的共识。我们可以引用舒尔茨的话，他这样认为："由于经济的不断增长，人力资本在各种要素间相比较，其补充和替代作用已经变得越来越重要了。”[①]罗默也提出相类似的理论，认为“增长可能是无限的事实，要求相应的投入一定是与认知能力或记忆力等有根本不同的无形投入”[②]。并且，在罗默的理论体系中正由于知识应用于经济增长，经济克服了增长的极限。关于增长极限问题，丹尼斯等曾经明确提出过经济增长具有极限的理论，认为经济增长由于受技术的限制，不可避免地制约于外部环境，因而存在着增长的极限，并且认为“所有的知识和制度都是为了将市场体系的‘外部成本内部化’，以使一个产品的价格能够反映出生产它的全部成本”[③]。但是，在实际经济发展过程中由于溢出效应，却很难实现这个目标。增长极限问题在现实经济活动中可以观察到，不论是发达国家还是发展中国家都曾出现过一个比较普遍的问题，就是过度发展使资源环境无法承担，特别是一些发展中国家或地区，在追赶发达国家或地区的过程中更是大范围出现过经济增长远远超出环境的可承载力的情况，因此有的经济学家甚至提出生态经济学的概念，认为不管技术水平如何，经济发展状况如何，人均所消耗的自然资源总量维持在一个相对固定的水平。1997 年由美国世界资源研究所、德国伍珀尔研究所、荷兰住房空间规划和环境部、日本国立环境研究所组成的研究小组，对这些国家 1975~1993 年人年均对物质的总需求进行测算，结果发现人均水平没有发生太大变化。因此，戴利和法利得出的结论是：“我们已经变得更有效率了，但并没有更节俭。”[④]而且，可以观察的情况是，所有的发展中国家在推进经济增长过程中都出现过发达国家曾经出现过的环境污染问题。这是因为在当前的技术可供给范围内，当技术应用于经济发展的水平还处于既不能保存环境可承载力，又不能为环境的改善提供足够的能力和资源的情况下，发展的确存在着一定的限制，

---

① 舒尔茨 T W. 论人力资本投资. 吴珠华译. 北京：北京经济学院出版社，1990.

② Romer P M. Human capital and growth: theory and evidence. NBER Working Papers，1989.

③ 梅多斯 D，兰德斯 J，梅多斯 D. 增长的极限. 李涛，李智勇译. 北京：机械工业出版社，2013.

④ 戴利 H E，法利 J. 生态经济学. 金志农等译. 北京：中国人民大学出版社，2014.

关于这点我们在制度对经济增长的限制中将更为详细地进行论述。

环境的可承载力问题有经济增长所带来的因素，但更大程度上是由搭便车引起。任何一种制度的存在都可能带来搭便车问题，如目前在一些发展中国家所出现的由于过度推进经济增长所带来的环境污染问题，就可以认为是经济增长中所不需要负责的搭便车问题。关于这个问题诺思作过反复而深入的论述，他明确提出："任何成功的意识形态都必须克服白搭车问题。"[①]甚至于诺思还认为"无论马克思主义方法还是新古典方法，都没有解决白搭车（搭便车）问题"[①]。对于发展中国家来说之所出现这种情况，可以认为这些国家并不能从制度层面较好地克服发达国家曾经经历过的困境，即如何解决推进经济增长与抑制环境污染问题。这些也可以认为由于缺乏对这方面的认识，而发达国家又没有在发展过程中提供可资借鉴的经验所致，或者换句话说就是缺乏解决这方面问题的知识。例如，如何建立基于非人格化的规则等相关知识的缺乏。又如，对社会成本问题缺乏足够的认识，对社会总效应问题缺乏足够的认识，等等。但是，我们知道现代经济的增长得益于现代科学技术的进步，在技术的支持下经济增长突破了以往的低水平陷阱,使经济增长达到了真正意义上的较高增长水平，而这也是发展中国家之所以坚持运用新技术推进发展的根据。因为人们相信，通过引入先进的生产技术就可以推进经济的增长，这些情况使不少经济学者对经济增长充满信心。然而，我们必须面对的问题是，为什么会出现关于增长极限的认识，为什么会出现环境污染等搭便车行为，为什么一些国家在历经快速增长后面临着一个相对缓慢的增长,即在传统的低于2%的增速限度内，甚至于出现负增长。这方面的理论论述与历史资料较多，也可以从处于中等发达陷阱的一些国家看到，如南美的阿根廷、秘鲁等，也包括目前正在走向困境的巴西等国家或地区。对于这些问题虽然有各种不同的解释，但肯定不能归结于技术知识的短缺。正如阿罗所阐述的那样，

① 诺思 D C. 经济史中的结构与变迁. 陈郁，罗华平译. 上海：上海人民出版社，1991.

关于发展的知识对于各个国家或地区都一样，每个国家或地区都了解这些知识，但还是出现发展的差异，甚至有些发展差距很大。例如，2015 年人均最低收入国家马拉维只有 250 美元，最高的摩纳哥人均收入已经超过 10 万美元，最高收入国家与最低收入国家人均收入水平相差 400 倍。当今，可以认为对于推进经济增长的技术是一项普遍性知识，而且大部分文献也认为这些技术推进了近现代世界经济增长，突破了原有的低增长模式。那么，为什么如马拉维那样的低收入国家不采取这样的技术来推进经济增长？而且从历史角度来看，1990 年马拉维人均收入为 180 美元，24 年的时间里只增长了 70 美元，而相应的挪威则在这个时间段里增长了 77 040 美元。此外，如果按增长率水平来比较，那么相对于中国、韩国等这样快速发展的国家来说，马拉维就显得更加相形见绌了。

有些学者从经济增长的历史数据来进行解释，认为从发达国家包括后来进入发达国家的韩国等国家经济增长的历史数据来看，在其发展的过程中经历过一个比较长期的快速增长期，即年均增长率达到两位数以上的增长，之后都进入了个位数的相对平稳的增长。有的学者也把这个经验转移到对中国经济的解释上来，认为自 2012 年以来中国经济进入了个位数的增长，正好符合经济增长的历史经验与规律。但是，为什么会出现这样的情况，对此有各种不同的解释。其中，有的学者认为当经济增长达到中等收入水平时，即人均 GDP 在 4 000~12 700 美元的阶段，可能出现中等发达陷阱，进而使经济增长放缓甚至于出现负的增长。这种情况在一些国家出现过，如南美阿根廷等一些国家。但是，仔细观察不同国家发展的情况，就会发现即使在偏离高速发展后，各个国家或地区的人均收入水平仍然有很大的不同。因此，对于偏离快速发展这种经济增长状况，显然不能以人均收入水平高，因而增长率必然低作解释，当然也不能仅仅用技术知识作解释。有些学者可能会认为，人均收入水平低会导致储蓄率低，从而引致资本积累困难，导致引入技术以推进经济增长比较困难，最终使经济增长出于资金和技术等方面的原因而受到限制。但是，如果再仔细考察一下中国、印度等国家的发展历程，这种观点就很难成立了。

中国在改革开放初期人均收入水平很低，按正常的逻辑来说必然对应一个较低的积累。而且从技术水平来看，在改革开放之初中国的相当一部分产业所应用的技术水平是较低的。但在世界各国各地区都在努力推进经济增长的同时，中国经过 30 多年的努力经济增长独树一帜，经济总量在 2011 年超过日本排名世界第二位，并且一直维持至今。不仅总量水平保持较快增长，而且人均水平占世界平均水平的比例也一直保持快速增长态势。对此，我们肯定不能仅仅从技术与资源上找原因，也很难从不少学者所认为的人口上找原因。特别是对于由人口引致的劳动力供给问题，是难以进行完全合理的解释的。仅举一例即可说明问题，2015 年韩国超过俄罗斯成为世界第 11 大经济体，但韩国的人口只有 4 000 多万人，而俄罗斯人口为 1.4 亿人。即使将韩国的情况与中国相比，也很难为前面的那些学者们找到合适的理由。韩国土地面积为 9.92 万平方千米，人口 4 485 万人，人口密度为 451 人/千米^2，而中国人口密度为 138 人/千米^2，韩国人口密度是中国的 3 倍以上，资源不到中国的十分之一，为何人均 GDP 达到中国 4 倍多，而且中韩两个国家都具有相类似的快速增长期，也同样在某一个不同时间点出现增长放缓。因此，要合理地解释这些经济现象，我们必须从其他方面找出产生这种差异的原因。

另外，从技术知识可提供供给的角度来看，早在 19 世纪甚至更早一个时期，能够用于现代经济增长的科学知识就已经具备，而且用于经济增长的技术知识在近代也都基本知晓。那么，为什么这些科学知识与技术知识并不能为所有国家或地区共享并应用于经济增长，显然有其他方面的原因。我们认为至少可以这样考虑，存在科学知识和技术知识是一方面，而能把科学知识和技术知识应用于经济增长是另一方面，两者并不能简单地画上等号。这正如博伊索特所认为的那样“知识资产是拥有它们的企业获得竞争优势的源泉”[①]，“竞争优势不会从对知识资产的占有中自动地涵流出来，企业必须知道如何获取价值”[①]。这里，虽然博伊索特只是笼统地将知识作为经济增长的一个概念提出来，但已经将其视为一种资产形式，而且明确提出了要使知识资产产生价值,就必须知道获取并运用好这些知识。显然，博伊索特已经意识到知识对经济增长的重要性，但是正由于没有区分知识的两个不同类型，因而不能明确得出如何使知识在经济增长中发挥作用，但从其阐述中已经感觉到这是一个问题。关于这个问题在一些国家或地区的经济增长历史事实中可得到检验。一些国家或地区应用性技术水平并不低，有的甚至还非常高，如朝鲜的核技术就比相当一部分国家先进，但是将诸如核技术应用于经济增长,朝鲜就远远不如法国等其他一些国家，这又是为什么？此外，如果说知识对于经济如此重要，那么，为什么会出现一些国家并不自觉有时是不愿意将技术知识应用于经济增长，甚至于一些国家经济增长出现了迅速下滑及衰退现象，这正如在拉美曾出现和正在出现的情况那样。当然还包括非洲一些国家，也长期处于缓慢发展甚至发展停滞状况，特别是撒哈拉以南地区。拉丁美洲的一些国家，如阿根廷、秘鲁等在经历一段快速发展以后，经济增长出现停滞甚至负增长，对于这方面的原因有各种各样的解释，如乔治·多明格斯就对此做出了一些解释，他认为，“要想推动社会的发展，创造美好的生活，除了更多高素质人才之外,还需要能够为法治提供可靠保障的民主政治框架和稳定的制度基础。同时，市场经济框架和明智的经济政策也必不可少”[②]。但是，这也只是对客观现象的回溯，至于为什么出现这种情况并没有从根源上得出结论。我们认为，一方面知识确实对经济增长有重要作用，正如前面所论述的那样，不少经济理论也都从不同的侧面进行了解释，但另一方面还需要解释为什么会这样，为什么会出现我们反复提出的有些国家或地区并不能很好

---

① 博伊索特 M H. 知识资产——在信息经济中赢得竞争优势. 张群群，陈北译. 上海：上海人民出版社，2005.

② 福山 F. 落后之源. 刘伟译. 北京：中信出版社，2015.

地将知识运用于经济增长，甚至在一些国家或地区将知识视为经济增长的敌人，在掌握国家的政权后大面积地将掌握了知识的个体置于经济增长的边缘地带。因此，当论述知识对经济增长的作用时，不仅要给出知识应用于经济增长时的作用，还要给出知识可能应用于经济增长的原因，而后者对于解释经济增长缓慢甚至负增长可能更为重要，这点正如巴罗所提出的关于知识应用于经济增长相关问题那样。巴罗通过检测历史数据得出一个基本结论："许多国家的增长率与初始真实人均GDP之间缺乏相关性。"[①]也就是说，经济增长与其基础并无明显的相关。那么，经济增长的主要相关因素是什么？可能更为主要地与采取的经济制度模式有相关性，而这也就与自组织知识相关。

关于前面所论述到的知识应用于经济增长的可能性问题，我们在前面的章节中已经做了一定程度上的论述。这归因于知识的分类，其中一类知识是关于人类自组织的知识，即我们的这类知识结构最终决定了人群以怎样的方式来推进技术知识应用于经济增长的可能性。这里有一个选择的问题，赞成或不赞成将技术知识应用于经济增长，或者在大概率上赞成或小概率上赞成将技术知识应用于经济增长。对一个可能将技术知识应用于经济增长的选择，社会群体必须做出决定，但是做出决定的依据又是什么？当然，不管做出怎样的决定，都依据于群体中每个个体所掌握的相关自组织知识。而这些相关的自组织知识，形成了作为价值判断的知识基础，从而形成了赞成或不赞成某个制度，而这些制度又对技术应用于经济增长的可能形成了推进或阻碍作用，进而影响到该经济体实现经济增长的可能。这些自组织知识与自然知识不同，因为这些自组织知识是具有方向性的选择，正如前面章节中指出的那样是一个具有矢量意义的知识，不仅有量值的大小而且具有方向性，从而形成了对技术应用的价值判断。各种不同的矢量知识相加的结果，不仅限于使知识的总量水平发生了变化，而且使知

---

① 巴罗 R J. 经济增长的决定因素. 李剑译. 北京：中国人民大学出版社，2004.

识总量的方向发生了变化，最终将形成具有一定方向和强度的自组织知识集，这种自组织知识可以用矢量和的方式表示出来，如图 11-1 所示。

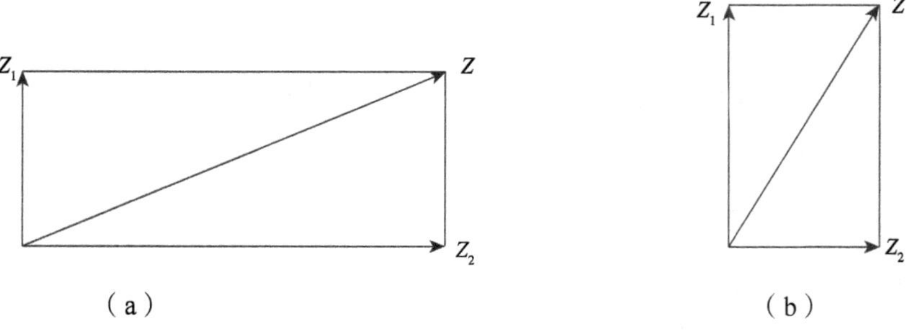

图 11-1　自组织知识矢量和

不同的矢量线代表了不同的自组织知识。根据坐标系原理可以设定朝右的方向为正向，并且在图中设定向上的自组织知识用矢量 Z_1 来表示，而水平朝向右边的自组织知识用 Z_2 来表示，显然两个不同方向的自组织知识的绝对值是不同的，当且仅当 Z_2 的绝对值大于 Z_1 的绝对值时，会产生一个总的自组织知识值偏向右侧的自组织知识，且通过合成的自组织知识总量与水平朝向右边方向的夹角小于与垂直方向的夹角，两个自组织知识的集就体现出总体朝向右的方向。当然，两个自组织知识形成的知识集可以用一个比较生动的例子来说明，如一个家庭中的夫妻所构成推进家庭经济增长的自组织知识集中，必然会向自组织知识拥有量较大的一方偏转。我们都知道，一个社会群体不会仅仅只有这两个自组织知识，可以表现出多重自组织知识形成的知识集。当自组织知识集出现向左方向时，如图 11-2 所示。

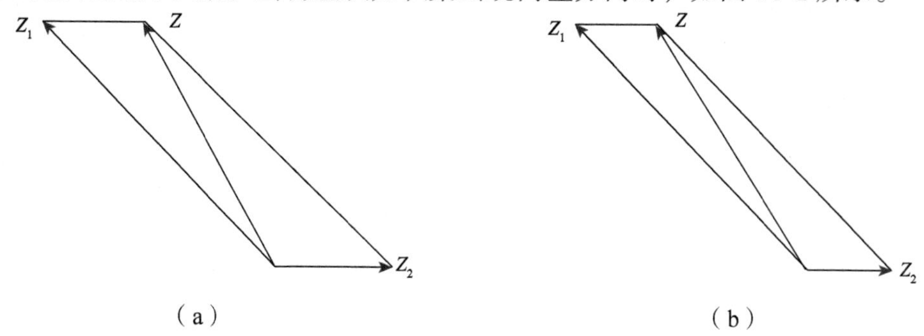

图 11-2　具有负知识的自组织知识矢量和

通过比较图 11-2 中两个自组织知识集合图，可以看到，当斜向左侧的自组织知识的绝对值比水平朝向右侧的自组织知识的绝对值越大时，自组织知识的矢量和更偏向左侧。从这些情况可以知道，虽然自组织知识是矢量，但是其绝对值的大小决定了自组织知识矢量和的大小以及其所表示的方向。而当经济增长的方向朝向右边时，各个自组织知识的矢量向左侧偏转时，那么，这样形成的自组织知识集与朝向左方向的自组织知识就可以认为是负知识。而当负知识足够大时将会形成一个负的知识集，最终的各个自组织知识合成的结果是一个朝向左侧的自组织知识集合，并且朝向左侧的自组织知识的绝对值越大，越不容易形成向右的自组织知识集，因而就会形成一个与提高整个社会福利相反的经济运行方向，从而使社会边际产出出现负值，长期累积的结果会使一个经济体的总效应变得更为低下。

从朝向左侧的自组织知识集合可以看到，当朝向左侧的自组织知识的绝对值越大时，越有可能形成一个朝向左侧的自组织知识集合。当这种情况回归到一个经济体人群自组织知识分布情况时，就可能比较好地得出相应的结论。事实上，关于这点也可以从人类社会发展的历程得出相类似的结论。当外族入侵成功以后，往往建立有利于新的统治者的制度模式。但是，当被统治者人群数量达到足够大，且相应的自组织知识的绝对值相对较大时，就会出现不同的情况，亦即形成的制度模式会与入侵者成为统治者之前的模式相似，除非原有人群自组织知识极大地衰减，从而使新的自组织知识的集合成为一个方向不同且体现出入侵者相类似方向的自组织知识集，进而形成新的制度模式。这方面的例证在中国历史进程中就反复出现过。在古代的中国，虽然在元代、清代时期都出现过外族对汉民族的占领，并都建立起非汉族统治的政权，但是最终其社会管理以及经济增长的模式与前代几乎相同。钱穆先生在《中国历代政治得失》中有过相应的论述，而且，由于落后的外族入侵并掌握政权以后，其社会管理水平反而不如之前。钱穆先生认为：“只有部族政权，才始是把另一批人来代替读书人，那便是元代的蒙古人与清代的满洲人，他们才始是当时政权的实际掌握人。……清代政治，制度的意义少，而法术的意义多。”[①]但是，这里也有一个例外，如五胡乱华之后，建立起来的隋唐王朝已经多少具有非汉族的特点，对这方面的论述还可以继续细化。解释这方面的原因，就在于元、清时期，非汉族人数占整个国家人数的少数，因此，人均自组织知识的分布函数没有发生太大的变化，与此自组织知识水平相映射的经济制度模式不大可能发生较大的变化。相应地在这个时期，推进经济增长的技术水平也没有发生大的变化。但是，五代以后的宋王朝却截然不同，其经济管理模式已经发生了相应较大的变化。从经济运行来看，市场已经打破原有的市坊制，即市场消除了空间的限制，而且在市场交易上也打破了时间的限制，这个时期市场交易已经不局限于在白天确定的时间进行交易了。相应的文献是这样记载的，宋仁宗登基之后，面对屡禁不止的侵街现象，干脆下令允许居民临街开设邸店，封闭式的坊市制度遂告崩溃，而代之以住宅和店肆相混合的坊市合一形式。相应的在这个时代，科技也是比较发达的，中国几个比较大的对经济具有重要意义的发明，如指南针等就产生在这个时期。李约瑟是这样评价的，“帝国（宋朝）的文化和科学却达到了前所未有的高峰。……在技术上，宋代把唐代所设想的许多东西变成现实”[②]。“每当人们在中国的文献中查考任何一种具体的科技史料时[②]，往往会发现它的主要焦点在宋代。不管在应用科学方面或在纯粹科学方面都是如此”。同时，在经济制度上也认可私有制的存在，并在一定程度上消除了垄断式的独裁。对此，钱穆先生也多有论述。但是，为什么到宋代才出现这样的状况，按钱穆先生的论述，“中国东汉以后的门第社会传承了1 000年以上，到唐安史之后而止”[③]。“中国在唐代以前可称古代社会，自宋代起到现在可说是近代社会。宋代经济是划时代的近代经济的开始”[③]。也正因此，宋承唐绪，得益于隋代开始的科举制度，到宋代社会

① 钱穆. 中国历代政治得失. 上海：上海三联书店，2001.

② 李约瑟 J. 中国科学技术史. 中国科学技术史翻译小组译. 北京：科学出版社，1975.

③ 钱穆. 中国经济史. 北京：北京联合出版公司，2013.

主要管理人员几乎都是科举出身人员，如果考虑到一个科举中举者背后还有更大数量上的受到较好教育的人群，那么，整个社会受教育的人数就会大幅度地增长。

同时，我们还注意到自宋代开始，科举考试更主要地重视经学，而所谓经学相当程度上是关于人类自组织的知识，这点在一定程度上也与隋唐不相同。因此，可以推论在宋代由于继续推行科举制度，并且将经学作为科举考试的主要内容，因而无形中提高了全社会的自组织知识水平，进而使宋代经济制度出现了比较大的演进，关于这点我们可以通过估算宋代人们受教育的时间总量，再对比相关制度演进情况，就可以进行数量上的检测，这有待以后的工作中继续推进。在宋代除了前面指出的扩大了市场的空间和时间外，还出现了具有信用性质的凭证，如作为金属货币代用品的纸质凭证飞票等，就已经具有了信用的性质。而且，在宋代确实已经出现了投资与管理相分离的情况，相关证据可以较好地说明这点，如在贸易过程中经营者往往并不一定是投资者，斯波信义这样认为："与此相应的交通技术也划时代进步的宋代，交通的职能就不限于自己生产，已在某种程度上达到了其生产商品化，经营形态亦相应地分化发达起来了。也就是说，即使称为船舶所有者的自己经营，也不止于单纯是最初的自运自卖，而是通过使用人（雇船长）从事间接经营，同时接受他人（货主）的委托进行货物买卖和按运输契约进行客货输送和雇载和揽载亦很发达。而且，不拥有交通手段者占有赁借他人船舶经营运输业，或是搞包括船、人在内的庸船等。随之，斡旋中介船舶且赁、运输契约、庸船、集货、贩卖等的船行，开始普及。"①这个时代还认可了私有制度的合理性，开阔了对外贸易的空间，形成了一系列包括对外贸易在内的经济法典，这些都标示着宋代经济制度有了大幅度地演进，而这些根源于宋代社会自组织知识的进展。在自组织知识进展的情况下，经济制度明显演进的同时，宋代人们的福利水

---

① 斯波信义．宋代商业史研究．庄景辉译．台北：稻乡出版社，1996．

平是相对较高的。法国人谢和耐在其所著的《南宋社会生活史》中就大量的描述，谢和耐认为，“新崛起的商人力量却逐渐克服了存在于政治权力掌握者（由特殊功勋封爵之人，皇亲国戚等，一言以蔽之，所有上层阶级分子）与商人（藉卑鄙手段令人鄙视的活动而致富的家族）间之障碍”[①]，“中国社会之一般结构逐渐由十一世纪演变至十三世纪，在统治优秀分子阶层与社会大众之间，出现了一个非常不同而且非常活跃的阶层，开始占据一个越来越重要的位置，那就是商人”。“在宋代，特别是13世纪，是现代中国的黎明时期”[①]。这些论断不仅把宋代的经济制度提升到近现代的较高水平,而且也使当时的人们对经济等方面的观念有了比较大的改变。在这个时代，整个社会认可财富，上至达官贵人下至一般老百姓都毫不掩饰地追求财富。从这些情况来看，在宋代自组织知识的发展起到非常重要的作用。因此，作为本节的一个结论性的话就是，自组织知识的发展对于经济增长起着关键作用,而这个作用是通过自发的自组织知识的耦合产生，这也在一定程度上显现了自组织知识对经济增长的作用。一个相反的结论是，当自组织知识不能推进经济增长时，整个社会就体现出自组织知识耦合的负面性，形成了负的自组织知识。

第二节　负知识的衡量标准

如果在经济增长中自组织知识是一个矢量性知识，从坐标的方向性作个判断，朝向左方向的自组织知识是负知识。那么，这种负自组织知识在现实的经济增长中是如何体现出来的，这是一个必须解决的问题。我们认为自组织知识最终会以制度化的方式体现出来，制度是自组织知识的一个映射。而在经济领域中，则以经济制度安排或经济制度环境体现出来。这里，首先必须解决的问题是为什么会出现负的自组织知识。我们认为当人

---

① 谢和耐 G. 南宋社会生活史. 马德程译. 台北：中国文化大学出版部，1981.

群自组织知识存量减少且当减少的量达到足够大的程度时就会出现负的自组织知识。特别是出于某些原因，人群中自组织知识的积累受限时，相应地自组织知识总量也会减少，这方面的例证比较多。通过比较不同历史时期一些国家或地区的情况，我们发现一个具有普遍性的现象，当一个国家或地区对自组织知识积累不重视，甚至反对自组织知识积累时，相应的经济增长就会受到制约，这种情况带有相当的普遍性。还有一种情况是，当形成一定的经济制度时，反过来会抑制自组织知识的积累，这在前面章节中论述经济增长轨迹锁定问题时，已经作过一些论述。前面，我们还得出了一个结论，就是当一个经济制度建立后，随之就可能会出现制度的退化，这是因为一个经济制度建立以后，与这个经济制度相关的自组织知识可能会成为这个经济体内人群主流性自组织知识，而当这种主流性自组织知识形成后，又会形成如罗默所意指的知识溢出效应。由于自组织知识的溢出，扩大了对这类自组织知识的累积效果，从而形成由自组织知识所映射的制度性锁定效应。关于这点爱泼斯坦也明确提出过，他认为："由于在主要的制度变迁过程中，既存在赢家也存在输家，而那些失去利益最多的输家将肯定会阻碍制度的变迁，而这些人在原有的制度中又恰恰是掌权的精英，因此，真正重要的制度变迁总是很难获得成功。"[①]而且，他在同一论著中还提出，"制度效率的考核指标之一就是制度的持续性"[①]。但是，必须指出的是虽然持续性是考核制度效率的指标之一，但并不应该是重要指标。因为，一个制度是否有效率的更为直接的指标应该是福利水平，否则，在一个由负的自组织知识占主体的经济体人群中，可能会在一个相对较长的时期内保持经济制度的持续性。但是，在这个经济体中人群低福利水平的状况下，整个制度最终将在社会无法承担制度维持的成本时停止。所以，我们认为 S. R. 爱泼斯坦关于持续性是制度效率的考核指标可能只是一个

---

① 爱泼斯坦 S R. 自由与增长——1300—1750 年欧洲国家与市场的兴起. 宋丙涛译. 北京：商务印书馆，2011.

比较短期有效的指标，从长期来看这个指标显然不足以衡量自组织知识所映射的制度的有效性。即使不考虑负的自组织知识占据主要地位，在现有的自组织知识结构不变化的情况下，也极可能出现经济增长的锁定效应。

关于经济增长的锁定效应，阿瑟提出技术锁定效应，认为经济发展存在技术依赖，即由于采用了一定技术，所以经济增长出现路径依赖的现象。在阿瑟新近的论著中，他认为在一个经济体中如果采用了一种新的技术，而依赖这种收益递增效果，往往使这种技术成为这个经济体所能采用的技术，而其他可能会产生更高效益的技术往往被排除在外，这样在既定技术条件下的经济增长率的受限也就可以理解了。正如阿瑟在新近的论著中明确指出的那样："新的和已被接受的解决方式之间的距离越大，对传统方式的锁定就越牢固。因此，迟滞现象是存在的，即对变化的一种延迟反应。新技术被非常成功的旧技术所阻碍，技术上的转换既不容易也不顺畅。"[①] 阿瑟甚至在一定程度上认为技术具有相当的独立性，而且技术是由以往更低一级技术所组成，这种组成效应无疑使技术按照既定的路径发展。当这种技术应用于经济增长时，就完全可能会使经济增长锁定在既定技术发展的路径上，而在此路径上的经济增长也就陷入了增长的锁定轨迹。对此，诺斯从制度层面做了新的解释，认为在制度变迁中同样存在着收益递增和自我强化的机制，这种机制使制度演变被锁定在某一条路径上，而这种情况在之后的经济增长过程中会得到自我强化。诺思这样认为"经济停滞和衰退成为普遍的情况，这反映了人类组织失灵的持久趋势"[②]。这里，阿瑟从技术层面对经济增长的锁定效应进行了解释，将之归结为技术演进的组成效应；而诺思则从制度层面进行解释，将之归结于制度一旦形成以后具有相对稳定性。对于这个问题，诺思提出了这样的疑问，"新古典理论同样不足以解释稳定性。为什么人民在社会规章妨碍他们获得自己利益时

---

① 阿瑟 B. 技术的本质. 曹东溟，王健译. 杭州：浙江人民出版社，2014.

② 诺思 D C. 理解经济变迁过程. 钟正生，邢华译. 北京：中国人民大学出版社，2013.

竟对社会规章加以服从”[①]？我们认为这两种解释虽然从各自的理论基点出发，但都指向了同一方向，即经济增长在既定的轨迹上运行且受到限制。而且，诺思进一步将这种锁定效应与福利水平联系起来，说明对于诺思来说已经感知到它们之间的相关性。对于这个问题，在数据充分的情况下可以进行数理分析，以检验其可信度。

我们可以将视野放得更深远一些，当我们将视野转到知识层面特别是自组织知识层面，就会发现不论阿瑟还是诺思，实际上所意指的只是同一个问题的两个不同层面。结合两者的论述可以这样认为，当自组织知识所映射的制度被确定以后，在没有外来知识渗入的情况下，由于制度是固化的自组织知识，而这种固化的自组织知识将会成为主流性自组织知识，在溢出效应的作用下将进一步强化这个区域经济社会人群的相关自组织知识，从而使制度呈现出路径依赖，形成了诺思所指出的制度性锁定效应。而在制度出现轨迹依赖的情况下，这个既定的区域经济社会在推进经济增长中所能引入的技术是受限的。而且在这样的经济制度环境以及制度安排的情况下，不太可能在经济领域引入新技术来优化和提升现有的技术，从而技术在经济中的应用受到限制。我们也可以根据索洛等一系列经济增长模型，得出阿瑟所指明的轨迹锁定。同时，也进一步可以作为之前我们提出的自组织知识影响到技术知识在经济增长中的应用的结论。所以，我们认为所谓经济增长的轨迹锁定事实上就是这类自组织知识的锁定，从而使经济制度保持长期相对稳定，而在既定的经济制度框架下经济增长就会受到一定限制，这也就是我们在论述制度增长的界限时所想表达的意思。对此，可以给出一个概念，即制度增长率。制度增长率意指的是当经济制度建立以后，其所能引入经济增长的技术给予了一个阈值，而这个阈值体现了在既定经济制度下可能引入的技术所可能达到的长期增长率水平。确定这个概念以后，我们就会发现一个比较有趣的现象，即为什么一个国家或

① 诺思 D C. 经济史上的结构和变革. 厉以平译. 北京：商务印书馆，2013.

地区经济保持一个时期的高速增长后，都会逐步落入相对较低的增长率，而这个相对较低的增长率才是人类几千年来所共有的低增长率水平。例如，日本在 1960~1973 年的经济高速增长期间，年均经济增长率达到 9.2%，但在这以后逐步下降，最终回到制度增长率水平上来。韩国情况大体相当，1962~1981 年四个五年计划期间，年均经济增长率达到 8.3%，此后也逐渐下降。中国由于后发展，实施以市场经济为主体的经济制度的时间相对较晚，从 1979~2012 年，长达三十多年，年均经济增长率达到 9.8%。从列举的这些国家经济增长的情况来看，可以得出一个基本结论，越是发展较晚的国家或地区，其经济保持高速增长的时间越长（表 11-1）。

表 11-1　中国、日本、韩国经济快速增长时期与年均增长速度

国家	日本	韩国	中国
快速增长期	1960~1973 年	1962~1981 年	1979~2012 年
年均增长率/%	9.2	8.3	9.8

这里，我们认为一些后起的国家会出现快速增长的原因，在于这些国家得益于采用先发达国家的优化制度和积累的应用于经济增长的技术。这些国家一旦选择了相对优化的经济制度，亦即使其可以在制度的限制下运用较为先进的技术，因而实现了经济的快速增长。当制度所容纳的技术水平达到了相对于该制度来说能够达到的水平时，经济增长将以制度方式收敛于相对较低的制度增长率水平。事实上，如果我们将制度归结为自组织知识，那么，只要自组织知识得到进展，有利于经济增长的制度就会得到演进，而在此情况下应用于经济增长的技术也会得到改进，从而在技术供给充分的情况下，实现经济的较快增长。对此，罗素的相关论断可能更为正确，他认为一些发达国家出现的制度，是人类迄今为止所能发现的较好的制度，并非最先进的制度模式。应用罗素的这个结论，我们认为自组织知识的进展本身就将促进制度的演进，因此，巴罗所认为的不可能通过改进制度使发达国家进入高增长组的论断，也只是在现有的自组织知识水平上的论断。

回到这一节所要解决的问题，如何衡量负知识的存在以及负知识的增长。我们认为不论经济处于何种状态，负知识都可能存在。但是，在一个经济体中负的自组织知识在人群中的分布状况不同，形成的制度体现的水平也不同。因而，负的自组织知识水平可以以经济制度的演变水平进行衡量，进一步的衡量指标可以确定为人群的福利水平。我们认为可以观察到的人群福利水平，不仅是经济制度演进的衡量，也是自组织知识水平的衡量。关于这点斯蒂格利茨在 2013 年的论著《不平等的代价》中也有相类似的论断，他认为美国自 1980 年以来经济总量增长了约 3/4，但是，中产阶级的收入水平基本保持不变，其主要原因就在于经济制度不利于中产阶级福利水平的提高，因而，美国的经济制度本身出了问题。如果按照前面我们所提出的经济制度是自组织知识的映射，那么美国自组织知识水平的提高就存在问题，这点也反映为美国等一些国家强调其经济制度的终极意义的有限性。如果按照波普尔的证伪原则来衡量，当一个经济制度不能证伪时，那么就不是一个科学的论断。而当美国等一些国家将其经济制度模式作为终极的最优制度时，那么，也就是一个不能证伪的论断，因而也就可以得出非科学性的论断。那么，从斯蒂格利茨的观点来看，“在每一个领域都存在着有利于某一个群体而不利于其他群体的微妙决策；每个单一决策的效应也许不大，但大量旨在利于上层群体的决策积累起来的效应就非常显著了”[①]。斯蒂格利茨意在指出是由于制度性的因素，美国中产阶级的福利水平并没有提高这个事实，说明美国的经济制度不仅没有得到较好的进展，反而出现了退化效应。事实上在庇古的研究中，也已经提出过相类似的结论。他认为“当自利心通过单纯竞争无法使国民所得达到可能的最大数量时，国家便可以用一些方法加以干预”[②]。我们认为当人群福利水平下降时，可以认为负的自组织知识水平在人群中的分布水平在提高，

① 斯蒂格利茨 J E. 不平等的代价. 张子源译. 北京：机械工业出版社，2013.

② 庇古 A C. 福利经济学. 朱泱等译. 北京：商务印书馆，2003.

反之亦然。对此，可以通过考察不同国家或地区经济增长的历史事实得出结论。这也进一步说明，由自组织知识所映射的制度优化度，实际上决定于自组织知识的总体水平，这也在一个方面给出了相应政策意见。科斯等曾在著名论文《社会成本问题》中提出过：“我们必须考虑各种社会格局的运行成本（不论它是市场机制还是政府管理机制），以及转成一种新制度的成本。在设计和选择社会格局时，我们应考虑总的效果。”[①]这确实也提出了对制度，即自组织知识的一个检验标准，但是，仍然没有解决的问题是，为什么一个经济体中的人群会考虑和选择总的效果或总的福利水平较低的社会格局（制度），而这就又必须回到我们所指称的自组织知识上来。

第三节 负知识存量的形成

如果负知识影响到制度的演变，进而影响到人群福利水平的提高，那么，人群中负知识存量是如何形成的，就是一个必须解决的问题了。或者，可以换一个角度研究这个问题，人类为什么会选择学习和运用负知识，进而使自己的福利水平降低。关于这点可能就要重回到关于人类理性的有限性的研究上了。在前面的一些章节中，我们已经明确指出所谓有限理性问题，说到底都是人类关于自组织知识缺乏的问题，正因为自组织知识的缺乏，因此，我们无法预料到实行一个经济制度可能带来福利水平变化的具体情况。这点可以引用 20 世纪 30 年代关于计划经济的实施来进行论证。在 30 年代西方世界经济危机的情况下，苏联第一个五年计划成功实施，促进了相关经济理论的突破，兰格等提出了计划经济的思想，并且在一些国家付诸实践。实践证明，在实施计划经济的国家中，基本上人群的福利程

① 科斯 R，阿尔钦 A，诺思 D 等. 财产权利与制度变迁. 刘守英译. 上海：上海人民出版社，1994.

度都没有得到很好的改善。对实施计划经济引致福利水平下降的历史事实，也许正说明人类的理性是有限的，这种有限性根源于自组织知识的短缺。分析关于计划经济的问题，我们可以发现，这根源于人类对理性边界并不清楚，甚至将人类进化而来的对理性的把握无限放大，认为人类能够精确地计算出整个社会经济增长的所有参数。经济发展的历史事实证明，人类过高地估计了自己的理性能力。但是，就这个章节所研究的问题来说，并不在于这点，而在于人类为什么会犯如此的错误。回归到对人的认知能力的认识上，一个值得重视的事实是越是对自组织知识掌握得较多的个体，对于自己未来的把握越会有一个比较理性的认识。因此，正如前面章节中我们所指出的那样，我们的理性能力受到自组织知识能力的影响，而与此相关，当自组织知识越缺乏时，可能会在大概率上产生出负的自组织知识。

如果负的自组织知识是由于一个经济体中自组织知识的匮乏所致，那么，作为知识的一种的负的自组织知识是否成为整个自组织知识的有机部分。如果是其有机组成部分，那么负的自组织知识的增加又如何体现为一个经济体自组织知识的缺乏。我们这样认为，由于自组织知识最终以其所影射的经济制度演进水平体现出来，因此，有利于经济增长的自组织知识作为正向的存在。显然，在此基础上人类所具有的负的自组织知识，往往在于人类并不是自觉地想改进自己的福利水平所产生，如由于宗教信仰问题，人类有时将克制自己的欲望作为人生的最重要价值所在，因此，在经济制度环境与制度安排上就形成了克制欲望的价值所在。在这样的制度环境中，人群中会不自觉地形成了负的自组织知识，这点也许可以更深刻地理解为什么在宋代以后出现了李约瑟之谜。李约瑟之谜可以归结为南宋时期理学的产生。以朱熹为代表的宋代理学影响了中国其后 700 多年的历史。而在宋代理学思想中一个非常显著的特征就是灭人欲存天理，而所谓的灭人欲就是在经济领域消除人对福利水平提高的需求。关于这点正如我们在前面一些章节中所指出的那样，在这样的经济制度环境下，形成的克制对福利水平提高的要求，最终形成了作为道德的价值判断，而所有这些最终由人群的自组织知识所承继下来。这点也正如博伊索特所解释的那样，“信息是从数据中提取出来的，并且修正了行为主体行动意向的某种非物质的东西。这样一种意向构成了一个行为主体的知识基础，所以知识是单独的行为主体所拥有的东西”[①]。也正是从我们所获知的非正式教育之外的道德体系中所获得的信息，构成了价值判断的知识性基础，而这些逐渐成为负的自组织知识。

因此，关于负的自组织知识存量的形成，与正的自组织知识具有方向性的区别，其中最为重要的一点就是，在一个经济体中人群对提高福利水平的认识。当人们认为提高福利水平是正确的价值判断时，往往就会形成正向的自组织知识。而在这些正向自组织知识的基础上形成的经济制度，从经济意义上来说就是制度的演进，进而促进经济增长。相反，当这个经济体中人群对提高福利水平具有反向的认识时，往往就会形成负的自组织知识，形成的经济制度模式就是在经济意义上的制度退化，进而妨碍经济增长。关于这一点，我们也可以从庇古的《福利经济学》中得到更多的启发。庇古认为：“各国为了把利已心引入有益的渠道，都很周密地对各项制度做了调整。”[②]同时，他还认为：“当私人净边际产品与社会净边际产品一致时，任何阻碍自利心自由发挥作用的障碍，一般说来都会损害国民所得。”[②]甚至于他还认为，即使在完全竞争的情况下，要实现福利的增加，仍然需要有效的制度安排与制度环境。庇古认为“在纯粹竞争的条件下，对于社会净边际产品的价值大于私人净边际产品的价值的每个产业而言，都会有某些奖励金比率，国家按这些比率给予奖励金可改变产量，使该产业的社会净边际产品的价值更接近于一般资源的社会净边际产品的价值，从而——如果仅仅通过转移而不给生产造成任何间接损害，就能筹措到支付奖励金所需的资金的话——增加国民所得的数量和经济福利的总

---

① 博伊索特 M H. 知识资产——在信息经济中赢得竞争优势. 张群群，陈北译. 上海：上海人民出版社，2005.

② 庇古 A C. 福利经济学. 朱泱等译. 北京：商务印书馆，2010.

量；而且会有某种奖励金比率，按这种比率给予奖励金在这方面会产生最佳效果。同样，对于社会净边际产品的价值小于私人净边际产品的价值的每个产业而言，都会有某些征税比率，国家按这些比率征税会增加国民所得的数量并增加经济福利；而且会有某种征税比率，该比率会在这方面产生最佳效果”[①]。显然，在庇古的认识中，作为经济制度实施手段的税收，能够调整社会与私人的边际产值，从而改进社会福利状况。这里，庇古所蕴含的意思是，制度对社会福利状况具有调整作用，并且，在正向实施的过程中会增加社会福利。

第四节　负知识阻碍制度演进

负知识主要意指了关于负的自组织的知识，而负知识可以用一个指标来衡量，这个指标就是福利水平。如果制度的改变不能提高福利水平，那么，构建这个制度的自组织知识中就肯定有一部分是负知识，而这个负知识会提高交易费用，即制度运行费用，从而使经济出现张五常所说的租值耗散现象。而当租值耗散发生时，整个社会的福利水平就会受损。美国《新闻周刊》网站在2016年6月25日发表的文章中指出：“但一种名叫知识治国的新制度可以做得更好。在知识治国制度下，政治权力在一定程度上按知识分配。知识治国制度也许会保留共和主义民主的主要机制，如政党、大型选举、违宪审查等。但同时，每个人的基本政治权力并不相同。国家也许会赋予某些人额外的选举权，也许会只让通过了政治知识基本测试的人拥有投票权。”在经济领域也适用于这点，确实应该建立一个有助于知识获取足够激励的制度。甚至于可以运用弗里德曼曾经提出的建立知识期货的方式，对于知识的作用赋予潜在的价值现实兑付能力，特别是自组织知识在制度建构中的作用，往往被人们所忽视，这可能是整个世界所面临

① 庇古 A C. 福利经济学. 朱泱等译. 北京：商务印书馆，2010.

的问题。

正如前面我们所论述的那样，作为理性基础的自组织知识的短缺，使人们对更长期的利益缺乏足够的认知，而增加人们的自组织知识可以提高其理性思辨能力，进而使其能更为长远地提高福利水平。因此，一种经济制度的演进如果能与自组织知识的进展相适应，特别是能够及时反应自组织知识的进展，而不是仅仅从统计学意义反映一个经济体的自组织知识水平，那么，这更为有利于促进自组织知识的进展。因为，不论是新古典经济学还是奥地利学派，甚至于凯恩斯主义和新凯恩斯主义等，都有一个基本的认同，即认可激励制度对个体产生正向作用。如果一个经济制度的演进甚至存续过程中，能够实现对不同个体自组织知识的进展给予激励，而不是相反地抑制自组织知识的进展，那么，经济制度的演进可能会呈现出持续性地进展。正如弗里德曼曾经指出过的那样，如果能建立知识期货市场，那么，肯定会促进知识的进展。而如果能形成一种经济制度，对自组织知识的进展给予相应的激励，那么，肯定会促进制度的演进，从而克服巴罗所认为的不能通过制度的改进促进经济的快速增长的局限性的认识。事实上，在过去相当长一个文明时期，人们包括知识分子在内，也曾普遍地认为集权的君主制是人类所唯一能实施的制度模式。当民主制、共和制等制度出现以后,当市场经济在法律体系下非人格化的市场主体出现以后，人类已经认识到了新的制度模式，而这正在于人类自组织知识的进展。因此，我们可以认为随着人类自组织知识的不断进展，经济制度或其他的制度都将不断演进，当自组织知识积累一定时期产生质的变化时，可能会使经济增长实现一个如同相当一部分国家所出现的新的快速增长期。

然而，我们在当下所看到的情况正好相反。负知识的存在使人类在经济制度上不是进步而是在退步，一些国家甚至出现大幅度地衰退。在一些极端势力出现的国家，不论是经济制度还是经济增长都出现了大幅度地衰退，这点既与各方面冲突相关，也与全人类自组织知识减少相关。据联合国相关统计数据，世界范围内对包括哲学等在内的自组织知识的教育在退步，反映在世界各国的教育中的情况是，各国各地区的政府日益重视技术知识的作用，一些国家或地区甚至完全忽视自组织知识的教育，因此，全人类在制度方面缺乏探索。不同的制度模式执着于一端，把各自的制度（不论是政治制度还是经济制度）作为最优模式而加以辩护。我们人类正在丧失对更优制度的要求。

第十二章
经济增长中的制度增长率

第一节　制度增长率的历史回顾

在经济增长过程中，由于制度的存在，并且制度决定技术在经济增长中的运用，因而，不管采取怎样的技术，经济增长率总存在一个阈值，这个阈值就成为经济增长的上限。这点也许可以解释近代以前为什么经济增长始终在一个相对较低的水平上增长，而不能实现现代意义上的相对较高速的增长。正如我们通过历史资料所看到的那样，这是因为由经济制度所决定的应用于经济的技术进步，经济增长实现了现代意义上的增长，从而在“今天的大多数人所活着，仅仅是因为有市场秩序。我们因为人口的增长变成了文明人，而造成这一增长的正是文明：我们可以做人口稀少的野蛮人，也可以做人口众多的文明人”[①]。当经济制度不再推进甚至于阻碍社会福利程度增长时，这个制度已经停止了演进。在该经济制度下的应用于经济的技术的进步也必然会停止，从而使增长停滞甚至出现负增长，这种负增长在人均福利程度上出现人均福利水平下降。

从目前经济增长理论来看，基本上没有制度增长率的概念，与此相关的只有制度的演进推进经济增长的相关论述。诺思在他的相关文献中就提出过，由于制度的变化在西方世界出现了非人格化的市场交易规则，进而促进了经济增长。他明确提出“完全可以认为，经济组织的效率在决定马

---

① 哈耶克 F A. 致命的自负. 冯克利等译. 北京：中国社会科学出版社，2000.

尔萨斯抑制的效力上起了很大的作用”[①]。“制度环境的改善会鼓励创新，结果私人收益率接近社会收益率”[①]。马尔萨斯的观点值得作一些介绍。马尔萨斯非常明确地指出了由于人口的增长率呈几何级数的方式增长，而经济增长只能是算术级数的方式增长，因而人口的扩张最终导致的结果是经济无法提供养活人口的可能。马尔萨斯是这样论述的：“我们认为，是自然法则，而不是人类的行为和制度，使人口的自然增长必然受到强有力的抑制。”[②]从制度演进的静态角度来看，马尔萨斯是正确的，在人类发展的历史中也确实反复出现了这种情况。相关的研究就认为，在中国古代社会历朝历代变迁中都贯穿了马尔萨斯所提出的人口规律。所以，我们可以看到在玉米、红苕等作物没有引入中国之前，中国人口大多保持了6 500万人的规模。当然，这里有个例外就是宋代的人口规模，据估计已经突破1亿人。关于宋代经济增长的相关内容，我们在前面已经做了论述，并对此做了阐述，这里就不予赘述。总体上是由于制度的演进引致技术的进步，经济增长能实现对人口的供给。关于这点也可以从中国的计划生育政策中得到启发。相类似的论述在张五常等的更为微观的角度也有相应的体现。张五常就曾认为，由于制度方面的原因，出现了租值消耗。因而在张五常看来，制度与租值消耗存在着相关性，而当我们把租值消耗与经济增长结合起来时，就会发现张五常虽然没有明确指出制度增长率，但在租值消耗相关理论中已经暗示了这点。对此，如果放大到宏观角度来看，就会发现制度不仅能推进经济增长，如近代出现的一系列国家或地区快速的经济增长率，同时，也会阻碍经济增长甚至引至经济负增长，这方面的例证也非常之多。例如，那些陷入中等发达陷阱的国家或地区，有的虽然有相关的经济制度，但是由于政权不稳定而得不到实施；有的明显出现了向人格化的交易规则转向，使非人格化的交易规则在一定程度被忽视等，都出于制

① 诺思 D C，托马斯 R. 西方世界的兴起. 厉以平，蔡磊译. 北京：华夏出版社，1989.

② 马尔萨斯 T R. 人口论. 陈祖洲等译. 北京：商务印书馆，2014.

度原因，经济增长出现减速甚至出现负的增长。这里存在的问题是，对于一个经济体来说，因为在经济发展过程中所采用的技术水平在短期内不会有大的变化，甚至于还会出现量上的提升，但是，一个经济体为什么出现增长变缓甚至退步。

建立在经验数据基础上的新古典增长理论，如改进的索洛模型中技术对经济增长的权重达到70%以上，认为经济增长的主要内因来源于技术的进步,那么经济增长的放缓甚至于衰退是否是由于技术的退步？显然不是，至少在短期内不能这样认为。因为不管一个经济体运用哪种水平的技术于经济增长，一旦这些技术投入经济增长以后，是不可能会在一个相对短的时期出现技术水平下降的。那么，按照现有的经济增长模型特别是古典经济增长模型，以技术作为主要发展动力的经济增长，就应该保持一个既定的增长速度，即使在新的增长模型，如罗默的增长模式中也不能得出相反的结论。以罗默为代表的新增长理论是在新古典主义关于外生技术进步的增长模型基础上发展起来的，罗默内生增长模型从技术内生化开始，强调以知识为基础来解释经济增长和发展的机制。根据罗默的内生增长理论，发展中国家为了实现长期的经济增长，重要的是具备一种使新的创新能产生和使用的机制，进而增加教育发展和科技投入、激励和保护创新。罗默的这种经济增长理论所强调的使新的技术运用于经济增长的机制，在一定程度上来说就是一种自组织知识映射的制度模式。对于这点，事实上熊彼特也作过相类似的研究，他在《经济发展理论》中就提出了创新的重要性，认为企业家在管理方面的创新，是经济增长的一个十分重要的原因。他明确指出："每一个正常的繁荣开始于一个或少数几个企业部门，并且从它所开始产生的企业的创新中获得特征。但是创业者不仅在他们首先出现的生产部门里为他人消除了障碍，而且由于这些障碍的性质，事实上也在其他部门里消除了障碍。"[①]我们认为，不论罗默还是熊彼特所强调的创新

① 熊彼特 J. 经济发展理论. 何畏，易家洋译. 北京：商务印书馆，1990.

对经济增长的重要性，都只是从经济增长的现象上得出的结论，实质上都没有超出新古典主义所强调的技术在经济增长推动力中占重要权重的思想，而且也都没有回答为什么会在一个经济体中应用某一有利经济增长率的技术，而没有在另一个经济体应用并产生有利于经济增长的技术。对此，爱泼斯坦区别了两者，认为“在资本主义兴起的背后，主要的推动力是政治与市场的结构，而在现代工业兴起的背后，主要的推动力就是技术的变迁”①。如果将阿瑟关于技术的锁定效应最终使经济发展处于锁定的轨道中的思想引入思考，那么更容易提出前面的问题。

这个问题分列为两个方面，一是为什么会将某一技术引入经济增长。这里无法用经济学惯用的激励进行解释，因为任何一种新技术的应用在其没有产生效益之前，其激励都不可能会大于之前的技术的激励作用。这里一个可能合理的解释是因为在一个经济体中总会有那么一些人，他们知道某一技术应用于经济增长的效应会大于当前的技术。那么，当这种效应还没有发生时可能会出现的问题，就是前面一些章节中我们所意指的掌握了更多自组织知识的人。二是为什么一旦将某一技术引入经济增长，就会形成锁定效应。这种情况往往出现在对经济增长相对不那么有利的经济制度之中，在这样的制度环境下能够应用于经济增长的技术是有限的，这是因为就经济制度本身而言其所能容纳推进经济增长的技术本身就受到限制，呈现出技术有限供给状态。例如，在中国改革开放之前三十多年的汽车生产中，一直都使用着苏联的老的技术生产解放牌货车，但是在同一时期却能够生产出原子弹，实现了“两弹一星”技术的重大突破，其在这方面的技术水平基本达到世界先进水平，但是，这些技术却不能实现用于推进经济增长的目的。事实上，在不少领域都出现过这样的情况，我们认为新中国成立以后改革开放前的中国整个经济制度显然不那么利于经济增长。同

---

① 爱泼斯坦 S R. 自由与增长——1300—1750 年欧洲国家与市场的兴起. 宋丙涛译. 北京：商务印书馆，2011.

样的情况在苏联也得到印证，如苏联时期，其军事技术应该是比较先进的，如航母技术、大型飞机技术、核弹技术等，足以对抗当时美国的军事实力，但是，我们也发现一个情况就是与民生极其相关的轻工业发展却严重滞后，甚至于影响到人们的生活。现在的朝鲜也大体如此，朝鲜已经发展出了核弹技术，但是其人均收入水平是相当低的。相关统计表明，朝鲜 2013 年人均 GDP 约为 1 800 美元，即使现在基本上也没有太大的差别，2014 年经济增长率仅为 1%。经济统计数据表明，朝鲜 GDP 整体已退至 1980 年的水平。相比之下，韩国人均 GDP 从 1960 年初的 1 200 美元左右飙升至如今的 22 000 美元以上。当然，以福利状况来表达可能更为准确，改革开放前中国人均收入水平是相对较低的，反映的是人均 GDP 的情况，从这些情况来看，在改革开放以前一个相当长的时期内，中国人均 GDP 水平是相对较低的，反映出来的人均收入水平也相对较低，因而其人均福利水平也必然较低。我们可以从表 12-1 中看到。

表 12-1　1952~1977 年中国年度 GDP 及人均 GDP

年份	名义GDP/亿元	同比/%	美元名义GDP/亿美元	同比/%	人均名义GDP/元	美元人均名义GDP/美元	人均实际GDP 同比增长/%
1952	679.0		304.89		119	54	
1953	824.2	21.4	316.51	3.8	142	54	13.1
1954	859.2	4.3	330.02	4.3	144	55	1.8
1955	910.8	6.9	349.75	6.0	150	57	4.5
1956	1 029.0	13.0	395.15	13.0	166	64	12.7
1957	1 069.3	3.9	410.63	3.9	168	64	2.4
1958	1 308.2	22.3	502.38	22.3	200	77	18.3
1959	1 440.4	10.1	550.39	9.6	216	83	6.7
1960	1 457.5	1.2	556.93	1.2	218	83	−0.5
1961	1 220.9	−16.2	495.95	−10.9	185	75	−26.6
1962	1 151.2	−5.7	467.64	−5.7	173	70	-6.4
1963	1 236.4	7.4	502.22	7.4	181	74	7.5
1964	1 455.5	17.7	591.25	17.7	208	85	15.5
1965	1 717.2	18.0	697.54	18.0	240	98	14.3

续表

年份	名义GDP/亿元	同比/%	美元名义GDP/亿美元	同比/%	人均名义GDP/元	美元人均名义GDP/美元	人均实际GDP同比增长/%
1966	1 873.1	9.1	760.85	9.1	255	103	7.7
1967	1 780.3	-5.0	723.16	-5.0	236	95	-8.1
1968	1 730.2	-2.8	702.80	-2.8	223	91	-6.5
1969	1 945.8	12.5	790.39	12.5	244	99	13.7
1970	2 261.3	16.2	918.56	15.2	275	112	16.1
1971	2 436.3	7.7	989.21	7.7	290	118	4.1
1972	2 530.2	3.9	1 129.51	14.2	294	131	1.2
1973	2 733.4	8.0	1 360.55	20.5	310	154	5.4
1974	2 803.7	2.6	1 397.68	2.7	311	155	0.2
1975	3 013.1	7.5	1 529.50	9.4	329	167	6.8
1976	2 961.5	-1.7	1 503.29	-1.7	318	162	-3.1
1977	3 221.1	6.8	1 750.57	16.4	341	196	6.2

注：人均实际GDP同比增长1952年为100

与此相反，在中国实施改革开放以后，经济增长速度明显保持了一个相对较快的增长，并且在一个相当长的时期内保持了相对稳定高速的增长水平。所有这些，经济学家们认为都归因于改革开放这一在经济领域的体制性改变，而实质上是由于在中国引入了市场经济制度，由上至下地将计划经济体制改革为市场经济体制，从而经济增长的制度性结构得到了根本性改变，形成了有利于经济增长的制度安排与制度环境。当然，这种变革是一种渐进的，但是，对基本的经济的制度性结构来说，从一开始就在构建市场竞争的环境，而这是中国改革开放以后经济增长的真正原动力。但是，必须应该明白的一点是，正如前面所指出的那样，是通过建立特区的方式实行的，因此，中国渐进式的改革更大程度上是空间上的渐进。这种空间上的制度性结构的变化，可以归因于将具有这些方面知识，即自组织知识的个体相对集中于一定区域，从而快速提高该区域人均自组织知识水平，并通过自组织知识的溢出效应，推进经济制度优化，进而使经济发展出现如表12-2所示的30多年的快速发展期。但出于历史的原因，这方面的资料却比较匮乏，有待进一步进行论证。但正如大多数经济学家所认可的那样，从微观的角度来说，价格反映了交换后面的所有信息；从宏观的角度来说，增长率水平反映了制度性结构的优化度，进而也将自组织知识的演进水平反映出来。关于这点，可以以中国改革开放以后的经济增长情况得到验证。

表 12-2 1977~2012 年中国年度 GDP 及人均 GDP

年份	名义GDP/亿元	同比/%	美元名义GDP/亿美元	同比/%	人均名义GDP/元	美元人均名义GDP/美元	人均实际GDP 同比增长/%
1977	3 221.1	8.8	1 750.57	16.4	341	185	6.2
1978	3 545.2	13.2	2 119.31	21.1	381	222	10.2
1979	4 062.6	11.4	2 612.59	23.3	419	270	6.1
1980	4 545.6	11.9	3 050.75	16.8	453	311	6.5
1981	4 891.6	7.6	2 753.02	−9.8	492	277	3.9
1982	5 323.4	8.8	2 765.52	0.5	528	274	7.5
1983	5 962.7	12.0	3 046.37	10.2	583	296	9.3
1984	7 208.1	20.9	3 270.00	7.3	659	315	13.7
1985	9 016.0	25.1	3 070.3	−6.1	858	292	11.9
1986	10 275	14.0	2 975.90	−3.1	963	279	7.2
1987	12 058.6	17.4	3 239.73	16.17	1 112	299	9.8
1988	15 042.8	24.7	4 041.49	24.7	1 366	367	9.5
1989	16 992.3	13.0	4 513.11	11.7	1 519	403	25
1990	18 667.8	9.9	3 902.79	−13.5	1 644	344	−23.3
1991	21 781.5	16.7	4 091.73	4.8	1 893	356	−10.1
1992	25 923.5	23.6	4 882.22	19.3	2 311	419	12.8
1993	35 333.9	31.2	6 123.23	25.6	2 998	520	−4.3
1994	48 197.9	36.4	5 582.24	−8.8	4 044	469	11.8
1995	60 793.7	26.1	7 279.81	30.2	5 045	604	9.7
1996	71 176.6	17.1	8 560.85	17.6	5 845	703	8.9
1997	78 973.0	11.0	9 526.53	11.3	6 420	774	8.2
1998	84 402.3	6.9	10 194.62	7.0	6 796	821	6.8
1999	89 677.1	6.2	10 832.79	6.3	7 159	865	6.7
2000	99 214.6	10.6	11 984.75	10.6	7 858	949	7.6
2001	109 655.2	10.5	13 248.18	10.5	8 622	1 042	7.5
2002	120 332.7	9.7	14 538.20	9.7	9 398	1 135	8.4

续表

年份	名义GDP/亿元	同比/%	美元名义GDP/亿美元	同比/%	人均名义GDP/元	美元人均名义GDP/美元	人均实际GDP同比增长/%
2003	135 822.8	12.9	16 409.66	12.9	10 542	1 274	9.3
2004	159 878.3	17.7	19 316.44	17.7	123 360	1 490	9.4
2005	184 937.4	15.7	22 576.19	16.9	14 185	1 732	10.7
2006	216 314.4	17.0	27 134.95	20.2	16 500	2 070	12.0
2007	265 810.3	22.9	34 956.54	28.8	20 169	2 652	13.6
2008	314 045.4	18.1	45 218.27	29.4	23 706	3 414	9.1
2009	340 902.8	8.6	49 905.26	10.4	25 608	3 749	8.7
2010	401 512.8	17.8	59 312.03	18.8	30 015	4 434	9.9
2011	473 104.0	17.8	73 249.52	23.5	35 181	5 447	8.8
2012	519 322.0	7.8	83 558.91	14.07P	38 354	6 094	9.0P

注：P是作者计算的不含可比价的同比增长

从表12-2中的数据可以看出，在中国改革开放时期，当每一个时间段上整个经济制度环境出现向非市场化方向演变时，都出现过相对较低的增长率水平，而在经济环境转向市场化以后，大都有一个快速的增长，这种增长视为制度的累积效应应该是恰当的。

这里还要解决的一个问题是，在大多数经济增长的理论中，基本上都非常强调储蓄的重要作用。在最初的经济增长理论中，如哈罗德、索洛等的经济增长率理论都特别强调了储蓄的重要性。以哈罗德模式为例，他们的增长模型是$G = s / c$，其中G是单位时间的增长率，s是收入中被储蓄的比例，c是同一单位时间内的资本增量除以这个时间内生产出来的货物的增量。由此可见，经济增长率与储蓄率呈现正相关。在索洛模型中也大致如此，他强调："较高的储蓄率的好处不是长期的较高增长率；而是长期的较高人均产出。"①当在一定时期内，一个经济体人数为既定时，储蓄对于整个经济的产出就十分重要了。从经济增长的历史来考察，其情况也大多如此。因此，在不少经济学家看来，储蓄率的高低对一个经济体来说

① 索洛 R M. 增长理论：一种说明. 王恩冕，沈晓明译. 北京：华夏出版社，1988.

就显得特别重要。即使是考虑到凯恩斯的相关政策，在乘数效应下储蓄率对经济增长也具有不可替代的作用。总体来看，研究经济增长问题的一系列经济理论，大体也具有相似的观点，只是在一些参数方面做出些许修订或引入一些新的参数而已。然而，如果将这些放到具体的制度环境中进行考察，或者换句话来说就是将经济增长放到制度环境中研究，那么，储蓄率对于经济增长是否还如此重要？因为，在新古典主义的增长模型中，储蓄率重要的原因在于储蓄最终会以资本的形式体现出来，而资本的实物化就在一定程度上体现为技术。所以，在索洛的增长模型中经济增长对资本增长的需求具有相当大的权重，也就是在不考虑技术变化的情况下，资本的增长对经济增长的贡献约为 1/4。由此，可以相对量化地推论出储蓄对经济增长的重要作用，如果考虑到由人口因素引致的劳动力不发生变化，那么，储蓄率的重要性将更为突出。当然，所有这些都没有将制度因素考虑在内，因而储蓄率在经济增长中的作用被明显夸大了。这点正如熊彼特所指出的那样："不管怎样，在没变化的经济制度中，储蓄是不起重大作用的。"①巴罗也得出了比较间接的结论，他认为："许多国家的增长率与初始人均 GDP 之间缺乏相关性。"②事实上，巴罗的结论可以用不同国家的经济发展史实来证明。以中国为例，1978 年中国人均 GDP 是非常低的，占世界平均水平不到 10%，但这并没有影响到中国经济增长。而很低的人均 GDP 水平，意味着不可能有较高的储蓄率，即使考虑到中国传统的储蓄习惯也不会是较高的总的储蓄水平。同时，由于储蓄主要是通过转化投资而对经济增长起作用，但投资既可作为流动资本所用，也可能作为物化的固定资本所用，就固定资本而言包含了技术的因素。因此，如果考虑到固定资本在实际经济增长中的重要作用，而非虚拟化的经济增长，如因流动资本的增加而出现的通胀所体现的名义上的经济增长，那么，储蓄没

---

① 熊彼特 J. 经济发展理论. 何畏，易家洋译. 北京：商务印书馆，1990.

② 巴罗 R J. 经济增长的决定因素. 李剑译. 北京：中国人民大学出版社，2004.

有起重大作用实际上就意指了技术不可能出现重大进步，而在制度演进下的储蓄作用实际上就可以认为是制度演进中的技术的进步，这体现为储蓄在经济增长中的重大作用。由此看来，在制度没有演进的情况下，储蓄不会转化为物化的固定资本所体现的技术进步，这种情况下的增长可以视为制度性增长，即制度增长率。

此外，如果考虑到储蓄会以货币资本的方式进入经济体之中，进而通过物价增长的方式推进经济增长，这点也是新古典主义所强调的。菲利普斯在 1958 年曾做过一个研究，产生了著名的菲利普斯曲线，描述了名义工资与失业水平之间的关系，间接地提出了物价的变化与经济增长的关系。名义工资的增长实际上反映了物价水平的变化，而物价水平的变化与储蓄是相关的。如果考虑到储蓄以货币资本的方式进入经济体，那么储蓄最终会通过货币供给的变化，影响到经济增长。对此，新古典主义一些代表人物，如弗里德曼、卢卡斯并不赞同，其理由是由于理性的劳动者会预期到物价的变化，因此，从中长期来看物价的变化不会对经济增长产生影响。弗里德曼就明确提出："也许，人们赋予储蓄率的经济发展方面的重要作用，应当转而赋给决定财富的积累所借以进行的形式的那些因素。也就是说，要把发展经济的重要作用归于投资，而不是归于储蓄过程。"[①]并且在此基础上，弗里德曼提出了自然失业率概念。这个概念的提出，也就意味着经济政策是无能为力的。这里，我们还可以回顾魏克塞尔的自然利率等概念。对于这个自然利率凯恩斯给出了解释，"如果我们给魏克塞尔的自然利率下一个定义，说它是储蓄与投资价值取得平衡时的利息率，那么当货币利率保持在一个水准上，使投资值超过储蓄时，全部产品的物价水准就会上升到生产成本上"[②]。这个自然利率，就是实物利率。这说明从经济发展本身来说，就经济制度环境给定的情况下，从长期来看经济增长

---

① 弗里德曼 J M. 弗里德曼文萃. 高榕，范恒山译. 北京：北京经济学院出版社，1991.

② 凯恩斯 J M. 货币论. 何瑞英译. 北京：商务印书馆，1993.

按照既定的规律运行，这个规律性的运行机制就如庇古所指出的那样："各国为了把利己心引入有益的渠道，都很周密地对各项制度作了调整。"[①]那么，引导人们自利行为的制度，又是如何在经济增长中发挥作用的？我们认为经济制度存续期间，其对经济增长的作用是通过将经济行为纳入一个规范化的轨道中进行的，如果这样我们如图示的方式将之体现出来，具体如图 12-1、图 12-2 所示。以下可以建立一个两维的坐标体系，代表两维的发展轨迹坐标。

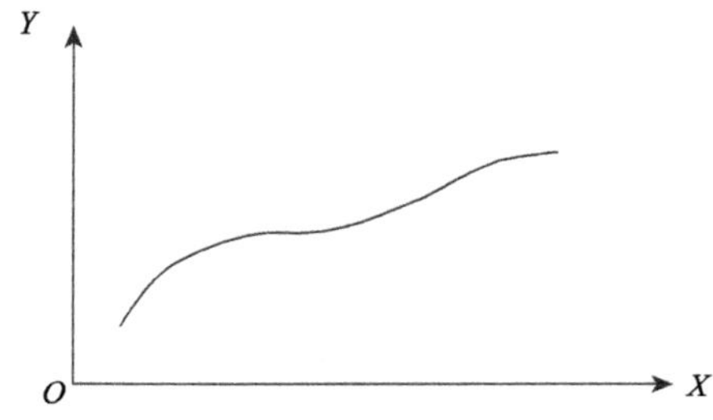

图 12-1 不考虑时间因素的自组织知识与制度演进状况

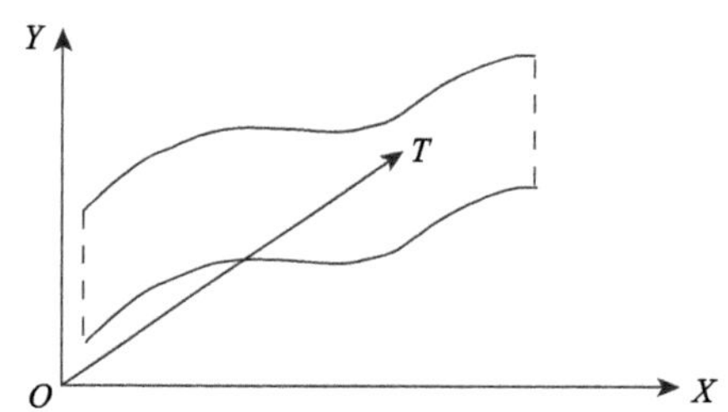

图 12-2 考虑时间因素的自组织知识与制度演进状况

如图 12-1 所示，在横纵坐标之间是一个发展的轨迹图形，而经济制度则为坐标横纵轴所代表的两个方向性的自组织知识集合，那么，在这样的自组织知识集合下，在横纵坐标上分别取不同的数值，可以得出一个自组织知识的集合的轨迹。在确定了这个经济制度轨迹以后，相应的经济增长就会沿着这个轨迹进行，由此，可以给出一个沿经济制度轨迹的增长率水平，这个增长率就是制度增长率。当然，这里还可以加入时间因素，如图 12-2 所示，建立起加上时间维度的三维空间，从而形成随着时间不断演

① 庇古 A C. 福利经济学. 朱泱等译. 北京：商务印书馆，2003.

变的经济制度轨迹面。当考虑到时间因素以后，经济制度轨迹就成为由两个自组织知识以及时间变化所形成的制度曲面，而经济制度将在这个曲面上运行。因此，我们认为构建经济制度的自组织知识的各向特性确定以后，也就给定了经济增长的一个限制，即加上时间的制度曲面。此外，由于经济增长是在时间序列下进行的，因此，我们可以加入一个时间维度，并建立一个三维的经济制度轨迹。

这样，在时间维度下自组织知识形成了一个曲面的形状，而经济制度的演进就体现在这个曲面上。如果是这样，经济增长中必然存在一个制度增长率。由于制度是由人均自组织知识水平所映射的，因此，在既定自组织知识水平下的任何经济政策改变都无法真实地改变经济制度运行环境与安排，因而整个经济增长最终都会体现出制度的水平。关于这点也就是自由主义经济学家所反复强调的，经济增长会按自己的轨迹推进。所以米塞斯、哈耶克等都强调自主的市场经济中的自发的经济秩序对于经济增长的重要性，并且把一切对市场经济运行的干扰，如实施货币政策、财政政策等，都认为是引起现代通货膨胀以及失业的根本性原因。这种观点在新古典主义中也很有代表性。弗里德曼也持有相类似的观点，他明确说“我相信：每次主要的经济收缩性的严重性——1920~1921 年、1929~1933 年和 1937~1938 年——应直接归因于联邦储备系统的成立和它的当局的疏忽，而在以前的货币和银行的安排之下，这些事实不会发生”[①]。应该说，米尔顿·弗里德曼只是在米塞斯、哈耶克等的基础上往前走了一步，强调稳定不变的货币供给机制是保持经济长期稳定的前提。显然，不管是经济增长的史实还是经济增长理论本身，都蕴含了这样的一点，即经济增长有其本身的内在规律，而这个内在的规律就是在既定经济制度下的经济的增长率。

---

① 弗里德曼 J M. 资本主义与自由. 张瑞玉译. 北京：商务印书馆，1988.

第二节 制度增长率的实质

制度实质上可以归因于自组织知识，自组织知识的水平决定了制度的演进。因此，制度增长率实质上就是既定自组织知识水平所体现的增长率水平，这是我们反复强调的观点。如果制度增长率确由自组织知识的水平所决定，那么，自组织知识影响经济增长率水平的途径就必须明确给定。正如前面给出的时间序列下的自组织知识演进状况，经济制度的演进也必然局限于引入了时间序列的曲面，而曲面的边界就成为制度的最大可能性增长供给。那么，在这个限定的时间序列经济制度曲面下的经济行为，所可能产生的最大可能性经济增长率水平就不大可能超出这个曲面所提供的可能。因此，制度增长率实际上就是在经济制度所提供的可能性情况下，经济增长所能达到的上限。一些国家或地区经济增长的历史数据表明，所有的国家或地区发展的绝大部分时间里经济增长率都处于一个相对较低的水平上，即使如一些赶超发展的国家在经历一段时间的快速发展后，也仍然会逐步下降到一个相对稳定的平均在 2%左右的增长率水平上，这究竟是为什么？巴罗曾经对此作过研究并感到困惑，认为“我们最终得到一个增长模型，它能解释一切现象，惟独长期增长不能解释，这显然不是一种令人满意的结果”[①]。这就是巴罗及西方大多数经济学者的困惑所在，因为他们认为西方现在的经济制度就是最好的制度，因而不可能再有新的制度。他们忽视了一点，即使现有的市场经济制度也是在长期的文明演进及经济发展中探索出来的，只要自组织知识在演进，人类肯定还会不断发现新的更为有效的经济制度。观察 20 世纪 50 年代以来各国经济增长情况，我们会发现越是后发达国家，在进入发达国家的进程中，都能够在较短的时间内实现快速的经济增长，而且也正是在这个相对较短的时期内，这些国家或地区经济制度实现了大的转变。例如，印度也是在实施市场经济以

---

① 巴罗 R J. 经济增长的决定因素. 李剑译. 北京：中国人民大学出版社，2004.

后得到快速发展的，越南情况也大体相当，更不用说中国的经济增长了。

分析这些国家的增长率水平，基本上与经济制度演进的水平相接近。在近现代之前几乎所有的国家或地区经济增长率都处于一个相当低的水平，而对这些国家或地区进行考察，很容易会发现这些国家或地区的经济制度在相当长的一个时期内几乎没有变化。在对现今的国家或地区进行考察也可以得出相近的结论，如在一个经济发展相对落后的地区，大都存在着与近现代之前的经济制度相类似的特征，这就是在自组织结构中没有或很少有非人格化的市场交易规则存在，而体现出的一个比较明显的特征是这些国家或地区，对外部世界变化无动于衷，因而其自组织知识的状况不可能因外部自组织知识的渗入而发生改变。同时，这些国家或地区在制度架构上还呈现出明显的自组织知识趋同性结构，因而不可能自发地形成自组织知识的演进。而且，由于自组织知识演变趋势具有同化的构建，引入新的自组织知识的可能性将是一个小概率事件。这种情况如近代的中国，在清朝末期当时的中国政府并不是不知道西方的强盛，并不是不想学习西方以推进经济增长与发展，但是为什么没成功？其原因虽然是多方面的，但是，相对趋同性的自组织知识，妨碍了中国社会自组织知识水平的提高。对于这点，相关的史料非常多。上溯历史，在春秋战国时期，稷下学宫的存在，曾为当时百家争鸣开创了良好的社会环境，促进了先秦时期学术文化的繁荣，同时也为各国制度的演进提供了理论上的依据。但是，随着稷下学宫的消亡，思想日渐归于单一，从而在战国晚期形成了法家独大的局面，进而建起了以法家为代表的理论体系，建立起了以这个学派为理论的国家制度体系，其对后世的影响也就可见了，甚至于使中国社会在之后的两千多年内没有得到大的制度演进。

我们可以认为，对自然界与人类社会认识了解的深度决定了经济增长的可能性。这也是诺思所强调的关于对于自然界和人类自身不确定性的确定把握的意思。诺思在其新近出版的《理解经济增长过程》中就十分明确地指出了这点。而且，这两个确定性并不是相互推进的，反之，在我们对世界的确定把握增加的同时，人类社会的不确定也在增加。所以，诺思认为："在一个不完美感知的世界里，不确定性是知识和制度的函数。"[①]这里的知识实际上仅意指了关于自然的知识，因为在诺思的论述中，显然把对自然确定性的把握与对人类社会确定性的把握分开了，并且，强调由于我们要实现对自然的确定性把握而不断发展了社会制度架构，但这又降低了人类对自身确定性的把握。也正因此，两个确定性构成了二律背反。这种情况用比较通俗的话来解释，就是在一个人类社会确定性把握越高的社会体系中，对自然界的确定性把握越少，这点也可以在实际的经济增长中得到印证。对于中国社会在宋以后出现的李约瑟之谜是否就是一个印证呢？我们知道中国在宋代发展出了理学，理学的发展使宋代以后的中国大体按照这样一个标准来考核知识分子乃至社会大众，从而形成了相对趋同性的自组织知识结构。这种趋同化自组织知识，使中国社会出现固化的社会结构，也就是说，对自身把握的确定性提高到非常高的程度。而按照诺思的理论解释，对人类自身确定性的提高，反而妨碍了对自然确定性把握的提高，因而出现李约瑟提出的一个问题：中国自宋以后科技水平的发展迅速消失。

从现代一些国家或地区发展的状况也可以看到，越是对人类社会确定性把握度越高的经济体其应用于经济增长的技术水平越低，两者呈现出负相关。回过来考察诺思的观点，我们可以看到在诺思理论中虽然将两者在一定意义上进行了区分，但是，并没有在本质上把两者区分开来，因为这种把握最终都统一在人类的知识体系之中。而就人类知识体系而言，在将人类生物性的基础设定为确定值后，一切对确定性的把握都来源于人类所获得的知识。诺思将知识与制度作为两个并列的概念，实则将知识视为关于自然的知识，而将制度视为关于人类各种确定性把握的制度。那么，这个制度从本质上就如前面章节中我们所指明的自组织知识的一个映射。而做了这样的区分

① 诺思 D C. 理解经济增长过程. 钟正生，邢华译. 北京：中国人民大学出版社，2013.

后，对于自然和人类自身两个确定性的把握，就统一于人类知识体系之中，这也是哈耶克在经济理论上的重要贡献。关于这点诺思也注意到了，他认为“除了极少数重要的经济学家，如弗德里希·哈耶克外，大多数经济学家都忽视了思想观念在决策中的作用”[①]。我们认为，当将经济发展理论统一于人的知识时，也就将对自然的确定性把握与对人类社会的确定性把握统一起来，从而可以较好地理解如何把经济增长及人类进步归结于两个确定性的把握了。

经济增长肯定归结于人类对自然的了解与对自身的了解两个方面，对此毋庸置疑。真正需要做出解释的是这两者之间存在怎样的关系。对此，前面我们已经给出了两者存在负相关。如果两者存在负相关，那么，就自组织知识所映射的制度的确定性来说，就与自然知识所映射的技术的确定性存在着负相关，因此，不能将制度的确定性与技术水平相对等。那么，一个应该值得讨论的问题是，制度的演进意味着什么？经济制度的演进是否就是使各类规则确定化。显然，根据前面所进行的论述可以看到，制度的确定化实质上就是自组织知识的确定化，而这种确定化本身并不能推进技术在经济增长中应用的进步，否则，就很难解释清楚在确定化程度越高的经济制度环境中，应用于经济增长的技术水平并不能实现相应的进步。例如，在大多数曾经实行过计划经济的国家中，在这样的经济制度下具有非常高的制度确定化水平，但是应用于经济增长中的技术水平却没有实现相应的增长，在改革开放前的中国如此，在苏联也是如此，现在的朝鲜更是如此。那么，制度演进的核心内容是什么？制度演进又如何推进了技术在经济增长中水平的提高。如果按照爱泼斯坦的解释，“在资本主义兴起的背后，主要的推动力是政治与市场的结构，而在现代工业兴起的背后，主要的推动力就是技术的变迁”[②]。那么，经济制度演进与应用于经济增

① 诺思 D C. 理解经济变迁过程. 钟正生，邢华译. 北京：中国人民大学出版社，2013.

② 爱泼斯坦 S R. 自由与增长——1300—1750 年欧洲国家与市场的兴起. 宋丙涛译. 北京：商务印书馆，2011.

长中的技术进步是两个不同的问题，两者又是如何较好地结合起来的？对此，巴里·R. 温加斯特做出了新解释，他认为工业经济的兴起往往起因于非商业都市，其原因是由于行会管理的松懈。而如果把行会管理的松懈视为制度演进，那么，显然经济制度的演进实质上归因于不确性的提高。斯密也有类似论述，他认为："什么妨害劳动者的自由流动，也同样妨害资本的自由流动。……我相信，同业组合法规妨碍劳动自由移动，是欧洲各地共有的现象。"[①]这个观点也同诺思所提出的关于两个确定性方面的相关论述是一致的。基于这样一些方面的认识，我们认为经济制度的演进，可能更大程度上得益于自组织知识对经济体制度化的不确定性降低，关于这点也与哈耶克等自由主义的思想相接近，也与在当今世界实行的相对有效率的市场经济相接近。就这点来说，也是存在制度增长率的一个实证。制度的作用就是赋予经济增长于规则，而规则说到底就是确定性。以经济法为例，在经济法中明确规定进行经济活动时哪些是能做哪些是不能做的行为，事实上就为从事经济活动确立了规则。每一个从事经济活动的个体，这样的制度安排与环境下对自己的经济行为的后果就有了确定性的预期，而这无疑也增加了经济增长的确定性。那么，在既定制度安排与环境下，由制度所规范的增长也就有了一个比较明确的效应，而这个明确的效应就是制度增长率，除非在各个层面不断实施新的制度与安排。

自组织知识所映射的制度的不确定性水平，是一个制度演进的重要指标。那么，又如何说明一个制度存在的必要性，或者换句话说就是一个制度存在且有利于经济增长。我们认为，任何一个经济制度存在后，由于锁定效应的作用，在这个经济制度的框架内经济增长形成了轨迹锁定。相关的经济增长数据可作间接证明，如 1960 年全球有 101 个国家和地区进入中等发达经济体水平，但是，到 2008 年只有 13 个国家和地区发展成为高收

① 斯密 A. 国民财富的性质和原因的研究. 郭大力，王亚南译. 北京：商务印书馆，1972.

入经济体[1]，相当一部学者在分析这个问题时，都认为与这些国家中所实施的经济制度相关。我们认为出现这种情况就是在经济增长过程中，最初采取的技术沿着既定的轨迹运行，使技术呈现出锁定效应，这正如布莱恩·阿瑟所指明的那样。但必须指出的是，技术锁定效应又可以归因到制度性锁定效应。在锁定的技术情况下，经济增长所呈现出来的就是制度增长率。

第三节　不确定下的制度增长率

当制度确定以后，轨迹锁定效应使经济沿着既定轨迹增长。但是，由于制度可能出现演进,因而所体现出的经济并不一定按照既定的轨迹增长。这句话有些像同义反复，但主要目的是说明在不确定下的自组织知识，是如何促进制度演进的。自组织知识的不确定性，意指了这样的状况，即在一个经济体内自组织知识是变化的，也就是说，自组织知识并没有呈现出均方差为零的模式，在这个经济体内的不同个体甚至亚层面的人群自组织知识水平不同。也正因为自组织知识不同，因而其所映射的制度出现差异性，而这成为经济制度演进的根源。

人类为了减少对自组织的不确定,因而建立起各种各样的制度与规则，在经济领域就是确定了经济的制度安排与制度环境，从而使人类的行为纳入了相对确定性的范围。关于这点就如同我们在研究中可以推断出，某一个个体在一定的经济发展时期可能出现的经济行为一样。那么，对一个经济体来说在对自组织不确定的情况下，是否还存着制度增长率？我们认为这既可以说存在也可以说不存在，关键要看这种不确定性的度。可以这么认为，自组织结构确定性越高，制度增长率越有可能存在。关于这点很少有经济学者涉及，因此，有必要对此作进一步分析。正如前面我们所引证

① 根据世界银行的统计数据。

的情形，对于任何一个实施成功的制度性变革的经济体来说，都出现过一段高速的增长期。但是，我们也发现在这个过程中，该经济体的各种规定越来越多，不管是资金使用、土地经营、劳动保护还是最为简单的学习教育等，都有着十分明确的规定。这种情况正如人们批判日本20世纪80年代以后经济逐步停滞一样，认为日本这个国家什么都好，就没有一样东西，那就是希望。而希望就是一种对未来的不确定性，当一切规则都确定以后，未来的都成为可以预期的东西。就一个经济体而言，进入了经济增长的制度化时期。对此，虽然学者们没有认识到制度增长率的问题，但是制度的成本却被科斯等学者所认识到，甚至于他能估算出一个经济体的可能的成本负担，即交易费用。科斯估计苏联因无法承担高额的制度成本而将于1991年垮台，这年他也由这方面的理论成就而获得诺贝尔经济学奖。但是，引入对科斯的论述是因为他明确地提出人们所没有感知到的制度成本问题，据此，只要有规则就有制定和维护规则的成本。这不管是通过市场规则还是通过企业的内部化规则，不论其他的什么规则，都无一例外地存在着制度成本。

我们都知道科斯还有一篇非常有名的文章《社会成本问题》，这篇论文虽然主题是社会成本，但实际主要着眼于社会总效应。例如，社会总效应不能抵扣制度成本，那么这个制度要继续延续下去就可能比较困难。关于这点我们在前面的章节中曾经提出过交易费用的两个不同承担主体问题，特别是被动承担交易费用的主体支付的费用如果低于制度维持的成本，那么，将会出现的情形是这个制度难以维持下去。因此，现代社会的可行性的选择办法只有两点，一是尽可能地使制度维持成本变得越来越小，从而使制度增长率所实现的增长效应足以抵消制度的维持成本；二是不断推进制度演进，以更优化的制度模式促进经济体能够应用更有效的技术，从而使经济增长高出制度增长率水平。关于这点在前面的相关论述中，我们已经反复进行过论证，也可进一步用不同国家或地区的经济增长史实来证明。这样不确定下的制度增长率问题，事实上就归结为制度创新的问题，也就是自组织知识的不断演进问题。正如前面我们所论述的一样，当一个经济体中的自组织知识不能继续演进时，也就意味着制度不能实现演进，其原因在于自组织的确定化，即人们的自组织知识固化的结果。在此状况下的制度演进不再优化，而在时间推进过程中日益形成确定化，因而制度增长率就成为经济增长主体水平，在此状况下的经济增长只能依据制度的效率推进。所以，我们认为不确定下的制度增长率，实质上意指了新的制度因素所带来的经济效应。这里，可以给出一个不确定与制度增长率的相关指标衡量体系。如果一个经济体所包括的制度设定为 M，那么，就 M 而言只是体现出各种规则的总体情况。这里还可以设定对于制度 M 其构建因素当然包括了从宪法到民法乃至各种保持劳动就业、技术发明的相关层面的规则，可以分别设定为 x_i，同时由于从宪法到一般性法律法规在整个制度中所起的作用的大小不同，可以将不同的法规在制度建构中起作用的权数设定为 a_i，如果不考虑各个法律法规及规则的冲突性，可得出相应的序列关系式 $M=f\left(a_1x_1,\ a_2x_2,\ a_3x_3\cdots\right)$，显然，在 $M=f\left(a_1x_1,\ a_2x_2,\ a_3x_3\cdots\right)$ 关系中 i 的取值越大，表示这个规则在整个制度中的作用越小，因此，当一个经济体的制度越朝向 i 取值越大的方向来完善相关规定时，那么，意味着这个经济体的制度就越完善。根据前面我们所得到的结论，制度越不完善引致的增长率越偏离制度增长率水平。为了直观，我们可用图 12-3 作些说明。

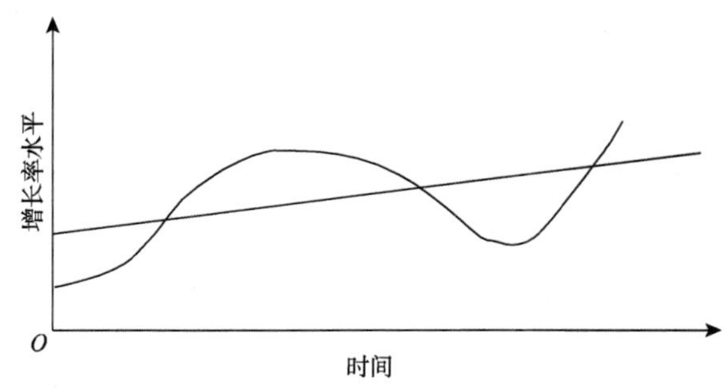

图 12-3　制度增长率与制度不完善时的经济增长率关系

对图 12-3 进行说明，中间平直的线表示的是制度增长率水平，而围绕水平线的曲线表示的是实际经济增长率水平，显然，实际的经济增长率水平可能会高于或低于制度增长率水平，这主要依赖于制度所可能应用的技术的实际使用。实际经济增长率曲线围绕制度增长率线的情况说明，最终的结果是实际经济增长率水平会与制度增长率重合在一起，进而使经济按照制度增长率增长。

需要进一步说明的情况是，当实际经济增长曲线与相对水平的制度增长率线相重合时，即意味着自组织结构的确定化。对此，可以反思各国的经济增长与自组织结构的确定之间的关系。由于数据的缺乏，我们在这里可以做出一个比较直观的判断,即各个国家或地区经济增长的快速发展期，即包括各项法律在内的规则的制定与完善期。以中国为例，在经济改革开放近三十年的高速发展后，近些年来先后出台了一系列相关规定，如最低工资规定、强制社会保障规定、周工作时间规定等，在之前根本没纳入制度范围的相关规定都先后出台，从而在经济制度层面日益完善，一个相对应的结果是中国经济逐步向制度增长率水平靠近。而且，我们还发现一个现象，随着经济制度可以应用的技术的进步，与技术进步相对应的相关规定也逐渐呈现出来，如当网络纳入经济增长中来时，相应地也逐步出现了关于网络方面的法律及相关规定，一个比较极端的例子就是禁止未成年人进入网吧等相关规定。从经济增长的角度来看，这些规定的一部分事实上是抑制了经济增长的。

总结本章的论述，我们认为制度增长率是客观存在的，并且随着自组织结构的确定化的提高而不断提高。根据诺思提出的“两个不确定”结论，当对自然的把握度提高后，实际上就是关于自然的知识运用于经济增长，那么相对应的对自组织的把握度就会下降。这种情况反映在现实的经济增长问题上，就是在经济领域采用了新的技术后，必然会出现由新技术所带来的自组织问题，这些需要自组织知识的演进来进一步加以解决，在制度上就体现为各种相对应的规则被建立起来。而当自组织结构日益确定后，又会使在经济领域引入新技术成为不确定性甚至于不可能，就像前面我们所论述过的那样。锁定的增长路径是很难引入新的技术来促进经济增长的，从而使经济增长不论是在制度层面还是在技术层面都出现了锁定效应，而这个锁定效应用我们的话来说，就是经济处于制度增长率水平上的发展，当然，这个增长肯定是较低速的增长，正如发生在大部分国家或地区中的情况那样。

参 考 文 献

阿罗 K J. 2000. 社会选择：个性与多准则. 钱晓敏，孟岳良译. 北京：首都经济贸易大学出版社.

阿瑟 B. 2014. 技术的本质. 曹东溟，王健译. 杭州：浙江人民出版社.

埃德尔曼 G M. 2010. 第二自然. 唐璐译. 长沙：湖南科学技术出版社.

爱泼斯坦 S R. 2011. 自由与增长——1300—1750 年欧洲国家与市场的兴起. 宋丙涛译. 北京：商务印书馆.

奥尔森 M. 1993. 国家兴衰起源. 吕应中等译. 北京：商务印书馆.

奥尔森 M. 1995. 集体行动的逻辑. 陈郁等译. 上海：上海人民出版社.

奥尔森 M. 2007. 国家的兴衰——经济增长、滞胀和社会僵化. 李增刚译. 上海：上海人民出版社.

奥尔森 M. 2014. 权力与繁荣. 苏长和，嵇飞译. 上海：上海人民出版社.

巴罗 R J. 2004. 经济增长的决定因素. 李剑译. 北京：中国人民大学出版社.

鲍莫尔 W. 2013. 福利经济及国家理论. 高家麟，郑孝齐译. 北京：商务印书馆.

贝克尔 G. 2014. 歧视经济学. 于占杰译. 北京：商务印书馆.

贝克尔 G，墨菲 K. 2014. 社会经济学. 陆云航，唐为译. 北京：人民出版社.

贝克尔 G. 2016. 人力资本. 陈耿宣译. 北京：机械工业出版社.

庇古 A C. 2003. 福利经济学. 朱泱等译. 北京：商务印书馆.

波普尔 C. 1986. 猜想与反驳——科学知识的增长. 傅季重等译. 上海：上海译文出版社.

波普尔 C. 1991. 客观知识. 舒炜光等译. 上海：上海译文出版社.

博伊索特 M H. 2006. 知识资产——在信息经济中赢得竞争优势. 张群群，陈北译. 上海：上海人民出版社.

卜宪群. 2016. 中国通史. 北京：华夏出版社.

布坎南 J M. 1988. 自由、市场和国家. 吴良键，桑伍译. 北京：北京经济学院出版社.

布坎南 J M. 2012. 自由的界限. 覃子云译. 杭州：浙江大学出版社.

布罗姆利 D W. 1996. 经济利益与经济制度. 陈郁，郭宇锋译. 上海：上海人民出版社.

戴利 H E，法利 J. 2014. 生态经济学. 金志农等译. 北京：中国人民大学出版社.

德姆赛茨 H. 1999. 所有权、控制与企业. 段毅才译. 北京：经济科学出版社.

丁伯根 J. 1983. 经济政策：原理与设计. 张幼文译. 北京：商务印书馆.

董英辅. 1992. 曲折的历程. 北京：改革出版社.

法伊格 E. 1994. 地下经济学. 郑介甫，费方译. 上海：上海人民出版社.

弗里德曼 J M. 1986. 资本主义与自由. 张瑞玉译. 北京：商务印书馆.

弗里德曼 J M. 1991. 弗里德曼文萃. 高榕，范恒山译. 北京：北京经济学院出版社.

福山 F. 2015. 落后之源. 刘伟译. 北京：中信出版社.

格鲁奇 A G. 1987. 比较经济制度. 徐节文等译. 北京：中国社会科学出版社.

郭春镇. 2014. 经济理性的完善及其与道义理性的对接. 厦门大学学报（哲学社会科学版），（5）：7-14.

哈罗德 R. 1983. 动态经济学. 黄范章译. 北京：商务印书馆.

哈耶克 F A.1989. 个人主义与经济秩序. 邓正来译. 北京：北京经济学院出版社.

哈耶克 F A. 1997. 自由秩序原理. 邓正来译. 上海：上海三联书店.

哈耶克 F A. 2000. 致命的自负. 冯克利等译. 北京：中国社会科学出版社.

哈耶克 F A. 2003. 经济、科学与政治. 冯克利译. 南京：江苏人民出版社.

哈耶克 F A. 2011. 知识分子为什么反对市场. 秋风译. 长春：吉林人民出版社.

哈耶克 F A. 2012. 科学的反革命——理性滥用之研究. 冯克利译. 南京：译林出版社.

赫尔普曼 E. 2007. 经济增长的秘密. 王俊华，吴筱译. 北京：中国人民大学出版社.

赫拉利 Y. 2014. 人类简史——从动物到上帝. 林俊宏译. 北京：中信出版社.

赫希曼 E. 1991. 经济发展战略. 潘照东等译. 北京：经济科学出版社.

华特生 J. 1987. 康德哲学原著选读. 韦卓民译. 北京：商务印书馆.

怀特海 A N. 1989. 科学与近代世界. 何钦译. 北京：商务印书馆.

吉尔德 G. 2015. 知识与权力. 蒋宗强译. 北京：中信出版社.

加来道雄. 2008. 平行宇宙. 伍义生，包新周译. 重庆：重庆出版社.

金迪斯 H. 2011. 理性的边界. 董志强译. 上海：上海人民出版社.

津加莱期 L. 2015. 繁荣的真谛. 余江译. 上海：中信出版社.

卡梅伦 R，尼尔 L. 2012. 世界经济简史——从旧石器时代到 20 世纪末. 潘宁译. 上海：上海译文出版社.

卡西尔 E. 1991. 人论. 甘阳译. 上海：上海译文出版社.

凯恩斯 J M. 1981. 就业、利息和货币通论. 徐毓枬译. 北京：商务印书馆.

凯恩斯 J M. 1993. 货币论. 蔡谦等译. 北京：商务印书馆出版社.

康芒斯 J R. 1997. 制度经济学. 于树生译. 北京：商务印书馆.

科尔内 J. 1986. 短缺经济学. 张晓光等译. 北京：经济科学出版社.

科斯 R. 1994. 论生产的制度结构. 陈郁，盛洪译. 上海：上海三联书店.

科斯 R，阿尔钦 A，诺思 D 等. 1994. 财产权利与制度变迁. 刘守英译. 上海：上海人民出版社.

库兹涅茨 S. 2015. 各国的经济增长. 常勋译. 北京：商务印书馆.

拉梅特里 J. 2007. 人是机器. 顾寿观译. 北京：商务印书馆.

拉法格 B. 1957. 回忆马克思. 马集译. 北京：人民出版社.

劳丹 L. 1991. 进步及其问题. 方在庆译. 上海：上海译文出版社.

李约瑟. 1975. 中国科学技术史. 中国科学技术史翻译小组译. 北京：科学出版社.

林毅夫. 1992. 制度、技术与中国农业发展. 上海：上海三联书店.

马尔萨斯 T R. 2014. 人口论. 陈祖洲等译. 北京：商务印书馆.

马克思. 1985. 1844 年经济学哲学手稿. 刘丕坤译. 北京：人民出版社.

马克思，恩格斯. 2003. 德意志意识形态（节选本）. 中共中央马克思、恩格斯、列宁、斯大林著作编译局译. 北京：人民出版社.

马歇尔 A. 1983. 经济学原理. 朱志泰译. 北京：商务印书馆.

芒图 P. 2012. 十八世纪产业革命. 杨人楩等译. 北京：商务印书馆.

梅多斯 D，兰德斯 J，梅多斯 D. 1997. 增长的极限. 李涛，李智勇译. 长春：吉林人民出版社.

梅多斯 D，兰德斯 J，梅多斯 D. 2013. 增长的极限. 李涛，李智勇译. 北京：机械工业出版社.

米德 J E. 2013. 自由、公平与效率. 崔之元，王文玉译. 上海：东方出版社.

米都斯 D. 1997. 增长的极限. 李宝恒译. 长春：吉林人民出版社.

苗春德. 1992. 宋代教育. 郑州：河南人民出版社.

摩尔根 L H. 2012. 古代社会. 杨东莼等译. 北京：商务印书馆.

穆勒 J. 1991. 政治经济学原理（下卷）. 胡企林，朱泱译. 北京：商务印书馆.

诺思 D C. 1991. 经济史中的结构与变迁. 陈郁，罗华平译. 上海：上海人民出版社.

诺思 D C. 2013. 理解经济变迁过程. 北京：钟正生，邢华译. 中国人民大学出版社.

诺思 D C. 2014. 制度、制度变迁与经济绩效. 杭行译. 上海：上海人民出版社.

诺思 D C，托马斯 R. 1989. 西方世界的兴起. 厉以平，蔡磊译. 北京：华夏出版社.

帕伦特 S L，普雷斯科特 E C. 2013. 通向富有的屏障. 苏军译. 北京：中国人民大学出版社.

皮凯蒂 T. 2014. 21世纪资本论. 巴蜀松等译. 北京：中信出版社.

普雷斯曼 S. 2001. 思想者的足迹——五十位重要的西方经济学家. 陈海燕，李倩，陈亮译. 南京：江苏人民出版社.

漆侠. 2009. 宋代经济史. 北京：中华书局.

奇波拉 C M. 1989. 欧洲经济史（第三卷）. 徐旋，吴良健译. 北京：商务印书馆.

钱茂伟. 2004. 国家、科举与社会. 北京：北京图书馆出版社.

钱穆. 2001. 中国历代政治得失. 上海：上海三联书店.

钱穆. 2013. 中国经济史. 北京：北京联合出版公司.

钱纳里 H. 结构变化与发展政策. 朱东海，黄钟译. 北京：经济科学出版社.

乔治 H. 1992. 进步与贫困. 吴良健等译. 北京：商务印书馆.

瑟尔瓦尔 A P. 1992. 增长与发展. 金碚，李扬译. 北京：中国人民大学出版社.

森 A. 2013. 理性与自由. 李风华译. 北京：中国人民大学出版社.

森 A. 2013. 以自由看待发展. 任赜，于真译. 北京：中国人民大学出版社.

申树斌. 2002. 对我国居民消费偏好参数的估计. 辽宁大学学报（自然版），（3）：215-218.

舒尔茨 T W. 1990. 论人力资本投资. 吴珠华译. 北京：北京经济学院出版社.

斯波信义. 1996. 宋代商业史研究. 庄景辉译. 台北：稻乡出版社.

斯蒂格利茨 J E. 2013. 不平等的代价. 张子源译. 北京：机械工业出版社.

斯拉法 P. 1981. 李嘉图著作和通信集——政治经济学及赋税原理. 郭大力，王亚南译. 北京：商务印书馆.

斯密 A. 1972. 国民财富的性质和原因的研究. 郭大力，王亚南译. 北京：商务印书馆.

斯密 A. 1998. 道德情操论. 蔡自强等译. 北京：商务印书馆.

索洛 R M. 1988. 增长理论：一种说明. 王恩冕，沈晓明译. 北京：华夏出版社.

索洛 R M. 1991. 经济增长因素分析. 史清琪译. 北京：商务印书馆.

塔洛克 G. 2015. 经济等级制、组织与生产的结构. 柏克，郑景胜译. 北京：商务印书馆.

瓦尔拉斯 F A. 1989. 纯粹经济学要义. 蔡受百译. 北京：商务印书馆.

汪丁丁. 2015. 经济学思想史进阶讲义. 上海：上海人民出版社.

王凯旋. 2012a. 中国科举考试史. 沈阳：万卷出版公司.

王凯旋. 2012b. 中国科举制度史. 北京：北方联合出版传媒（集团）股份有限公司.

韦伯 M. 2012. 人类社会经济史. 唐伟强译. 北京：中国画报出版社.

温加斯特 B R. 2013. 交易费用政治学. 刘亚平译. 北京：中国人民大学出版社.

吴晓波. 2013. 历代经济变革得失. 杭州：浙江大学出版社.

西蒙 H. 1989. 现代决策论的基石. 杨砺，徐立译. 北京：北京经济学院出版社.

希克斯 J R. 1962. 价值与资本. 薛蕃康译. 北京：商务印书馆.

希克斯 J R. 2010. 经济史理论. 厉以平译. 北京：商务印书馆.

谢费林 S M. 2016. 理性预期. 李振宁译. 北京：商务印书馆.

谢和耐 G. 1981. 南宋社会生活史. 马德程译. 台北：中国文化大学出版部.

熊彼特 J. 1990. 经济发展理论. 何畏等译. 北京：商务印书馆.

余也非. 1991. 中国古代经济史. 重庆：重庆出版社.

张五常. 2014. 制度的选择. 北京：中信出版社.

中共中央马克思、恩格斯、列宁、斯大林著作编译局. 1995. 马克思恩格斯选集. 北京：人民出版社.

Alchian A A. 1950. Uncertainty，evolution and economic theory. Journal of Economy，（58）：211-222.

Allman J，Hakeem A，Watson K. 2002. Two phylogenetic specializations in the human Brain. Neuroscientist，（8）：335-346.

Becker G S. 1976. Altruism，egoism，and genetic fitness：economics and sociobiology. Journal of Economic Literature，14（3）：817-826.

Feldman M W，Zhivotovsky L A. 1992. Gene—cultuee coevolution：toward a general theory of vertical transmission. Proceedings of the National Academy of Sciences，（89）：11935-11938.

Hayek F A. 1960. The Constitution of Liberty. Chicago：University of Chicago Press.

Hayek F A. 1967. Studies in philosophy, politics and economics. Routledge & Kegan Paul, 3（2）：92.

Lewis W A. 1955. Theory of Economic Growth. London：George Alien & Urwin.

Mesoudi A，Whiten A，Laland K N. 2006. Toward a unified science of cultural evolution. Behavioral and Brain Science，29（4）：361.

Romer P M. 1986. Increasing，return and long-run growth. Journal of Political Economy, 94（5）：1002-1037.

Romer P M. 1987. Growth based on increasing returns due to specialization. American Economic Review，77（2）：56-62.

Romer P M. 1989. Human capital and growth: theory and evidence. NBER Working Papers.

Romer P M. 1994. The origins of endogenous growth. Journal of Economic Perspective, 8（1）：3-22.

Schneewind J B. 1990. Moral Philosophy from Montaigne to Kant. Cambridge：Cambridge University Press.

Schultz T W. 1979. Distortion of Agricultural Incentives. Bloomington：Indiana University Press.

Simon H A. 1959. Theories of decision-making in economics and behavioral science. American Economic Review，49：253-283.

Sowell T. 1996. Knowledge and Decision. New York：Basic Books.

Walsh V M. 2004. Globel，institution and social knowledge. Cambridge：Mit Press.

后　　记

我从 1998 年开始着手于自组织知识对制度构建与演进作用的研究，感觉到主流经济理论大都存在忽视知识的作用的现象，为此，我撰写并发表了《从知识传统到交易费用的支付》一文，初步对知识特别是知识传统在经济运行中的作用进行了一些研究。这些年来，由于工作的关系，我对这方面的思考大多只能停留在思维层面，很少撰写相关文稿。来到高校工作以后，自己有时间对这方面的问题进行一些新的思考，同时也做了比较系统而深入的学习，陆续撰写了一些心得性的论文，并对知识在经济增长中的作用进行了更为深入的思考与探索，逐渐形成了自组织知识的概念，认识到在人类的知识体系里有些是具有价值倾向性的知识，而这些知识才构成作为价值判断基础的认知模式。

在此基础上，我明白了这样一点：我们对各种经济行为的判断，很大程度上就归因于这种有价值倾向性的认知模式，而这又构成经济均衡的基础。正是这种价值倾向性基础上的均衡，使我们对面临的各种规则进行了构建或遵循，对此我有了这样一些体会，即微观层面的均衡扩展开来也是宏观层面上的制度。由此，我也渐次认识到，宏观层面的制度也应归因于具有价值倾向的自组织知识。由于在任何一个经济体中个体的自组织知识不同，因而在构建制度过程中这些自组织知识的作用是不同的。越趋同于制度层面的自组织知识水平的个体的自组织知识，越有可能成为制度性自组织知识，因而，对于任何一个经济体来说，制度演进的水平，取决于该经济体的人均自组织知识水平。也正因此，当人均自组织知识水平没有演进的情况下，制度演进的可能性很小，由此将经济体锁定在制度性轨迹上。

在这种情况下，将产生相对较低的制度性增长，而这是人类经济发展过程中经常出现的现象。

我们还可以看到的一种情况是，制度并不是一直向前演进的，有时会出现衰退，这种现象可能还比较常见。对此，我领悟到正由于自组织知识是具有价值倾向性的知识，作为矢量性知识来说，就存在相反方向的取值，我将之称为负知识。不断增长的负知识，将会使整个经济体自组织知识水平下降，进而促使制度衰退。但无论如何，任何制度下的经济状况，都可以用一个指标衡量——福利水平。所以，我认为人们福利水平的改善，可以作为制度演进的标准，反之亦然。

这里还必须要说的是，对于自组织知识相关观点的形成，包括在大学开展相关研究，李禹阶、常运平、廖小波先生都给了我极大的支持和鼓励，特别是在一些关键点上李禹阶先生对我耳提面授，使我获益甚多，因此，在撰写完这本书稿以后，我请李禹阶先生给我作序，其中的深情厚谊无以言表，这里一并表示诚挚的谢意。

张尚毅

2016 年 12 月 28 日撰于重庆师范大学虎溪校区